公路工程造价人员考试用书

公路工程造价管理相关知识

Gonglu Gongcheng Zaojia Guanli Xiangguan Zhishi

交通专业人员资格评价中心
交 通 公 路 工 程 定 额 站

人 民 交 通 出 版 社

内 容 提 要

本书为《公路工程造价人员考试用书》之一，全书主要从公路工程造价的基本概念、投资管理体制与项目融资、工程财务、建设项目管理、相关法律法规和公路工程合同管理六个方面介绍公路工程造价管理的相关知识。

本书主要供公路工程造价人员考试复习使用，也可供公路工程造价专业技术人员以及高等学院校师生学习参考。

图书在版编目(CIP)数据

公路工程造价管理相关知识／交通专业人员资格评价中心，交通公路工程定额站组织编写. —北京：人民交通出版社，2010.7

公路工程造价人员考试用书

ISBN 978-7-114-08497-3

Ⅰ.①公… Ⅱ.①交… ②交… Ⅲ.①道路工程－工程造价－资格考核—教材 Ⅳ.①U415.13

中国版本图书馆 CIP 数据核字(2010)第 110740 号

公路工程造价人员考试用书

书　　名：公路工程造价管理相关知识

著 作 者：交通专业人员资格评价中心
交 通 公 路 工 程 定 额 站

责任编辑：沈鸿雁　周　宇

出版发行：人民交通出版社

地　　址：(100011) 北京市朝阳区安定门外外馆斜街 3 号

网　　址：http://www.ccpress.com.cn

销售电话：(010) 59757969，59757973

总 经 销：人民交通出版社发行部

经　　销：各地新华书店

印　　刷：北京市密东印刷有限公司

开　　本：787×1092　1/16

印　　张：14

字　　数：337 千

版　　次：2010 年 7 月　第 1 版

印　　次：2010 年 9 月　第 4 次印刷

书　　号：ISBN 978-7-114-08497-3

印　　数：7001～9000 册

定　　价：44.00 元

《公路工程造价人员考试用书》

编写委员会

主　　编：赵晞伟

副 主 编：黄自力　刘朝晖

编写人员：王首绪　杨玉胜　李明顺　李　杰　彭维和
郭庆余　许忠楠　吴梅生　贺贤明　庞宝琴
左　慧　刘丽君　周庆蝉　周　娴　彭军龙
戴聆春　秦仁杰　刘伟军　曹丹阳　杨文安
李　珏　周学林　赵锋军　毛大德　刘　艺
吴江宁　李晶晶　刘代全　丁加明　李凤求
段　冶　谢　萍　周景阳

前　言

公路交通基础设施是我国国民经济和社会发展的重要保障设施。在公路建设过程中，以科学发展观为指导，加强公路建设的投资控制和造价管理，提高投资效益，是建设资源节约型、环境友好型行业，实现我国公路建设事业全面、协调、可持续发展的必由之路。培养建立一支高素质的造价管理人才队伍，是加强公路建设资金管理的重要保证。

为加强公路建设市场管理，规范公路工程计价行为，全面提高公路工程造价人员的业务能力和管理水平，保证公路工程造价工作质量，合理有效控制工程投资，交通专业人员资格评价中心将组织公路工程造价人员过渡考试，共设公路工程造价管理相关知识、公路工程造价的确定与控制、公路工程技术与计量、公路工程造价案例分析4个考试科目。

为方便广大公路工程造价从业人员备考，交通专业人员资格评价中心和交通公路工程定额站组织有关高校和部分省（区、市）公路（交通）工程定额（造价管理）站的专家编写了一套《公路工程造价人员考试用书》。该套考试用书包括《公路工程造价管理相关知识》、《公路工程定额编制与管理》、《公路工程造价编制与项目经济评价》、《公路工程技术》和《公路工程施工招投标与计量》5册。

本书全面体现了近年来我国公路建设技术的最新发展和近年来在设计、施工中广泛应用的新结构、新设备和新材料；反映了交通运输部最新颁布和修订的行业标准、规范的相关内容；强调了“安全、耐久、节约、和谐”的建设理念。本书注重理论联系实际，实用性和操作性强。

本书参考了大量相关文献资料，各省（区、市）公路（交通）工程定额（造价管理）站提出了宝贵意见。在此，谨向有关单位和专家、学者表示衷心的感谢！

交通专业人员资格评价中心

交通公路工程定额站

2010年7月

目　录

第一章　绪论 …… 1
第一节　公路工程造价的定义及其构成 …… 1
第二节　公路工程造价计价的特点 …… 3
第三节　工程造价管理的基本内容 …… 6
思考题 …… 16
第二章　投资管理体制与项目融资 …… 17
第一节　投资管理体制 …… 17
第二节　工程建设管理体制 …… 25
第三节　项目融资 …… 29
第四节　项目资金筹措的渠道 …… 36
第五节　资金成本与资金结构 …… 42
思考题 …… 48
第三章　工程财务 …… 50
第一节　财务概述 …… 50
第二节　资产的分类与管理 …… 50
第三节　资产评估 …… 59
第四节　工程项目成本管理 …… 64
第五节　工程项目财务分析 …… 73
第六节　与工程有关的税收与保险规定 …… 84
思考题 …… 89
第四章　工程项目管理 …… 91
第一节　项目管理概述 …… 91
第二节　工程项目组织 …… 99
第三节　工程项目计划 …… 108
第四节　工程项目控制 …… 113
第五节　工程项目风险管理 …… 121
第六节　工程建设监理 …… 134
思考题 …… 140
第五章　相关法律法规 …… 141
第一节　概述 …… 141
第二节　合同法 …… 147
第三节　公路工程建设主要相关法律 …… 160
思考题 …… 172
第六章　公路工程合同管理 …… 173

第一节　概述……………………………………………………………………………… 173
第二节　公路工程总承包合同和勘察、设计合同 ………………………………………… 174
第三节　公路工程施工合同………………………………………………………………… 179
第四节　与建设工程相关的合同管理……………………………………………………… 193
第五节　FIDIC 合同条件简介 ……………………………………………………………… 203
思考题……………………………………………………………………………………… 215
参考文献…………………………………………………………………………………… 216

第一章 绪 论

第一节 公路工程造价的定义及其构成

一、造价的定义及其构成

建设一个项目,一般来说是指进行某一项工程的建设,广义地讲是指固定资产的建购,也就是投资进行建筑、安装和购置固定资产的活动,以及与此相联系的其他工作。工程项目建设,是通过工程勘察、工程设计、建筑施工、安装施工、生产准备、竣工验收等一系列非常复杂的技术经济活动,既有物质生产活动,又有非物质生产活动。

工程造价,是指进行一个工程的建造所需要花费的全部费用。即从工程项目确定实施意向直至完成、竣工验收为止的整个建设期间所支出的总费用。这是保证工程建造正常进行的必要资金,是工程投资中的最主要的部分。工程造价是根据工程设计,按照设计文件的要求和国家的有关规定,在工程完成之前,以货币的形式计算和确定的。

建设项目工程造价,一般是指建设一项工程预期开支或实际开支的全部固定资产投资费用,即该建设项目有计划地进行固定资产投资及其形成相应无形资产和铺底流动资金的一次性费用总和。根据我国现行的制度规定,建设工程造价由建筑安装工程费用、设备和工器具购置费用、工程建设其他费用、固定资产投资方向调节税、预备费,以及有关规定纳入建设项目的建设期的贷款利息等组成。

二、公路工程造价的定义及其构成

公路工程造价是指建设一条公路或一座独立大桥或隧道,使其达到设计要求所花费的全部费用。公路工程属建设工程,其造价同样由建筑安装工程费、设备及工器具购置费、工程建设其他费用三大部分组成。公路建设项目工程造价构成如图 1-1 所示。

1. 建筑安装工程费

建筑安装工程费指建筑物的建造费用和设备安装费用两部分。前者又常称为土建工程,是建筑业按照预定的建设目的直接完成的施工生产成果,是一种创造价值和转移价值的施工生产活动,它必须通过兴工动料才能实现。

公路建设项目中设备安装工程主要指高等级公路中的管理设施的安装,如收费站的收费设施安装、通信系统的设施安装、监控系统的设施安装、供电系统的设备安装,以及某些隧道的通风设备、供电设备的安装等。但桥涵工程及其他混凝土工程中的预制构件的安装,不属于设备安装工程,而是建筑工程中混凝土工程施工的一种方法。

建筑安装工程费由直接费、间接费、利润、税金等四部分组成。

(1)直接费。

直接费由直接工程费、其他工程费组成。

直接工程费是指施工过程中耗费的构成工程实体和有助于工程形成的各项费用。

其他工程费是指直接工程费以外施工过程中发生的直接用于工程的费用。

(2)间接费由规费、企业管理费组成。

规费系指法律、法规、规章、规程规定施工企业必须缴纳的费用。

企业管理费是指施工企业为组织施工生产经营活动所发生的管理费用。

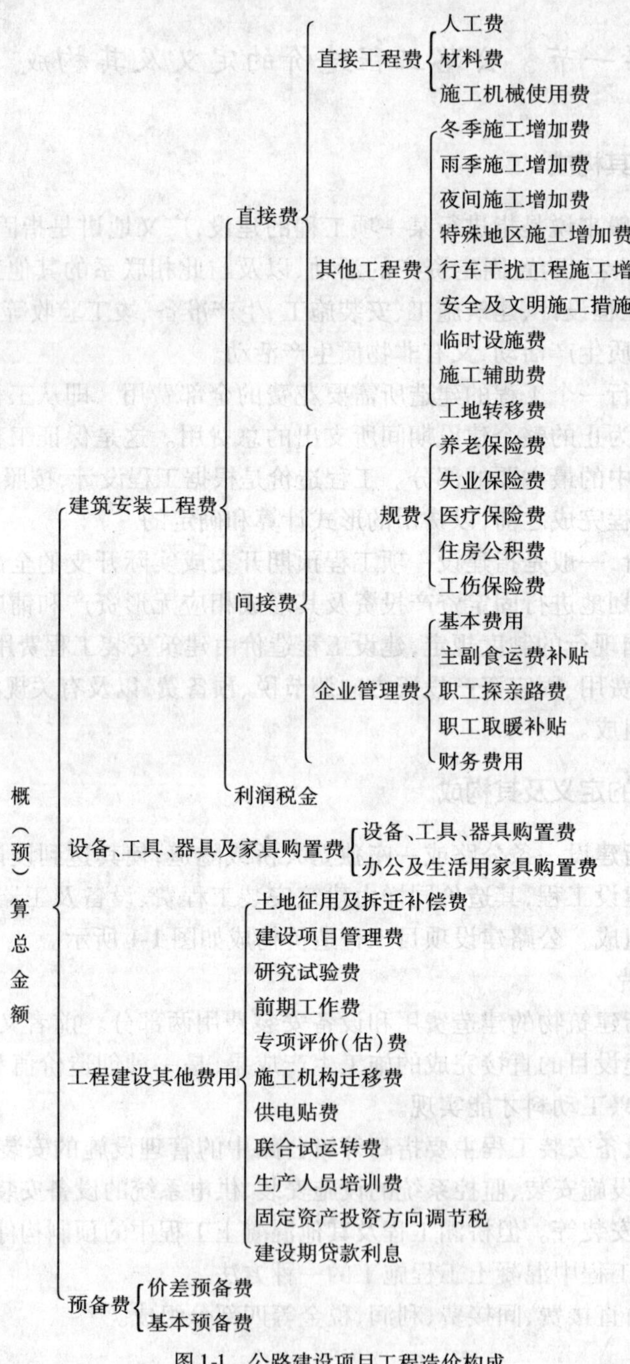

图1-1　公路建设项目工程造价构成

(3)利润。指按照国家有关规定,施工企业应取得的利润。

(4)税金。指按国家税法规定,应计入建筑安装工程造价内的营业税、城市维护建设税及教育费附加。

2. 设备、工具、器具及家具购置费

设备购置费,系指为满足公路的营运、管理、养护需要,购置的构成固定资产标准的设备和虽低于固定资产标准但属于设计明确列入设备清单的设备的费用。

工具、器具购置费,系指建设项目交付使用后为满足初期正常营运必须购置的第一套不构成固定资产的设备、仪器、仪表、工卡模具、器具、工作台(框、架、柜)等的费用。不包括:构成固定资产的设备、工器具和备品、备件;已列入设备购置费中的专用工具和备品、备件。新建项目和扩建项目中购置或自制的全部设备、工具、器具,不论是否达到固定资产标准,均计入设备、工具器具购置费中。设备购置费由设备原价和设备运杂费构成。

办公及生活用家具购置费指为保证新建、改建项目初期正常生产、使用和管理所必须购置的办公和生活用家具、用具的费用。

3. 工程建设其他费用

工程建设其他费用,是指除建筑安装工程费用和设备、工具、器具及办公和生活用家具购置费用以外的一些费用,根据国家有关规定应在基本建设投资中支付,并构成工程造价的一个组成部分。它包括土地征用及拆迁补偿费、建设项目管理费、研究试验费、建设项目前期工作费、专项评价(估)费等。

4. 预备费

为了对一些在工程开工之前不可能预见到而必须增加的工程和费用,以及建设期间可能发生的由于自然灾害、物价变动及国家政策调整对工程造价的影响作准备,在上述三部分费用之外,列有一项费用称为预留费用,其由工程造价增涨预留费及预备费两部分组成。在公路工程建设期限内,凡需动用预留费用时,属于公路交通运输部门投资的项目,需经建设单位提出,按建设项目隶属关系,报交通部或交通厅(局)基建主管部门核定批准。属于其他部门投资的建设项目,按其隶属关系报有关部门核定批准。

预留费用内容包括:人工、设备、材料、施工机械的价差费,建筑安装工程费及工程建设其他费用调整,利率、汇率调整等增加的费用。其计算方法,一般根据国家规定的投资综合价格指数,按估算年份价格水平的投资额为基数,采用复利方法计算。

第二节 公路工程造价计价的特点

公路工程的产品不同于一般工业品,它固定在一个地方,不能移动;生产方式也是施工人员与施工机械围绕产品所在的地域而流动,因而需要有诸如特殊地区施工增加费以及施工机构迁移费;公路产品进入消费领域也不是在空间上发生物理转移,而是在观念上的消费,因而价格构成中不包含一般商品由于使用价值运动引起的生产流通费用,如运输包装费等;交易方式不同于现货交易,也不同于期货交易;等等。因此,公路工程造价的计价特点为单件性计价、多次性计价和按工程构成分部组合性计价、方法的多样性、依据的复杂性。

一、计价的单件性

每一个公路工程项目都有其特定地理位置，因而在其实物形态上表现为千差万别。它们有不同的平面布局、不同的结构形式、不同的纵断面线形、不同的工程量，所采用的技术工艺以及材料设备也不尽相同。即使是相同地区的工程项目，其技术水平、公路等级与质量标准也有差别。公路工程项目的技术要素指标还得适应所在地的环境气候、地质、地震、水文等自然条件。在建设这些不同的实物形态的工程时，必须采取不同的工艺、设备和建筑材料，因而所消耗物化劳动和活劳动也必定是不同的，致使公路工程项目不能像对工业产品那样按品种、规格、质量成批地订价，只能是单件计价。也就是说一般不能由国家或企业规定统一的造价，只能就各个公路项目通过特殊的程序（编制估算、概算、预算、合同价、结算价及最后确定竣工决算价等）计算工程造价。任何两个公路建设项目其工程造价不可能是完全相同的。

二、计价的多次性

公路工程一般规模大、建设周期长、技术复杂、受建设所在地的自然条件影响大，消耗的人力、物力和财力巨大，并要考虑投入使用后的经济效益、社会效益等因素，一旦决策失误，将造成不可挽回的巨大损失。为了适应造价控制和管理的要求，满足建设各阶段的不同需要，必须在建设全过程进行多次计价。建设工程多次性计价过程见图 1-2。

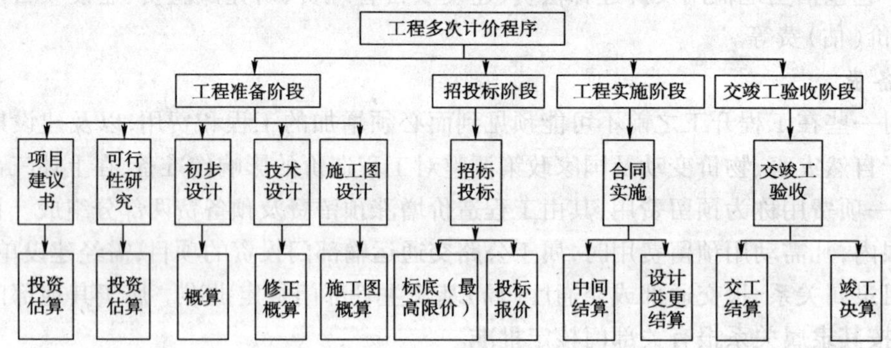

图 1-2　工程多次计价过程图

(1)在项目建议书阶段，编制项目建议书投资估算，通常采用公路工程估算指标作为估算计算的基础。

(2)在可行性研究报告阶段，编制可行性研究报告投资估算，通常采用公路工程估算指标中的分项指标作为估算计算的基础。可行性研究报告经批准后，其投资估算是决策、筹资和控制造价的主要依据。

(3)在初步设计阶段，编制初步设计概算，通常采用公路工程概算定额作为概算计算的基础。按两阶段设计的建设项目，概算经批准后是确定建设项目投资的最高限额，是签订建设项目总承包合同的依据。

(4)在技术设计阶段，编制技术设计修正概算，在三阶段设计的建设项目中，修正概算是对初步设计概算进行修正调整，比概算造价准确，但是受到概算造价的控制。

(5)在施工图设计阶段，编制施工图预算，通常采用公路工程预算定额作为预算计算的基础。施工图预算经批准后，是签订公路工程施工合同，办理工程价款结算的依据。实行招标的工程,其建筑安装工程费用是编制标底的基础。

(6)实行建筑安装工程及设备采购招标的建设项目,一般都要编制标底,编制标底也是一次计价。

(7)施工单位为参加投标,要根据投标文件和现场情况编制施工预算,作为本企业的成本价,再根据市场情况编制有竞争性的投标报价。

以上是公路建设单位、施工单位在不同阶段对公路工程项目作出的预期工程造价计算,确定中标单位后,按照合同条款的约定签订合同价后,在施工过程中根据工程变更和市场物价变动情况确定结算价,结算价才是公路建设项目各分部分项工程的实际造价。工程竣工并通过验收合格后,公路建设单位根据各分部分项工程的结算价编制的竣工决算才是整个建设项目的实际造价。

一个公路建设项目各个阶段的计价是相互衔接、由粗到细、由浅到深、由预期到实际的发展过程。前者是后者的依据,后者是前者的修正和补充。

三、按工程构成分部组合计价

建设工程规模大,工程结构复杂,根据建设工程单件性计价的特点,不可能简单直接地计算出整个建设工程的造价,必须将整个建设工程分解,分解到合理的最小工程结构部位,直至对计量和计价都相对准确的程度。如将公路建设工程分解为路基工程、路面工程、桥梁工程等,对路基工程再分解为土方工程、石方工程等,对土方工程再分解为挖方工程、填方工程等,对挖方工程再分解为机械挖、人力挖等,机械挖再分解为挖掘机挖或推土机推挖等,如确定采用推土机推挖,就可以通过推土机推挖土方的工效定额得到推挖 $1m^3$ 土方所需推土机机械台班消耗量,再按推土机的每台班单价计算出所需的费用。各项工程都可以这样分解,然后再将各部位的费用按设计确定的数量加以组合就可确定全部工程所需要的费用。任何规模庞大、技术复杂的工程都可以采用这种方法计算其全部造价。

工程定额就是根据这一原理编制的,为了适应不同设计阶段编制工程造价的需要,编制了施工定额、预算定额、概算定额、估算指标,这几种定额是相互衔接的,其单项定额所综合的工程内容是逐级扩大的。

四、计价方法的多样性

工程造价多次性计价,有各不相同的计价依据,对造价的精度也各不相同,这就决定了计价方法的多样性特征。计算概预算造价的方法有单价法和实物法等。计算投资估算的方法有设备系数法、生产能力指数法等。不同的方法利弊不同,适应条件也不同,计价时要根据具体情况加以选择。

五、计价依据的多样性

建设项目工程造价的计价依据,一般有:

(1)人工、材料、施工机械消耗量计算依据;

(2)工程量的计算依据;

(3)工、料、机价格依据,设备价格依据;

(4)各种取费费率、工程建设其他费用计算依据,利润与税金计算依据,物价指数及造价指数等；

(5)国家及有关部门的政策、法律、法规及有关工程造价管理的有关规定等。

要准确计算建设项目工程造价，必须首先熟悉、掌握和正确应用这些计价依据。

第三节　工程造价管理的基本内容

一、工程造价管理的对象

公路工程造价管理的对象分客体和主体。客体是公路工程建设项目，而主体是业主或投资人(建设单位)、承包人或承建人(设计单位、施工企业)以及监理、咨询等机构及其工作人员。具体的工程造价管理工作，其管理的范围、内容以及作用各不相同。

二、工程造价管理的特点

公路工程造价管理的特点，主要表现在：时效性，反映的是某一时期内价格特性，即随时间的变化而不断变化；公正性，既要维护业主(投资人)的合法权益，也要维护承包人的利益，站在公允的立场上一手托两家；规范性，由于公路产品千差万别，构成造价的基本要素可通过分解为便于可比与计量的假定产品，因而要求标准客观、工作程序规范；准确性，即运用科学、技术原理及法律手段进行科学管理，计量、计价、计费有理有据，有法可依。

三、工程造价管理的基本内容

工程造价管理的基本内容就是合理确定和有效地控制工程造价。

1. 工程造价的合理确定

所谓工程造价的合理确定，就是在工程建设各个阶段，采用科学的计算方法和切合实际的计价依据，合理确定投资估算、设计概算、施工图预算、承包合同价、结算价、竣工决算价。

(1)在项目建议书阶段，按照有关规定，应编制投资估算，经有权部门批准，作为拟建项目列入国家中长期计划和开展前期工作的控制造价。

(2)在可行性研究报告阶段，按照有关规定编制的投资估算，经有权部门批准，即为该项目国家计划控制造价。

(3)在初步设计阶段，按照有关规定编制的初步设计总概算，经有权部门批准，即为控制拟建项目工程造价的最高限额。

(4)在施工图设计阶段，按规定编制施工图预算，用以核实施工图阶段造价是否超过批准的初步设计概算。经承发包双方共同确认、有权部门审查通过的预算，即为结算工程价款的依据。

(5)对施工图预算为基础招标投标的工程，承包合同价也是以经济合同形式确定的建筑安装工程造价。

(6)在工程实施阶段要按照承包人实际完成的工程量，以合同价为基础，同时考虑因物价上涨所引起的造价提高，考虑到设计中难以预计的而在实施阶段实际发生的工程和费用，合理确定结算价。

(7)在竣工验收阶段，全面汇集在工程建设过程中实际花费的全部费用，编制竣工决算，如实体现该建设工程的实际造价。

2. 工程造价的有效控制

所谓工程造价的有效控制，就是在优化建设方案、设计方案的基础上，在建设程序的各个阶段，采用一定的方法和措施把建设工程造价的发生控制在合理的范围和核定的造价限额以内。以求合理地使用人力、物力和财力，取得较好的投资效益和社会效益。有效控制造价应该体现以下三个原则。

(1)以设计阶段为重点的建设全过程造价控制

工程造价控制贯穿于项目建设全过程，但是必须重点突出。很显然，工程造价控制的关键在于施工前的投资决策和设计阶段，而在项目作出投资决策后，控制工程造价的关键就在于设计。据西方一些国家分析，设计费一般只相当于建设工程全寿命费用的1%以下，但正是这少于1%的费用对工程造价的影响度占75%以上。由此可见，设计质量对整个工程建设的效益是至关重要的。

(2)采取主动控制，以取得令人满意的结果

传统决策理论是建立在绝对的逻辑基础上的一种封闭式决策模型，它把人看作具有绝对理性的"理性的人"或"经济人"，在决策时，会本能地遵循最优化原则(即取影响目标的各种因素的最有利的值)来选择实施方案。而以美国经济学家西蒙首创的现代决策理论的核心则是"令人满意"准则。他认为，由于人的头脑能够思考和解答问题的容量同问题本身规模相比是渺小的，因此在现实世界里，要采取客观合理的举动，哪怕接近客观合理性，也是很困难的。因此，对决策人来说，最优化决策几乎是不可能的。西蒙提出了用"令人满意"这个词来代替"最优化"，他认为决策人在决策时，可先对各种客观因素、执行人据以采取的可能行动以及这些行动的可能后果加以综合研究，并确定一套切合实际的衡量准则。如某一可行方案符合这种衡量准则，并能达到预期的目标，则这一方案便是满意的方案，可以采纳；否则应对原衡量准则作适当的修改，继续挑选。

长期以来，人们一直把控制理解为目标值与实际值的比较，以及当实际值偏离目标值时，分析其产生偏差的原因，并确定下一步的对策。在工程项目建设全过程进行这样的工程造价控制当然是有意义的。但问题在于，这种立足于调查—分析—决策基础之上的偏离—纠偏—再偏离—再纠偏的控制方法，只能发现偏离，不能使已产生的偏离消失，不能预防可能发生的偏离，因而只能说是被动控制。自20世纪70年代初开始，人们将系统论和控制论研究成果用于项目管理后，将"控制"立足于事先主动地采取决策措施，以尽可能地减少以至避免目标值与实际值的偏离，这是主动的、积极的控制方法，因此被称为主动控制。也就是说，工程造价控制，不仅要反映投资决策，反映设计、发包和施工，被动地控制工程造价，更要能动地影响投资决策，影响设计、发包和施工，主动地控制工程造价。

(3)技术与经济相结合是控制工程造价最有效的手段

要有效地控制工程造价，应从组织、技术、经济、合同与信息管理等多方面采取措施。从组织上采取的措施，包括明确项目组织结构，明确造价控制者及其任务，以使造价控制有专人负责，明确管理职能分工；从技术上采取措施，包括重视设计多方案选择，严格审查监督初步设计、技术设计、施工图设计、施工组织设计，深入技术领域研究节约投资的可能；从经济上采取措施，包括动态地比较造价的计划值和实际值，严格审核各项费用支出，采取对节约投资的有力奖励措施等。

应该看到,技术与经济相结合是控制工程造价最有效的手段。长期以来,在我国工程建设领域,技术与经济相分离。许多国外专家指出,中国工程技术人员的技术水平、工作能力、知识面,跟外国同行相比,几乎不分上下,但他们缺乏经济观念,设计思想保守,设计规范、施工规范落后。国外的技术人员时刻考虑如何降低工程造价,而中国技术人员则把它看成与己无关的财会人员的职责。而财会、概预算人员的主要责任是根据财务制度办事,他们往往不熟悉工程知识,也较少了解工程进展中的各种关系和问题,往往单纯地从财务制度角度审核费用开支,难以有效地控制工程造价。为此,迫切需要解决以提高工程造价效益为目的,在工程建设过程中把技术与经济有机结合,通过技术比较、经济分析和效果评价,正确处理技术先进与经济合理两者之间的对立统一关系,力求在技术先进条件下的经济合理,在经济合理基础上的技术先进,把控制工程造价观念渗透到各项设计和施工技术措施之中。

四、公路工程造价管理的工作要素

工程造价管理,应围绕合理确定和有效控制工程造价这个中心,采取全过程全方位的管理方针,其具体的工作要素即主导环节可大致归纳为以下几点:

(1)可行性研究阶段对建设方案认真优选,编好、定好投资估算,考虑风险,打足投资。

(2)从优选择建设项目的承建单位、咨询(监理)单位、设计单位,做好相应的招标工作。

(3)合理选定工程的建设标准、设计标准,贯彻国家的建设方针。

(4)按估算对初步设计(含应有的施工组织设计)推行量财设计,积极、合理地采用新技术、新工艺、新材料,优化设计方案,编好、定好概算,打足投资。

(5)对设备、主材进行择优采购,抓好相应的招标工作。

(6)择优选定建筑安装施工单位、调试单位,抓好相应的招标工作。

(7)认真控制施工图设计,推行“限额设计”。

(8)协调好与各有关方面的关系,合理处理配套工作(包括征地、拆迁、城建等)中的经济关系。

(9)严格按概算对造价实行静态控制、动态管理。

(10)用好、管好建设资金,保证资金合理、有效地使用,减少资金利息支出和损失。

(11)严格合同管理,作好工程索赔价款结算。

(12)作好工程的建设管理,确保工程质量、进度和安全。

(13)强化项目法人责任制,落实项目法人对工程造价管理的主体地位,在法人组织内建立与造价紧密结合的经济责任制。

(14)社会咨询(监理)机构,要为项目法人积极开展工程造价管理提供全过程、全方位的咨询服务,遵守职业道德,确保服务质量。

(15)各造价管理部门,要强化服务意识,强化基础工作(定额、指标、价格、工程量、造价等信息资料)的建设,为建设工程造价的合理确定提供动态的可靠依据。

(16)各单位、各部门,要组织造价工程师的选拔、培养、培训工作,促进人员素质和工作水平的提高。

五、造价管理的发展史

工程造价管理体制是指对工程造价实施管理所采取的组织体系和管理方法。其核心是在有利于建设工程发展的前提下,如何处理中央和地方、国家与部门、参与建设的各方之间的管理权限、经济责任和经济利益。工程造价管理体制是国家经济体制和国家建设管理体制的一部分,在总体上受国家经济体制和国家建设管理体制的制约,在具体实施上有其独有的特性。工程造价管理体制属于上层建筑范畴,受经济基础的制约,又反作用于经济基础。建立与我国工程建设发展相适应的工程造价管理体制,就能够对工程建设的发展起促进作用,反之,就起消极作用。

建国以来,我国工程造价管理体制的发展,大体上可分为6个阶段。

1. 实行国家计划下的工程预算制度阶段(1949~1952年)

建国初期,为恢复受到战争破坏的经济,适应大规模经济恢复重建工作,在工程建设方面实行工程预算制度。各部门根据国家的建设计划,凭借以往的经验,编制建设工程预算作为计划拨款的依据。各部门各地区成立工程局,实施国家建设计划,承担工程设计、施工任务。在工程实施期间,以各工程局编制的工时定额手册和普工、技工两个工资等级确定的工资单价,作为计件工资的依据,以此支付农民工的劳动报酬。工程竣工后以实际的全部支出向国家报销。在这一时期,国家没有统一的预算定额。由于建国初期,人民群众建设热情高,干部责任心强,国家建设计划执行得都很好。对非国家计划的建设项目,包括私营工厂和住宅建设,仍沿用建国前的承发包制,由私营的营造厂根据自己的经验报价,经业主同意后签订承建合同,作为结算的依据。

在这一时期,公路的新建、改建、恢复工程,都是实行农民工建勤制,由省一级的劳动主管部门根据国家建设工程用工计划按州(地)、县分派农民工指标的形式,并由州(地)、县配备行政管理干部,成建制地组织上路担负施工任务。当时的建设单位,也就是施工单位的主管部门,根据这一组织模式,参照以往施工经验,编制了工时定额手册,并以壮工和技工两个工资等级确定工资单价,作为计件工资的依据,以此支付农民工的劳动报酬。可以说,在这个时期内,基本建设是属于事后算账,实行实报实销的工程造价管理。但对于竣工结算则要求十分严格,即凡据以作为计算支付农民工劳动报酬的各种工程细目数量,都必须与各种竣工图表所计算的数量一致,而竣工图表的编制与要求,比现行的办法则要繁琐得多。

2. 建立与计划经济相适应的概预算制度阶段(1953~1957年)

第一个五年计划开始时,我国的工程造价管理主要采用前苏联的高度集中的基本建设工程造价管理模式。国务院颁布了《基本建设工程设计和预算文件审核批准暂行办法》,国家建设委员会颁布了《工业与民用建设设计及预算编制暂行办法》,各专业部也相继颁布了各专业工程的预算编制办法。随后,各部委又颁布了工程概算指标和概算编制办法,建立了全国统一的以各专业概预算定额、指标为计价依据、以相应的概预算编制办法作为确定的工程造价构成和造价计算方法的我国建设工程概预算制度和体系。同时,国务院和各部委还规定了建设项目必须进行经济调查和效益分析,以免造成浪费,制定了基本建设程序、建设项目和概预算审批权限等一系列规定,奠定了我国在计划经济体制下建设工程造价管理的制度。

在"一五"时期,公路基本建设工程大都实行了承发包制。交通部①颁布了第一部《公路工程预算定额》和《公路基本建设工程预算编制办法》。一般公路建设工程都能做到设计有概算、施工有预算(当时称为成本计划或工程财务计划,是以施工定额为依据进行编制的)、竣工有决算,在施工过程中十分重视经济活动(效果)的分析。当时普遍实行了月、季、年的定期分

① 交通部现已更名为交通运输部。

析制度，发现问题，及时组织生产平衡调度，采取措施，予以解决。故工期短、质量好、工程造价都能控制在国家计划要求之内，取得了较好的投资和施工经济效果。

在预算编制方法上，最初，公路与工业与民用建筑工程一样，采用"单位估价法"的办法来进行编制，但由于公路建设工程是一种线形建筑，施工现场一般都交通不便，远离城镇，所需的砂石地方材料，大都是在沿线就地采集加工使用。由于受这些因素的影响和制约，以及每一个公路建设工程项目的各种材料的运距和运输方式，都存在着很大的差异，而又无一定的规律可循，故在使用这种"单位估价法"时，需要进行大量的调整和修改，既繁琐而且又增加了不少的计算工作。因此改用"工、料分析"的方法(也称实物法)来编制和确定公路工程造价。这一方法经过几十年的不断实践、改进，日臻完善，沿用至今。

3. 概预算制度被削弱的阶段(1958～1965年)

从1958年开始，由过分强调发挥地方和企业的积极性，在中央放权的背景下，许多部门的概预算与定额管理权限也全部下放。1958年6月，工业与民用建筑行业将该行业的基本建设预算编制办法、建筑安装工程预算定额和间接费用定额下放各省、自治区、直辖市负责管理，造成该行业的工程量计量规则和定额项目在全国不统一，给跨地区的建设工程造成极大的困难。公路工程的定额和概预算管理工作虽然没有下放，但也大大被削弱。各级基建管理机构的概预算管理部门被取消，设计单位概预算人员减少，只算政治账，不算经济账，投资严重失控。尽管在此期间有过重整定额和概预算管理的措施，如实行过投资包干制、施工单位全面负责制以及联合指挥部负责制等多种形式的管理制度，取得了一定的成效。然而，总的趋势未能改变。

4. 概预算制度遭到严重破坏的阶段(1966～1976年)

1966年开始进入十年动乱，"一五"期间建立起来的一些好的造价管理制度被否定，定额和概预算管理机构被撤销，预算人员改行，大量基础资料被销毁，定额被说成是"管、卡、压"的工具。造成设计无概算，施工无预算，竣工无决算，投资大敞口，以至许多工程不计经济效果，工期拖长，质量下降，造价提高，分不清经济责任。虽然没有概预算不得列入年度计划的国家规定没有被废除，但是建设单位关心的只是得到一个批准的概算，一旦工程项目列入计划，概算就完成了使命。以致在实际建设过程中，决算超预算、预算超概算、概算超估算的"三超"现象非常普遍，国家经济到了崩溃的边缘。

在此期间，公路的定额和概预算管理工作也遭到严重破坏。交通部自1964年起用三年时间组织各省力量修订完成的《公路工程预算定额》，被认为是"修正主义"的产物，不予批准执行。定额管理人员被全部下放，公路施工企业实行经常费制度，即企业的管理费用按企业规模核定经常费标准，工程费用按完工的实际支出核销，实际把企业变成行政事业单位，整个建设费用处于实报实销的状况。在十年动乱的后期，这种办法难以维持下去，被迫停止。为了恢复承发包制，1972年交通部决定重新修订《公路工程预算定额》，编制《公路工程概算定额》和《公路基本建设工程概预算编制办法》，并于1973年颁布执行。公路的定额和概预算管理工作开始得到恢复。

5. 概预算制度重建和发展阶段(1976～1989年)

1977年国家开始恢复被十年动乱破坏的经济工作，加强了基本建设管理工作，定额和概预算管理工作受到重视。1983年8月，国家计委成立基本建设标准定额局(1988年划归建设部，成立标准定额司)，组织制定工程建设概预算定额、费用定额等管理制度，使工程造价管理工作进入规范化、系列化发展阶段。

为了加强建设项目决策的科学性,在基本建设程序中增加了项目建议书和可行性研究报告两个阶段,在这两个阶段中都必须进行可行性研究和经济评价。由于经济评价要有一个建设造价估算作为评价的基数,标准定额局于1985年制定了投资估算指标编制的原则和规定等文件,规范和推动各部门投资估算指标的编制工作,使建设工程造价管理工作开始从局限于设计阶段向上延伸到项目的决策阶段,为建设项目决策的科学性、可行性提供了可靠依据。

1985年中国建设工程造价管理协会成立,标志着建设工程造价管理工作由政府统管变为社会团体参与管理的新局面,协会组织会员在工程造价学术理论探讨、造价管理经验交流、推动工程造价社会咨询服务和建立我国造价工程师执业资格制度等方面发挥了积极作用。

公路的定额和概预算管理工作,在这一时期也得到进一步发展。1982年重新修订和颁布了概预算定额和概预算编制办法。1983年交通部首次召开了全国公路工程定额管理工作会议,决定加强定额和概预算管理工作,在全国建立定额和概预算工作联络网,下设6个片区联络网,开展工程造价学术理论研究和工程造价管理工作经验交流。1984年编制建设项目投资估算指标,以满足编制投资估算的需要。同年成立交通部公路工程定额站,负责组织编制全国公路定额,检查、监督定额的执行情况,并对定额和概预算管理工作的改革进行研究等任务。1988年交通部发出通知,要求建立省、自治区、直辖市公路工程定额站,对公路定额和概预算工作实行统一领导,分级管理。这些在公路部门都是前所未有的重大举措,对于加强和深化工程造价管理工作具有重大意义。

6. 工程造价管理体制进入改革阶段(1990年开始)

在深化改革、扩大开放、建立社会主义市场经济体制的新形势下,工程造价管理体制也进行了改革,主要表现如下。

(1)合理确定和有效控制建设工程造价的观点已被普遍接受。合理确定就是要求工程造价的确定具有科学性、先进性和合理性。在设计阶段概预算工作不仅要反映设计,更要能动地影响设计、优化设计,并发挥控制工程造价、促进合理使用建设资金的作用。造价工程师与设计人员要密切配合,作好多方案的技术经济比较,通过优化设计来保证设计的技术经济合理性。要明确规定设计单位逐级控制工程造价的责任,并辅以必要的奖罚制度。有效控制就是建立控制工程造价的责任制。投资主管单位、建设单位要对造价控制负责。要重视和加强项目决策阶段的投资估算工作,努力提高可行性研究报告投资估算的准确度,切实发挥其控制建设项目总造价的作用。

(2)在编制投资估算、设计概算中,考虑影响造价的动态因素。有的行业在原有的预备费项目内,增列价差预备费来解决材料预算价格与市场价格的差价问题,并考虑建设期间物价变动对造价的影响。在总费用中增列建设期贷款利息。

(3)定额管理机构承担对工程造价进行监督管理的任务。各部门、各地区建筑工程定额站许多已改名为建设工程造价管理总站,加强对本专业工程造价的监督管理,包括制定发布工程造价管理办法,制定发布确定工程造价的定额等。

(4)调整了建筑安装工程费用项目组成,使其与国际惯例接轨。1993年建设主管部门发布调整建筑安装工程费用项目组成的若干规定。这个规定是参照新的财务制度及国际惯例制定的,其特点是将凡属于生产工人开支范围的费用统归人工费之内,将属于现场发生的施工管理费和临时设施费转入直接工程费,缩小了间接费在建筑安装工程费中的比重。

(5)建立造价工程师执业资格制度和工程造价咨询单位资质管理办法。这些制度的建立对于加强建设工程造价管理,提高工程造价专业人员的素质,确保建设工程造价管理工作质量都将起到积极作用。

公路建设工程造价管理工作的改革也取得较大进展。由于公路建设项目接受世界银行贷款较早,也就较早实施建设工程施工招标和施工监理等国际通行的制度,对公路工程造价管理的改革起了促进作用。公路工程造价管理工作的改革主要表现在以下几个方面。

(1)公路工程造价编制办法规定,造价文件按定额量、市场价、控制费编制。公路工程造价采用工料分析法(即实物法)编制,人工费、材料费、施工机械使用费采用定额、指标规定的消耗量,采用造价编制截止日期的工地实际价格,即产地价加运到工地的运杂费计算。其他直接费等费用,除税金外,采用定额规定基价为基数和地区调整系数的方法计算,对取费加以控制,避免"水涨船高"和同一地区取费不平等的情况。按此办法编制的工程造价,就是建设项目的静态投资额,其费用的组成和价格水平与招投标的工程量清单的单价相吻合。

(2)在总造价中列出造价动态费用。预留费中除包括不可预见的工程和费用的预备费外,还包括物价上涨预留费,以补偿造价文件编制截止日期直至工程完工日期未知物价增涨的费用。既为总造价打足投资,又为工程实施过程中工程结算时调价准备了费用。

(3)施工企业不受造价编制办法的约束。造价编制办法对建设单位具有约束力,建设单位应按编制办法规定编制造价文件报批,工程招标时招标标底应控制在批准的总造价的相应费用范围内。但施工企业投标报价不受定额和造价编制办法的约束,可以根据自身的技术优势和投标策略报价,其报价为市场价格。

(4)1995 年交通部颁布了《公路工程造价人员资格认证管理办法》,对加强造价管理工作,提高造价人员的业务素质都起了积极作用。

(5)制订了《公路工程造价管理办法》,拟进一步加强对工程造价的全过程管理,要求工程造价管理机构除加强对工程造价的检查、监督外,进一步做好服务工作,及时提供材料价格信息、工程造价信息,并做好咨询服务和调解造价纠纷等。

六、造价管理的目的

遵循商品经济价值规律,健全价格调控机制,培育和规范建筑市场中劳动力、技术、信息等市场要素,企业依据政府和社会咨询机构提供的市场价格信息和造价指数自主报价,建立以市场形成为主的价格机制。通过市场价格机制的运行,达到优化配置资源、合理使用投资、有效控制工程造价,取得最佳投资效益和经济效益,形成统一、开放、协调、有序的建筑市场体系,将政府在工程造价管理中的职能从行政管理、直接管理转换为法规管理及协调监督,制定和完善建筑市场中经济管理规则,规范招标投标及承发包行为,制止不正当竞争,严格中介机构人员的资格认定,培育社会咨询机构为独立的行业,对工程造价实施全过程、全方位的动态管理,建立符合中国国情与国际惯例接轨的工程造价管理体系。

七、当代国外及我国香港特区的工程造价管理

1. 行之有效的政府间接调控

在国外,按项目投资来源渠道的不同,一般可划分为政府投资项目和私人投资项目。政府对建设工程造价的管理,主要采用间接手段,对政府投资项目和私人投资项目实施不同力度和深度的管理,重点控制政府投资项目。

如,英国对政府投资工程采取集中管理的办法,按政府的有关面积标准、造价指标,在核定的投资范围内进行方案设计、施工设计,实行目标控制,不得突破。如遇非正常因素非突破不可时,宁可在保证使用功能的前提下降低标准,也要将投资控制在额度范围内。

美国对政府的投资项目则采用两种方式:一是由政府设专门机构对工程进行直接管理,美国各地方政府、州政府、联邦政府都设有相应的管理机构。如纽约市政府的综合开发部(DGS)、华盛顿政府的综合开发局(GSA)等都是代表各级政府专门负责管理建设工程的机构。二是通过公开招标委托承包人进行管理。美国法律规定所有的政府投资项目都要采用公开招标,特定情况下(涉及国防、军事机密等)可邀请招标和议标。但对项目的审批权限、技术标准(规范)、价格、指数都作出特定规定,确保项目的资金不突破审批的金额。

对于私人投资项目的工程造价管理,国外一般都采取政府不干预的方式,但这种不干预不等于"不闻不问",而是对各项目的具体实施过程不加干预,政府对私人投资项目主要是进行政策引导和信息指导,由市场经济规律调节,体现了政府对造价的宏观管理和间接调控,实际上是积极的"不干预"。

如,美国政府对私人工程项目投资方向的控制,有一套完整的项目或产品目录,明确规定私人投资者应在哪些领域投资,应将资金投放在哪些行业上。政府使用经济杠杆,如价格、税收、利率、信息指导、城市规划等来引导和约束私人投资方向和区域分布。政府通过定期发布信息资料,使私人投资者了解市场状况,尽可能使投资项目符合经济发展的需要。

2. 有章可循的计价依据

从国外的工程造价管理来看,一定的造价依据仍然是不可缺少的。事实上他们并不是不做这方面工作,实际上他们也有很多相类似的资料,而且比我国的更细致,所不同的是:

(1)名称、形式不像我国那么规范,没有"定额"、"指标"这种叫法,基本上都归之为"价格"、"单价"、"费用"。

(2)不像我国主要由政府部门组织制定统一的计价标准,他们没有统一的工程项目造价计价依据和标准。

在美国,工程造价计价的定额、指标、费用标准等,一般是由各个大型的工程咨询公司制定。各地的咨询机构,根据本地区的具体特点,制定出单位建筑面积的消耗量和基价作为所管辖项目的造价估算的标准。此外,美国联邦政府、州政府和地方政府也根据各自积累的工程造价资料,并参考各工程咨询公司的有关造价资料,分别对各自管辖的政府工程项目制定相应的计价标准,作为项目费用估算的依据。

英国也没有统一的定额,工程量的计算规则就成为参与工程建设各方共同遵守的计量、计价的基本规则,现行的《建筑工程工程量计算规则》(SMM)是皇家测量学会组织制定并为各方共同认可的,在英国使用最为广泛。此外,还有《土木工程工程量计算规则》等。英国政府投资的工程从确定投资和控制工程项目规模及计价的需要出发,各部门大都制定了并经财政部门认可的各种建设标准和造价指标,如政府办公楼人均面积标准,这些标准和指标均作为各部门向国家申报投资、控制规划设计、确定工程项目规模和投资的基础,也是审批立项、确定规模和造价限额的依据。

(3)国外的计价依据不像我国具有指令性或指导性,而一般都只是参考性的。

3. 多渠道的工程造价信息

在市场经济社会中,能够及时、准确地捕捉建筑市场价格信息是业主和承包人保持竞争优势和取得盈利的关键。造价信息是建筑产品估价和结算的重要依据,是建筑市场价格变化的指示灯。

我国香港工程造价信息的发布,主要采取价格指数的形式,按照指数内涵划分。香港发布的主要工程造价指数可划分为三类,即投入价格指数、成本指数和价格指数,分别依据投入品价格、建造成本和建造价格的变化趋势而编制。按照发布机构分类,工程造价指数可分为政府指数和民间指数,政府指数由建筑署定期发布,包括建筑工料综合成本指数、劳工指数、建材价格指数和投标价格指数。香港政府部门和社会咨询服务机构除了定期发布工程造价指数之外,还编制建筑市场价格报告及走势分析,用以引导业主和承包人的定价。此外,香港建筑业各阶层人士通过各种媒介,经常对建筑市场走势、动态进行分析和研究,为业主与承包人提供了全方位的信息来源,避免了工程建设及施工的盲目性。目前,香港工程造价信息从编制到发布已形成了较完整的体系,信息及时、准确、实用,适应了市场快速、高效、多变的特点,基本上满足建筑市场主体对价格信息的需要。

在美国,建筑造价指数一般由一些咨询机构和新闻媒介来编制,在多种建筑造价来源中,ENR(Engineering News-Record)造价指标是比较重要的一种。编制 ENR 造价指数的目的是为了准确地预测建筑价格,确定工程造价。它是一个加权总指数,由构件钢材、波特兰水泥、木材和普通劳动力四种个体指数组成。ENR 共编制两种造价指数,一是建筑造价指数,一是房屋造价指数。这两个指数在计算方法上基本相同,区别仅体现在计算总指数中的劳动力要素不同。ENR 指数资料来源于 20 个美国城市和 2 个加拿大城市,ENR 在这些城市中派有信息员,专门负责收集价格资料和信息。ENR 总部则将这些信息员收集到的价格信息和数据汇总,并在每周的星期四计算并发布最近的造价指数。

4. 造价工程师的动态估价

在我国香港,业主对工程的估价一般要委托工料测量师行来完成。测量师行的估价大体上按比较法和系数法进行。经过长期的估价实践,他们都拥有极为丰富的工程造价实例资料,甚至建立了工程造价数据库,对于标书中所列的每一项目价格的确定都有自己的标准。在估价时,工料测量师行将不同设计阶段提供的拟建工程项目资料与以往同类工程项目对比,结合当前建筑市场行情,确定项目单价,未能计算的项目(或没有对比对象的项目),则以其他建筑物的造价分析得来的资料补充。承包人在投标时的估价一般要凭自己的经验来完成,往往把投标工程划分为各分部工程,根据本企业定额计算出所需人工、材料、机械等的耗用量,而人工单价主要根据各班头的报价,材料单价主要根据各材料供应商的报价加以比较确定,承包人根据建筑市场供求情况随行就市,自行确定管理费率,最后作出体现工程实际价格的报价。总之,工程任何一方的估价,都是以市场状况为重要依据,是完全意义的动态估价。

在美国,工程造价的估算主要由设计部门或专业估价公司来承担,造价估算师在具体编制工程造价估算时,除了考虑工程项目本身的特征因素(如项目,拟采用的独特工艺和新技术、项目管理方式、现有场地条件以及资源获得的难易程度等)外,一般还对项目进行较为详细的风险分析,以确定适度的预备费。但确定工程预备费的比例并不固定,因项目风险程度大小而不同,对于风险较大的项目,预备费的比例较高,否则较小。造价估算师通过掌握不同的预备费率来调节造价估算的总体水平。

美国工程造价估算中的人工费由基本工资和工资附加两部分组成。其中,工资附加项目包括管理费、保险金、劳动保护金、退休金、税金等。计算造价估算中人工费的依据是基本工资加工资附加总额。至于材料费和机械使用费均以现行的市场行情或市场租赁价作为造价估算的基础，并在人工费、材料费和机械使用费总额的基础上按照一定的比例（一般为10%左右）再计提管理费和利润。

考虑到工程造价管理的动态性，美国造价估算也允许有一定的误差范围。目前在造价估算中允许的误差幅度一般为：

(1)可行性研究估算：+30% ~ -20%；

(2)初步设计估算：+15% ~ -10%；

(3)施工图估算：+10% ~ -5%。

对造价估算规定一定的误差范围有利于及时发现造价估算中存在的问题，并采取纠正措施。

总之，美国在编制造价估算方面的工作做得细致具体，而且考虑了动态因素对造价估算的影响。这种实事求是地确定工程造价的做法是值得我们借鉴和学习的。我国工程造价的确定和编制主要是由国家有关部门确定造价定额、规定费用构成和颁布价格及费率来完成的，工程设计部门在编制造价方面的主动性、创造性不高，责任感不强，他们只注重套定额指标，造价估算编制基本上属于静态管理，显然，造价估算的结果难以反映造价变化的客观事实。

5. 通用的合同文本

作为各方签订的契约，合同在国外工程造价管理中有着重要的地位，对双方都具有约束力，对于各方利益与义务的实现都有重要的意义。因此，国外都把严格按合同规定办事作为一项通用的准则来执行，并且有的国家还实行通用的合同文本。

在英国，其建筑合同制度已有几百年的历史，有着丰富的内容和庞大的体系。澳大利亚、新加坡和我国香港的建筑合同制度都始于英国，著名的国际咨询工程师联合会FIDIC合同文件，也以英国的一种文件作为母本。英国有着一套完整的标准建筑合同体系，包括JCT（Joint Contract Tribunal联合合同化）合同系列、ACA（咨询顾问建筑师协会）合同系列、ICE（土木工程合同通用条文招标协议及保证金）合同系列、皇家政府合同系列。JCT是英国的主要合同体系，主要通用于房屋建筑工程。

6. 项目实施过程中的造价控制

国外对工程造价的管理是以市场为中心的动态控制。造价工程师能对造价计划执行中所出现的问题及时分析研究，及时采取纠正措施。这种强调项目实施过程中的造价管理的做法，体现了造价控制的动态性，并且重视造价管理所具有的随环境、工作的进行，以及价格等变化而调整造价控制标准和控制方法的动态特征。

以美国为例，造价工程师十分重视工程项目具体实施过程中的控制和管理，对工程预算执行情况的检查和分析工作做得非常细致，对于公路工程的各分部、分项工程都有详细的成本计划。美国的建筑承包人是以各分部分项工程的详细成本计划为依据来检查工程造价计划的执行情况。对于工程实施阶段实际成本与计划目标出现偏差的工程项目，首先按照一定标准筛选成本差异，然后进行重要成本差异分析，并填写成本差异分析报告表，由此反映出造成此项差异的原因、此项成本差异对项目其他成本项目的影响、拟采取的纠正措施，以及实施这些措施的时间、负责人及所需条件等。对于采取措施的成本项目，每月还应跟踪检查采取措施后费用的变化情况。如若采取的措施不能消除成本差异，则需重新进行此项成本差异的分析，再提出新的纠正措施，如果仍不奏效，造价控制项目经理则有必要重新审定项目的竣工决算。而且，美国一些大的工程公司，重视工程变更的管理工作，建立了较为详细的工程变更制度，可随时根据各种变化了的情况及时提出变更，修改造价估算。美国工程造价的动态控制还体现在造价信息的反馈系统。各微观造价管理单位（工程公司）十分注意收集在造价管理各个阶段上的造价资料，并把向有关行业提出造价信息资料视为一种应尽的义务，不仅注意收集造价资料，也派出调查员实地调查。这种造价控制反馈系统使动态控制以事实为依据，保证了造价管理的科学性。

思 考 题

1. 公路工程造价的定义是什么？
2. 简述建设工程造价的理论构成。
3. 简述公路工程造价的构成。
4. 建设工程造价的计价特点是什么？
5. 世界工程造价管理的发展历史经历了哪几个阶段？
6. 英国工程造价管理发展历史具有哪些特点？
7. 我国工程造价管理体制的发展经历了哪几个阶段？
8. 国外工程造价管理方法具有什么特点？
9. 工程造价管理的基本内容是什么？
10. 怎样合理确定和有效控制工程造价？
11. 为什么说控制工程造价的重点在设计阶段？
12. 造价工程师的权利和义务是什么？
13. 造价工程师应具备什么样的素质？

第二章　投资管理体制与项目融资

第一节　投资管理体制

一、固定资产与固定资产投资体制

1. 固定资产投资概述

1)投资的概念及运动过程

所谓投资是指投资主体为了特定的目的,以达到预期收益的价值垫付行为。

投资运动过程,本质上是价值运动过程。投资运动过程就是在投资的循环周期中,价值川流不息的运动过程。生产经营性投资运动过程包括资金筹集、分配、运用(实施)和回收增值四个阶段(见图2-1)。

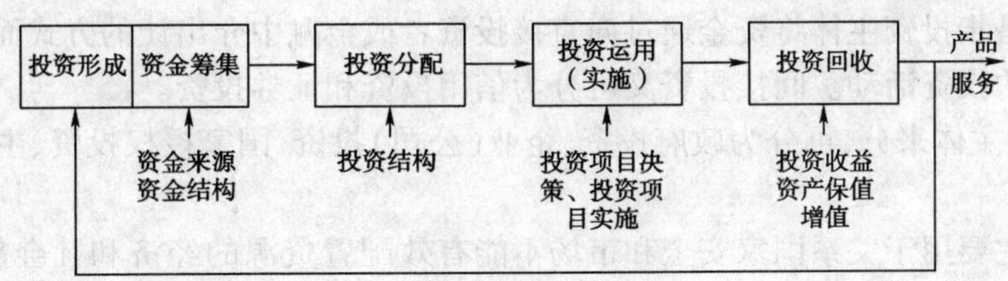

图2-1　投资运动过程

(1)资金筹集(投资形成与筹资)。投资形成并筹集起来以供使用,是投资运动的起始阶段,是把投资资金从形成方和暂时不用者手中吸收过来,聚集起来以供投资者使用的过程。

(2)投资分配。在一定时期内,国家根据国民经济发展状况,根据国民经济总量平衡、结构调整和产业政策,确定投资分配的方向及其比例。我国现阶段的投资分配机制,既靠一定的行政手段,又靠严格的经济、法律手段。随着我国经济体制改革的不断深化,企业将成为社会投资的主体。

(3)投资运用与实施。是指投入的资金转化为物质要素而形成资产的过程,是投资运动的最重要阶段。投资运用阶段又可分为投资项目决策和投资项目实施两个阶段。一般是先确定项目法人,后上项目;先项目决策,后项目实施。投资项目决策阶段主要包括项目建议书、可行性研究报告、项目评估和方案选择等。投资项目实施主要包括工程设计、工程施工、竣工验收交付使用等。

(4)投资回收。投资回收是指投入资金转化为具有既定功能的资产生产出产品,供应市场实现价值增值,从而回收投资的过程。

2)投资的分类

投资从不同的角度可作不同的分类:

(1)按投资在再生产过程中周转方式不同,可分为固定资产投资和流动资产投资。

固定资产投资通常指投资主体垫支货币或物资以获取营利性或服务性固定资产的经济活动过程,亦即构建新的固定资产或更新改造原有固定资产的投资。用于流动资产的投资称为流动资产投资。流动资产是指在企业生产经营过程中经常改变其存在状态,在一定营业周期内变现或耗用的资产,如原材料、在产品、产成品及各种现金、存款、存货、应收及预付账款等。

由于固定资产投资额度大、周期长、管理复杂,在整个投资总额中占主导地位,因此我们通常说的"投资"主要是指固定资产投资。

(2)按照投资的领域来分,可分为生产经营性投资和非生产经营性投资。

生产经营性投资是指直接用于物质生产或直接为物质生产服务的投资。如工业建设、农、林、水利、铁路、公路、船舶、汽车、邮电等的投资。非生产性投资一般指用于满足人民物质文化生活需要的建设的投资,如住宅、学校、医院以及其他生活福利设施等。

公路建设工程中如主体工程中的路基、路面、隧道、桥梁、涵洞等,属于生产性固定资产。为公路营运管理而修建的养护房屋、看桥所,以及高等级公路中的收费站、服务房屋等,则属于非生产性固定资产。

(3)按投资方式来分,可分为直接投资和间接投资。

直接投资是指投资主体将资金或资源投入到生产经营领域的投资活动。其形式有投资者直接开厂设店的独资经营;与其他投资者联合投资、合作经营等。

间接投资是指投资主体将资金通过向直接投资者或金融中介出让的方式而间接地投入到生产经营领域的投资活动。间接投资又可分为信用投资和证券投资。

(4)按投资主体来分,可分为政府投资、企业(公司)投资、国家授权投资、主体投资和个人投资。

政府投资主要用于关系国家安全和市场不能有效配置资源的经济和社会领域,包括加强公益性和公共基础设施建设,保护和改善生态环境,促进欠发达地区的经济和社会发展,推进科技进步和高新技术产业化。

企业(公司)投资是整个社会投资的基础。企业从其局部利益和经营目标出发,利用自己创造的税后利润、银行贷款、折旧转化的货币资金,以及通过其他合法方式筹集的资金,对有盈利的项目进行投资,其主要动机在于追求收益的最大化。

国家授权投资主体是我国国有企业改革中出现的一类特殊投资主体。在建立社会主义市场经济体系过程中,为了保障国有资产保值增值,客观上要求政府对国有企业的管理由传统的计划经济下的行政管理向基于以产权为纽带的所有权管理转变,尽快落实能真正代表所有者的、与法人财产权相对应的出资人所有权主体,即国家授权投资机构。国家授权投资机构是介于政府和众多国有经营性企业之间的经济实体性的国有资产产权运营机构。

个人投资是指个人或家庭利用生活消费后剩余的收入及部分贷款和某些权利(如专利权、发明权等)直接进行的投资,如从事固定资产购置等直接投资、购买有价证券等间接投资。个人投资主体以追求收益最大化为目标。

(5)按投资来源国别分,可分为国内投资和国外投资。

3)固定资产投资

固定资产是指在社会再生产过程中可供长时间反复使用,并在其使用过程中基本上不改变实物形态的劳动资料和其他物质资料,如房屋、建筑物、机器设备、运输工具等。我国会计制度规定:“固定资产是指使用期限超过一年,单位价值在规定标准以上,并且在使用过程中保持原有物质形态的资产,包括房屋及建筑物、机器设备、运输设备、工具器具等。不属于生产经营主要设备的物品,单位价值在 2 000 元以上,并且使用期限超过两年的,也应作为固定资产”。

基本建设投资是固定资产投资的一个组成部分,主要是指对新建、扩建工程的投资,是对固定资产扩大再生产的投资。

4)固定资产投资的特点

固定资产投资作为经济社会活动的重要内容,是国民经济和企业经营的重要组成部分,具有与一般生产、流通领域诸多不同的特点。概括来讲,固定资产投资的主要特点如下:

(1)一次性投入,且资金数额大。

(2)建设和回收期长。

(3)投资形成的产品具有固定性。

(4)投资产品具有单件性。

(5)投资项目的管理比较复杂。

2. 固定资产投资体制

1)投资体制的定义和组成

投资体制是指组织、领导和管理社会投资活动的基本制度和主要方式、方法。它是经济体制的重要内容,主要包括投资主体如何确立,投资决策制度如何选择,投资利益关系如何处理,投资管理权限和职责如何划分,投资调控方式如何采用以及投资管理机构如何设置等。

从不同的角度来考察投资体制,有不同的组成。

从系统论的角度来看,投资体制主要由投资决策系统、投资调控系统、投资动力系统、投资信息系统四大子系统组成,投资体制是四者的统一体。

从管理组织情况看,投资体制主要由投资主体的决策层次与结构、投资运行机制、投资领域内各经济实体之间的关系三要素组成。

从管理职能来看,投资体制的组成主要包括投资计划管理体制、投资资金管理体制和投资经营管理体制。

从管理对象来看,投资体制的组成主要包括投资项目管理体制、设计体制、施工管理体制等。

2)投资体制的模式

根据投资决策的集权程度不同,可以把投资体制划分为三种典型的模式。

(1)高度集权型投资体制模式

这种模式的特点是将企业投资全部纳入国家统一计划,投资方式单一,投资领域各单位和经济实体之间的联系非商品化。国家不仅决定关系国民经济结构的新建项目的决策,而且决定原有企业本身的扩建和改建,甚至包揽企业固定资产更新基金的使用,企业没有固定资产扩大再生产的自主投资决策权。

(2)分散型投资体制模式

这是一种投资决策权完全分散化的投资模式,国家彻底放弃一切投资决策权,把它交给为数众多的企业。企业资金来源由自有资金和银行贷款及其他筹资方式来解决。企业的投资经济活动不仅决定自身的生存和发展,而且关系到国民经济的全局和发展方向。它要求市场高度发育,信息与竞争充分。

(3)综合型投资体制模式

这种投资模式的基本特征为:划分国家、地方和企业的投资范围。中央政府负责关系到整个国民经济产业结构和社会消费结构的项目投资;地方政府负责关系到地方产业、经济结构的新建项目的决策;企业再生产方面的一切决策权全部由企业自主行使;形成了中央、地方、企业三个层次的投资主体。投资调控主要通过财政、税收、贷款利率和筹资等手段,引导和调节投资的流向。综合型投资是我国目前主要采用的投资体制模式。

二、固定资产投资管理体制改革

投资管理体制是投资体制的一部分,是指国家组织和管理投资的制度、方式和方法的总称,它包括投资管理权限和职责如何划分,投资调控方式如何采用以及投资管理机构如何设置等问题。

1. 我国投资管理体制的现状

建国以来,我国的投资管理体制经历了与经济管理体制发展变化相适应的过程。党的十一届三中全会以前,与集中计划经济模式相适应,我国投资管理体制的主要模式是集权投资管理模式。改革开放30年来,我国投资管理体制从宏观管理到微观运行的各个方面,从投资决策、项目管理到建设实施的各个阶段都实施了一系列改革,先后采取了财政“拨改贷”,下放项目决策管理权限,简化项目审批手续,建立项目评估审议制度,促使投资决策科学化、民主化,建立经济杠杆调控体系,在投资建设领域引入招投标制度等市场竞争机制,设立基本建设基金,成立国家专业投资公司和开征投资方向调节税等措施,在投资领域形成了以投资主体多元化、投资资金来源多渠道化,项目决策层次化、投资驱动利益化、投资方式多样化、投资方法科学化和在建设市场引入市场竞争机制为特征的新局面。

尽管投资管理体制发生了巨大变化,投资管理取得了可喜的进步。但是,现行的投资管理体制仍有一些不尽如人意的缺憾和弊端,尤其是一些深层次矛盾还没有得到根本解决。这对我国的投资活动产生了一系列不良影响:投资总规模膨胀,总量调控困难;投资结构不合理,调整步履艰难;重复建设、盲目建设严重;投资效益低下,资金回收缓慢。这些问题和不良影响从反面要求我国投资管理体制必须深化改革,解决投资管理体制内在的、根本性的弊端,实现投资管理体制改革的突破性进展。

2. 投资管理体制改革

根据2004年7月《国务院关于投资体制改革的决定》,我国投资管理体制改革的主要目标和内容如下。

1)深化投资管理体制改革的指导思想和目标

(1)深化投资管理体制改革的指导思想

按照完善社会主义市场经济体制的要求,在国家宏观调控下充分发挥市场配置资源的基础性作用,确立企业在投资活动中的主体地位,规范政府投资行为,保护投资者的合法权益,营造有利于各类投资主体公平、有序竞争的市场环境,促进生产要素的合理流动和有效配置,优化投资结构,提高投资效益,推动经济协调发展和社会全面进步。

(2)深化投资管理体制改革的目标

改革政府对企业投资的管理制度,按照“谁投资、谁决策、谁收益、谁承担风险”的原则,落实企业投资自主权；合理界定政府投资职能，提高投资决策的科学化、民主化水平，建立投资决策责任追究制度；进一步拓宽项目融资渠道，发展多种融资方式；培育规范的投资中介服务组织，加强行业自律，促进公平竞争；健全投资宏观调控体系，改进调控方式，完善调控手段；加快投资领域的立法进程；加强投资监管，维护规范的投资和建设市场秩序。通过深化改革和扩大开放，最终建立起市场引导投资、企业自主决策、银行独立审贷、融资方式多样、中介服务规范、宏观调控有效的新型投资管理体制。

2）深化投资管理体制改革的内容

（1）转变政府管理职能，确立企业的投资主体地位

①改革项目审批制度，落实企业投资自主权。彻底改革现行不分投资主体、不分资金来源、不分项目性质，一律按投资规模大小分别由各级政府及有关部门审批的企业投资管理办法。对于企业不使用政府投资建设的项目，一律不再实行审批制，区别不同情况实行核准制和备案制。其中，政府仅对重大项目和限制类项目从维护社会公共利益角度进行核准，其他项目无论规模大小，均改为备案制，项目的市场前景、经济效益、资金来源和产品技术方案等均由企业自主决策、自担风险，并依法办理环境保护、土地使用、资源利用、安全生产、城市规划等许可手续和减免税确认手续。对于企业使用政府补助、转贷、贴息投资建设的项目，政府只审批资金申请报告。

②规范政府核准制。根据国务院《政府核准的投资项目目录》（以下简称《目录》），企业投资建设实行核准制的项目，仅需向政府提交项目申请报告，不再经过批准项目建议书、可行性研究报告和开工报告的程序。政府对企业提交的项目申请报告，主要从维护经济安全、合理开发利用资源、保护生态环境、优化重大布局、保障公共利益、防止出现垄断等方面进行核准。

③健全备案制。对于《目录》以外的企业投资项目，实行备案制，除国家另有规定外，由企业按照属地原则向地方政府投资主管部门备案。备案制的具体实施办法由省级人民政府自行制定。

④扩大大型企业集团的投资决策权。基本建立现代企业制度的特大型企业集团，投资建设《目录》内的项目，可以按项目单独申报核准，也可编制中长期发展建设规划，规划经国务院或国务院投资主管部门批准后，规划中属于《目录》内的项目不再另行申报核准，只须办理备案手续。企业集团要及时向国务院有关部门报告规划执行和项目建设情况。

⑤鼓励社会投资。放宽社会资本的投资领域，允许社会资本进入法律法规未禁入的基础设施、公用事业及其他行业和领域。逐步理顺公共产品价格，通过注入资本金、贷款贴息、税收优惠等措施，鼓励和引导社会资本以独资、合资、合作、联营、项目融资等方式，参与经营性的公益事业、基础设施项目建设。

⑥进一步拓宽企业投资项目的融资渠道。允许各类企业以股权融资方式筹集投资资金，逐步建立起多种募集方式相互补充的多层次资本市场。经国务院投资主管部门和证券监管机构批准，选择一些收益稳定的基础设施项目进行试点，通过公开发行股票、可转换债券等方式筹集建设资金。在严格防范风险的前提下，改革企业债券发行管理制度，扩大企业债券发行规模，增加企业债券品种。按照市场化原则改进和完善银行的固定资产贷款审批和相应的风险管理制度，运用银团贷款、融资租赁、项目融资、财务顾问等多种业务方式，支持项目建设。规范发展各类投资基金。鼓励和促进保险资金间接投资基础设施和重点建设工程项目。

⑦规范企业投资行为。各类企业都应严格遵守国土资源、环境保护、安全生产、城市规划等法律法规，严格执行产业政策和行业准入标准，不得投资建设国家禁止发展的项目；应诚信

守法，维护公共利益，确保工程质量，提高投资效益。国有和国有控股企业应按照国有资产管理体制改革和现代企业制度的要求，建立和完善国有资产出资人制度、投资风险约束机制、科学民主的投资决策制度和重大投资责任追究制度。严格执行投资项目的法人责任制、资本金制、招标投标制、工程监理制和合同管理制。

(2)完善政府投资体制，规范政府投资行为

①合理界定政府投资范围。政府投资主要用于关系国家安全和市场不能有效配置资源的经济和社会领域，包括加强公益性和公共基础设施建设，保护和改善生态环境，促进欠发达地区的经济和社会发展，推进科技进步和高新技术产业化。能够由社会投资建设的项目，尽可能利用社会资金建设。合理划分中央政府与地方政府的投资事权。中央政府投资除本级政权等建设外，主要安排跨地区、跨流域以及对经济和社会发展全局有重大影响的项目。

②健全政府投资项目决策机制。进一步完善和坚持科学的决策规则和程序，提高政府投资项目决策的科学化、民主化水平；政府投资项目一般都要经过符合资质要求的咨询中介机构的评估论证，咨询评估要引入竞争机制，并制订合理的竞争规则；特别重大的项目还应实行专家评议制度；逐步实行政府投资项目公示制度，广泛听取各方面的意见和建议。

③规范政府投资资金管理。编制政府投资的中长期规划和年度计划，统筹安排、合理使用各类政府投资资金，包括预算内投资、各类专项建设基金、统借国外贷款等。政府投资资金按项目安排，根据资金来源、项目性质和调控需要，可分别采取直接投资、资本金注入、投资补助、转贷和贷款贴息等方式。以资本金注入方式投入的，要确定出资人代表。要针对不同的资金类型和资金运用方式，确定相应的管理办法，逐步实现政府投资的决策程序和资金管理的科学化、制度化和规范化。

④简化和规范政府投资项目审批程序，合理划分审批权限。按照项目性质、资金来源和事权划分，合理确定中央政府与地方政府之间、国务院投资主管部门与有关部门之间的项目审批权限。对于政府投资项目，采用直接投资和资本金注入方式的，从投资决策角度只审批项目建议书和可行性研究报告，除特殊情况外不再审批开工报告，同时应严格政府投资项目的初步设计、概算审批工作；采用投资补助、转贷和贷款贴息方式的，只审批资金申请报告。具体的权限划分和审批程序，由国务院投资主管部门会同有关方面研究制订，报国务院批准后颁布实施。

⑤加强政府投资项目管理，改进建设实施方式。规范政府投资项目的建设标准，并根据情况变化及时修订完善。按项目建设进度下达投资资金计划。加强政府投资项目的中介服务管理，对咨询评估、招标代理等中介机构实行资质管理，提高中介服务质量。对非经营性政府投资项目加快推行“代建制”，即通过招标等方式，选择专业化的项目管理单位负责建设实施，严格控制项目投资、质量和工期，竣工验收后移交给使用单位。增强投资风险意识，建立和完善政府投资项目的风险管理机制。

⑥引入市场机制，充分发挥政府投资的效益。各级政府要创造条件，利用特许经营、投资补助等多种方式，吸引社会资本参与有合理回报和一定投资回收能力的公益事业和公共基础设施项目建设。对于具有垄断性的项目，试行特许经营，通过业主招标制度，开展公平竞争，保护公众利益。已经建成的政府投资项目，具备条件的经过批准可以依法转让产权或经营权，以回收的资金滚动投资于社会公益等各类基础设施建设。

(3)加强和改善投资的宏观调控

①完善投资宏观调控体系。国家发展和改革委员会要在国务院领导下会同有关部门，按

照职责分工，密切配合、相互协作、有效运转、依法监督，调控全社会的投资活动，保持合理投资规模，优化投资结构，提高投资效益，促进国民经济持续快速协调健康发展和社会全面进步。

②改进投资宏观调控方式。综合运用经济的、法律的和必要的行政手段，对全社会投资进行以间接调控方式为主的有效调控。明确发展的指导思想、战略目标、总体布局和主要建设项目等。按照规定程序批准的发展建设规划是投资决策的重要依据。制订并适时调整国家固定资产投资指导目录、外商投资产业指导目录，明确国家鼓励、限制和禁止投资的项目。建立投资信息发布制度，及时发布政府对投资的调控目标、主要调控政策、重点行业投资状况和发展趋势等信息，引导全社会投资活动。建立科学的行业准入制度，规范重点行业的环保标准、安全标准、能耗水耗标准和产品技术、质量标准，防止低水平重复建设。

③协调投资宏观调控手段。根据国民经济和社会发展要求以及宏观调控需要，合理确定政府投资规模，保持国家对全社会投资的积极引导和有效调控。灵活运用投资补助、贴息、价格、利率、税收等多种手段，引导社会投资，优化投资的产业结构和地区结构。适时制订和调整信贷政策，引导中长期贷款的总量和投向。严格和规范土地使用制度，充分发挥土地供应对社会投资的调控和引导作用。

④加强和改进投资信息、统计工作。加强投资统计工作，改革和完善投资统计制度，进一步及时、准确、全面地反映全社会固定资产存量和投资的运行态势，并建立各类信息共享机制，为投资宏观调控提供科学依据。建立投资风险预警和防范体系，加强对宏观经济和投资运行的监测分析。

(4)加强和改进投资的监督管理

①建立和完善政府投资监管体系。建立政府投资责任追究制度。工程咨询、投资项目决策、设计、施工、监理等部门和单位，都应有相应的责任约束，对不遵守法律法规给国家造成重大损失的，要依法追究有关责任人的行政和法律责任。完善政府投资制衡机制，投资主管部门、财政主管部门以及有关部门，要依据职能分工，对政府投资的管理进行相互监督。审计机关要依法全面履行职责，进一步加强对政府投资项目的审计监督，提高政府投资管理水平和投资效益。完善重大项目稽查制度，建立政府投资项目后评价制度，对政府投资项目进行全过程监管。建立政府投资项目的社会监督机制，鼓励公众和新闻媒体对政府投资项目进行监督。

②建立健全协同配合的企业投资监管体系。国土资源、环境保护、城市规划、质量监督、银行监管、证券监管、外汇管理、工商管理、安全生产监管等部门，要依法加强对企业投资活动的监管，凡不符合法律法规和国家政策规定的，不得办理相关许可手续。各级政府投资主管部门要加强对企业投资项目的事中和事后监督检查，对于不符合产业政策和行业准入标准的项目，以及不按规定履行相应核准或许可手续而擅自开工建设的项目，要责令其停止建设，并依法追究有关企业和人员的责任。审计机关依法对国有企业的投资进行审计监督，促进国有资产保值增值。建立企业投资诚信制度，对于在项目申报和建设过程中提供虚假信息、违反法律法规的，要予以惩处，并公开披露，在一定时间内限制其投资建设活动。

③加强对投资中介服务机构的监管。各类投资中介服务机构均须与政府部门脱钩，坚持诚信原则，加强自我约束，为投资者提供高质量、多样化的中介服务。鼓励各种投资中介服务机构采取合伙制、股份制等多种形式改组改造。健全和完善投资中介服务机构的行业协会，确立法律规范、政府监督、行业自律的行业管理体制。打破地区封锁和行业垄断，建立公开、公平、公正的投资中介服务市场，强化投资中介服务机构的法律责任。

④完善法律法规，依法监督管理。建立健全与投资有关的法律法规，依法保护投资者的合法权益，维护投资主体公平、有序竞争，投资要素合理流动、市场发挥配置资源的基础性作用的市场环境。规范各类投资主体的投资行为和政府的投资管理活动。认真贯彻实施有关法律法规，严格财经纪律，堵塞管理漏洞，降低建设成本，提高投资效益。加强执法检查，培育和维护规范的建设市场秩序。

通过深化投资体制改革，最终形成宏观、中观、微观投资管理相结合，多层次的投资管理体制。

宏观投资管理是整个国民经济的投资管理，其管理主体是国家。国家除对整个国民经济的投资进行统筹规划外，主要从事有关国计民生的大型项目、面向全国跨地区和非盈利项目的投资。宏观投资管理的主要任务是：根据国民经济发展的需要，做好宏观投资资金的筹措工作；做好计划工作，提高宏观投资经济效益；根据国民经济有计划按比例发展的经济规律的要求，合理地确定投资的规模和方向。

宏观投资管理的原则是：投资规模必须与国力相适应，固定资产投资率一般不宜超过20%，积累率不宜超过30%，固定资产投资增长的幅度不宜超过国民收入的增长幅度；投资结构的确定，必须适应国民经济发展规律的要求，确保国民经济顺利发展；管理活动必须依法进行；建立科学的投资效果考核指标，使投资管理权责结合。

中观投资管理是指地区和行业的投资管理。随着改革的深化，地方财政收入快速增长，企业、集体、个人的投资能力也不断增强，形成了固定资产投资多元化的格局。这就要求加强中观投资管理，弥补宏观管理与微观管理之间的脱节现象。良好的中观投资管理可以避免国家统得过死的弊病，又可以减少企业、集体、个人投资的盲目性。因此，实行地区投资管理和行业投资管理是我国继续推行经济体制改革、完善投资机制的必然要求。

中观投资管理的方法是：通过建立和健全经济情报信息系统给决策者以信息指导，对社会需求趋势作出科学的预测，使投资决策者避免投资方向上的重大失误；依法办事，依法管理投资行为，保护投资者的合法权益，制止一切不正之风和引起公害的投资行为，同时为投资创造良好的市场环境；地方政府和行业管理部门应当创造良好的投资环境，引导投资方向，合理规划定向布局；通过各种经济杠杆，参与投资收入的分配，调节投资者实得利益的多寡，以此来引导企业的投资方向。

微观投资管理是指对企业、事业单位、机关团体、个人投资的管理。随着我国投资主体的多元化发展，企事业单位、个人投资的比重日益上升，如果不加强管理，必然造成一哄而上的盲目建设和重复建设。另外，微观投资必须做好前期工作，必须做好可行性研究和技术经济论证，必须严格按建设程序办事。

微观投资管理包含了国家对政府投资项目的管理和投资者对自己投资的管理两个方面。国家对企业和个人的投资通过正确的产业政策，通过各种经济杠杆，把分散的资金引导到符合社会需要的建设项目上来。投资者对自己投资的管理，即是工程项目的管理，做好工程项目的计划、组织和监督工作。

固定资产投资的微观决策也称为工程项目评价，即对建设项目建设的必要性、技术可行性、经济合理性进行全面、系统的分析，作出定量和定性的评价，以便选出最佳投资方案。微观投资决策的方法有两种，即静态分析方法和动态分析方法。

静态分析方法是指在选择方案时从静止的状态出发，不考虑时间因素对投资效果的影响。

静态分析方法具体又可分为投资回收期法、追加投资回收期法、循环比较法、折算费用法和决策树法等。

动态分析方法是指用运动的观点分析选择最佳投资方案，在分析时考虑时间因素影响的一种决策方法。该方法认为资金具有增值性，即随着再生产过程的不断进行，资金不仅要保存，而且要增加自己的价值。同时，资金的占用、借贷或使用都要付出一定的代价。这是动态分析方法决策的基础。动态分析方法具体又可分为终值法、现值法、净现值比较法、年等值比较法、收益率比较法等。

第二节　工程建设管理体制

按照国家有关规定，在工程建设中，应该严格执行项目法人责任制、招投标制、工程监理制和合同管理制等主要制度。这些制度相互关联、互相支持，共同构成了建设工程管理制度体系。

一、项目法人责任制

为建立投资约束机制，规范项目法人的行为，明确其责、权、利，提高建设水平和投资效益，国家发展计划委员会于1996年发布了《关于实行建设项目法人责任制的暂行规定》，规定指出：国有单位经营性基本建设大中型项目在建设阶段必须组建项目法人。交通部规定凡列入国家和地方基本建设计划的公路建设项目必须实行项目法人责任制度，由项目法人对建设项目负总责。

项目法人责任制度是指按2006年新颁布《中华人民共和国公司法》的含义设立有限责任公司和股份有限公司的形式设立项目法人。由项目法人对项目的策划、决策、资金筹措、建设实施、生产经营、债务偿还和资产的保值增值，实行全过程负责的制度。公路建设项目法人分为经营性公路建设项目法人和公益性公路建设项目法人。依法投资建设经营性公路项目的国内外经济组织为经营性公路建设项目法人。非经营性公路建设项目法人为公益性公路建设项目法人。经营性公路建设项目应依法成立有限责任公司或股份有限公司，对建设项目筹划、资金筹措、建设实施、运营管理、债务偿还和资产管理全过程负责。公益性公路建设项目应明确或组建项目法人，根据交通主管部门授权，对建设项目筹划、资金筹措、建设实施全过程负责。有限责任公司的股东以其认缴的出资额为限对公司承担责任；股份有限公司的股东以其认购的股份为限对公司承担责任。

1. 项目法人的设立

项目建议书被批准后，应由项目的投资方派代表组成项目法人筹备组，具体负责项目法人的筹建工作。在申报项目可行性研究报告时，需同时提出项目法人的组建方案，否则，可行性研究报告不被批准。可行性研究报告批准后，正式成立或明确项目法人，在初步设计批准前，按项目管理权限报交通主管部门审批。新组建的项目法人应依法办理公司注册或事业法人登记手续。项目法人机构设置和技术、管理人员素质，必须满足工程建设管理的需要，符合公路建设市场准入条件。

2. 项目法人的职责

(1)经营性公路建设项目法人，应按照基建程序，履行以下职责：

①筹措建设资金；

②编制项目实施计划和年度计划；

③依法选择勘察设计、施工、监理单位和设备、材料供应单位；

④向交通主管部门办理开工报告；

⑤按照合同约定,对工程质量、进度、投资、安全生产和环境保护进行监督管理,审查施工组织设计、重要施工工艺和标准试验以及工程分包等事项,保证工程处于受控状态；

⑥接受交通主管部门和公路工程质量监督机构的监督检查,按时报送项目建设的有关信息资料；

⑦执行国家档案管理规定,建立健全建设项目的所有档案；

⑧及时组织交工验收,做好竣工验收的准备工作；

⑨组织项目后评价,提出项目后评价报告；

⑩按照有关技术标准和规范的要求,做好公路养护管理工作,负责收费管理,按期偿还贷款。

公益性公路建设项目法人,根据交通主管部门授权,履行以上相应职责。

(2)组织形式。国有控股或参股的有限责任公司、股份有限公司设立股东会、董事会、监事会。各类建设项目的董事在建设期间应至少有一名常驻现场管理。董事会应建立例会制度,讨论项目的重大事宜,对资金支出进行严格管理,以决议形式予以确认。国有独资公司设立董事会,不设股东会,由国有资产监督管理机构行使股东会职权。

(3)有限责任公司董事会的职权。董事会对股东会负责,行使下列职权：

①召集股东会会议,并向股东会报告工作；

②执行股东会的决议；

③决定公司的经营计划和投资方案；

④制订公司的年度财务预算方案、决算方案；

⑤制订公司的利润分配方案和弥补亏损方案；

⑥制订公司增加或者减少注册资本以及发行公司债券的方案；

⑦制订公司合并、分立、解散或者变更公司形式的方案；

⑧决定公司内部管理机构的设置；

⑨决定聘任或者解聘公司经理及其报酬事项,并根据经理的提名决定聘任或者解聘公司副经理、财务负责人及其报酬事项；

⑩制订公司的基本管理制度；

⑪公司章程规定的其他职权。

(4)项目总经理的职权。总经理对董事会负责,行使下列职权：

①主持公司的生产经营管理工作,组织实施董事会决议；

②组织实施公司年度经营计划和投资方案；

③拟订公司内部管理机构设置方案；

④拟订公司的基本管理制度；

⑤制订公司的具体规章；

⑥提请聘任或者解聘公司副经理、财务负责人；

⑦决定聘任或者解聘除应由董事会决定聘任或者解聘以外的负责管理人员；

⑧董事会授予的其他职权,公司章程对经理职权另有规定的,从其规定；

⑨总经理列席董事会会议。

3. 考核与奖罚

(1)项目董事会负责对总经理进行定期考核,各投资方负责对董事会成员进行定期考核。

(2)国务院各有关部门负责对有关项目进行考核。考核的主要内容包括:国家发布的固定资产投资与建设的法律、法规的执行情况;国家年度投资计划和批准设计文件的执行情况;概算控制、资金使用和工程组织管理情况;建设工期、施工安全和工程质量控制情况;生产能力和国有资产形成及投资效益情况;土地、环境保护和国有资源利用情况;精神文明建设情况;其他需要考核的事项。

(3)建立对董事长、总经理的任职和离职的审计制度。

(4)凡应实行项目法人责任制而没有实行的建设项目,投资计划管理部门不准批准开工,也不予安排投资计划。

二、招投标制度

为把市场竞争机制引入投资管理体制改革,国家不仅明确提出工程建设要全面推行项目法人责任制,而且还明确要求工程建设实行招投标制度。2000 年 1 月 1 日起施行的《中华人民共和国招标投标法》要求大中型建设项目的主体工程设计、建筑安装、监理和主要设备、材料、工程总承包单位以及招标代理机构,必须通过招标投标确定。

1. 国家规定必须招标的交通建设项目

公路建设项目除涉及国家安全、国家机密、抢险救灾或利用扶贫资金实行以工代赈、民工建勤、民办公助的项目不适宜招标外,达到下列规模标准之一的,必须进行招标。

①建设项目总投资额在 3 000 万元人民币以上的;

②工程单项合同估算价在 200 万元人民币以上的;

③重要设备、材料等货物的采购,单项合同估算价在 100 万元人民币以上的;

④勘察、设计、监理等服务的采购,单项合同估算价在 50 万元人民币以上的。

省级人民政府交通主管部门可以在上述规模标准以下,结合本地区实际情况,制订必须招标的规模标准。

公路建设项目招标投标活动,必须严格按照国家有关法律、法规进行,遵循公开、公平、公正和诚实信用原则。交通主管部门依法对招标投标活动实施监督,受理投标人和其他利害关系人的投诉,依法查处招标投标活动中的违法行为。严禁任何单位和个人以任何名义、任何形式干预正当的招标投标活动,严禁地方和行业保护。严禁将必须招标的公路建设项目化整为零或以其他任何方式规避招标。招标投标不受地区、部门、行业的限制,任何地区、部门和单位不得进行保护。

2. 招标方式

公路建设项目招标分为公开招标和邀请招标。公路建设项目应实行公开招标。国家重点项目和省级人民政府确定的地方重点项目不宜公开招标的,经国务院发展计划部门或省级人民政府批准,可以进行邀请招标。

公开招标的公路建设项目,应通过国家指定的报刊和信息网络发布招标公告。邀请招标的项目,应向三个以上具备承担招标项目能力、资信良好的特定法人发出投标邀请书。分标段招标的,招标人应合理划分标段;合理确定工期。施工标段的确定应有利于施工单位的合理投入和机械化施工。高速公路标段路基工程一般应不少于10km,路面工程一般应不少于15km。其他等级公路标段工作量一般应不少于5 000万元。边远地区和特殊地段可视实际情况调整。监理标段的划分应不低于施工标段标准。施工工期应依据初步设计批复的建设期限,结合项目实际情况合理确定。

3. 投标

参加公路建设项目投标的单位,必须符合公路建设市场准入条件。两个以上法人可以组成联合体,以一个投标人身份共同投标。由同一专业的单位组成的联合体,按资质等级低的单位确定资质等级。分包单位的资质条件应与其承担的工程标准和规模相适应。投标人应按招标文件的要求编制投标文件。投标人在投标过程中,不得串通投标、哄抬标价和以低于成本的报价抢标。

4. 评标

评标由招标人依法设立的评标委员会负责。评标委员会应按照有关法律、法规和招标文件的要求进行评标,出具书面评标报告,并推荐1~3名合格的中标候选人。评标委员会由招标人代表和有关技术、经济等方面的专家组成,成员人数为5人以上单数,其中技术、经济等方面的专家不少于成员总数的2/3。评标专家应从事公路建设项目管理工作满8年,具有高级职称或同等专业水平和丰富的评标经验。国道主干线项目和国家、交通部确定的重点公路建设项目的评标委员会专家,从交通部设立的评标专家库中确定,或根据交通部授权从省级交通主管部门设立的评标专家库中确定。其他公路建设项目的评标委员会专家,从省级交通主管部门设立的评标专家库中确定。评标委员会成员名单在中标结果确定前应当保密。

三、工程监理制

公路建设项目必须实行工程监理制度。公路建设项目工程监理是由具有公路工程监理资格的监理单位,按国家有关规定受项目法人委托对施工承包合同的执行、工程质量、进度、费用等方面进行监督与管理。从事公路建设项目的工程监理单位,必须符合公路建设市场准入条件。监理单位必须根据监理服务合同,建立相应的现场监理机构,健全工程监理质量保证体系,配备足够的、合格的人员和设备,确保对工程进行有效监控。

承担工程监理任务的人员,应具备相应的能力和技术条件:

(1)项目总监、总监代表、高级驻地监理工程师,应具有高级工程师或高级经济师职称,并具有交通部颁发的监理工程师证书。

(2)专业监理工程师,应具有工程师或经济师职称和省级以上交通主管部门颁发的专业监理工程师证书。

(3)测量、试验及现场旁站等监理员,应具有初级技术职称并经过专业技术培训和监理业务培训。

监理人员数量应根据工程规模、投资、工期、复杂程度等因素确定,并签订合同。监理人员在工程施工期间不得随意更换,保证监理工作的连续性。监理现场必须配备相应的检测、通信、交通工具等设备,设有经交通主管部门检验合格的独立试验室。监理单位和监理人员必须全面履行监理服务合同和施工合同规定的各项监理职责,按照有关法律、法规、规章、技术规范、设计文件的要求进行工程监理。监理工程师不得营私舞弊、滥用职权,不得损害项目法人和承包人的利益。

四、合同管理制

合同是约束和规范合同双方行为的重要依据和手段。公路建设项目的勘察设计、施工、监理以及与工程建设有关的重要设备、材料的采购，必须遵循诚实信用的原则，依法签订合同。公路建设项目合同包括勘察设计合同、施工合同、监理、服务合同、设备材料采购合同等。

公路建设项目合同，必须符合国家和交通部制定的有关技术标准、规范、规程以及批准的设计文件，科学、合理地确定勘察设计周期、施工工期和供货安装期限。公路建设项目合同应采用交通主管部门颁布的有关合同范本，并可邀请公证机关公证。公路建设项目合同必须明确双方的权利和义务，按照法定程序和有关要求，由签约双方的法定代表人或其授权代表签订。

勘察设计合同内容，应包括提交有关基础资料和设计文件的期限、质量要求、费用支付等条款。勘察设计单位必须按照合同约定，按期提供勘察资料和设计文件，并对所提供资料的真实性、完整性和设计质量负责，完成设计变更、派驻设计代表等后续服务工作。

施工合同内容，包括工程范围、建设工期、合同价、合同条款、技术规范、图纸等。施工单位对施工的工程质量、进度和安全负责。施工单位的管理、技术人员及施工设备必须按合同约定及时到位，均衡组织生产，按期完成施工任务；严禁将工程转包和违法分包。项目法人必须按合同约定及时提供施工图、施工用地，按时拨付工程款，协调施工外部环境。不得违反合同，强行分包，不得指定采购材料和设备，不得随意压缩工期。

监理服务合同内容，应包括监理现场组织机构、监理工程师资格、主要检测设备的配备要求、质量责任、费用支付等条款。监理单位应按合同约定及时派驻现场监理机构和人员，配齐设备，依照公路工程监理办法和监理规范要求开展监理工作。项目法人必须按合同约定，及时提交施工合同，提供或协助安排监理驻地、交通工具、试验检测仪器等，按期支付监理费用，为监理单位开展工作创造条件。

设备材料采购合同内容，主要包括供货品种、交货期限、设备安装要求、质量标准、验收方法、费用支付等条款。供货人应按合同约定的期限和地点交付货物，安装设备，并负责设备调试和质量保修期内的维修服务。因货物或设备安装不符合质量要求的受货人，可以拒收，并按合同规定提出索赔或解除合同。

任何单位和个人不得非法干预合同的签订和履行。合同双方应按合同履行自己的义务，不得违约。合同内容变更应依据合同约定办理。对超出合同约定范围的变更，合同双方当事人可进行协商，签订补充协议或修改合同，但不得对合同内容作实质性的更改，也不得订立背离合同实质性内容的其他协议，更不能擅自终止或解除合同。合同一方有权按规定程序，对不能履行合同义务的另一方提出索赔，违约方应按合同规定承担赔偿责任。

第三节　项目融资

一、项目融资的概念和特点

1. 项目融资的概念

融资，可以理解为为项目投资而进行的资金筹措行为。项目融资通常有广义与狭义两种理解。狭义地说,项目融资就是通过项目来融资,也可以说是以项目的资产、收益做抵押来融资。具体来讲,项目融资就是在向一个经济实体提供贷款时,贷款方首先查看该经济实体的现金流量和收益,将其视为偿还债务的资金来源,并将该经济实体的资产视为这笔贷款的担保物,若对这两点感到满意,则贷款方同意贷予。而从广义上理解,一切为了建设一个新项目,收购一个现有项目或对已有项目进行债务重组所进行的融资活动,都可以被称为项目融资。

2. 项目融资的特点

与传统贷款方式的比较,项目融资有以下一些基本特点。

(1)项目导向特点

资金来源主要是依赖于项目的现金流量和资产而不是依赖于项目的投资者或发起人的资信来安排融资。这样,有些投资者很难借到的资金可利用项目来实现,有些投资者很难得到的担保条件可通过组织项目融资来实现。进一步,由于项目导向,项目融资的贷款期限可以根据项目的具体需要和项目的经济生命期来安排设计,可以做到比一般商业贷款期限长。近几年的实例表明,有的项目贷款期限可以长达20年之久。

(2)有限追索的特点

追索是指在借款人未按期偿还债务时,贷款人要求借款人用以除抵押资产之外的其他资产偿还债务的权力。在某种意义上,贷款人对项目借款人的追索形式和程度是区分融资是属于项目融资还是属于传统形式融资的重要标志。作为有限追索的项目融资,贷款人可以在贷款的某个特定阶段对项目借款人实行追索,或在一个规定的范围内对项目借款人实行追索,除此之外,无论项目出现任何问题,贷款人均不能追索到项目借款人除该项目资产、现金流量以及所承担的义务之外的任何形式的资产。有限追索项目融资的特例是无追索项目融资。

(3)风险分担的特点

为实现项目融资的有限追索,对于与项目有关的各种风险要素,需要以某种形式在项目投资者(借款人)、与项目开发有直接或间接利益关系的其他参与者和贷款人之间进行分担。一个成功的项目融资结构,应该是在项目中没有任何一方单独承担起全部项目债务的风险责任,这一点构成了项目融资的第三个特点。项目主办人通过融资,将原来应由自己承担的还债义务,部分地转移到该项目身上,也就是将原来由借款人承担的风险部分地转移给贷款人,由借贷双方共同分担项目风险。

(4)非公司负债型融资的特点

根据项目融资风险分担的原则,贷款人对于项目的债务追索权主要被限制在项目公司的资产和现金流量中,借款人所承担的是有限责任。因而,有条件使融资被安排成为一种不需要进入借款人资产负债表的贷款形式。通过对投资结构和融资结构的设计,可以帮助借款人将贷款安排成为非公司负债型融资。

(5)信用结构多样化的特点

在项目融资中,用于支持贷款的信用结构的安排是灵活和多样化的。

(6)融资成本较高的特点

项目融资涉及面广,结构复杂,需要做好大量有关风险分担、税收结构、资产抵押等一系列技术性的工作,筹资文件比一般公司融资往往要多出几倍,需要几十个甚至上百个法律文件才能解决问题。因此,与传统的融资方式比较,项目融资存在的一个主要问题,是相对筹资成本较高,组织融资所需要的时间较长。

二、项目融资的阶段与步骤

从项目的投资决策算起，到选择采用项目融资的方式为项目的投资筹集资金，一直到最后完成该项目融资，大致上可以分为五个阶段，即：投资决策分析、融资决策分析、融资结构分析、融资谈判和项目融资的执行（见图2-2）。

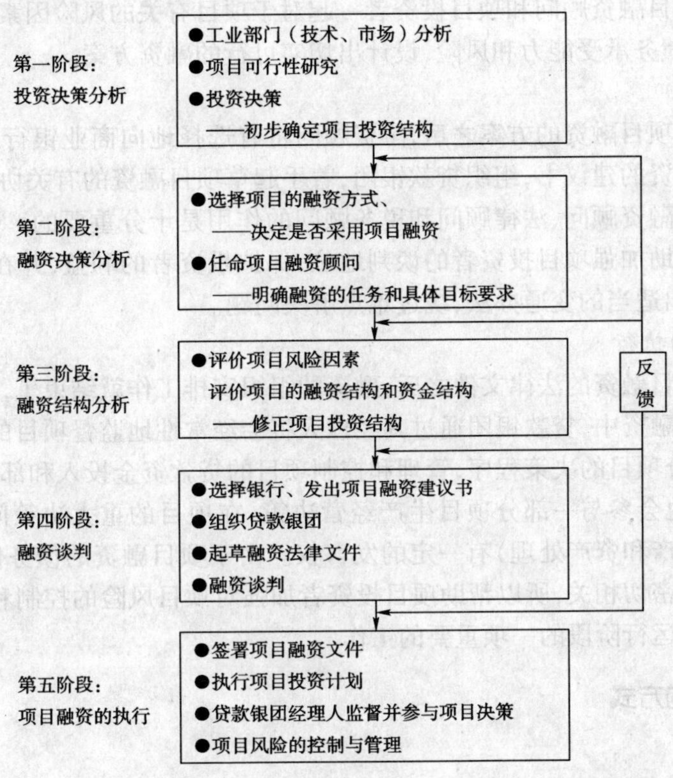

图2-2　项目融资的阶段与步骤

1. 投资决策分析

从严格的意义上讲，这一阶段也可以不属于项目融资所包括的范围。对于任何一个投资项目都需要经过相当周密的投资决策分析。然而一旦做出投资决策，接下来的一个重要工作，即确定项目的投资结构，则是与将要选择的融资结构和资金来源有着密切的关系。同时，在很多情况下，项目投资决策也是与项目能否融资以及如何融资紧密联系在一起的。

2. 融资决策分析

在这个阶段，项目投资者将决定采用何种融资方式为项目开发筹集资金。对于是否采用项目融资，取决于投资者对债务责任分担上的要求、贷款资金数量上的要求、时间上的要求、融资费用上的要求，以及诸如债务会计处理等方面要求的综合评价。如果决定采用项目融资作为筹资手段，投资者就需要选择和任命融资顾问，开始研究和设计项目的融资结构。有时，项目的投资者自己也无法明确判断采取何种融资方式为好，在这种情况下，投资者可以聘请融资顾问对项目的融资能力以及可能的融资方案作出分析和比较，在获得一定的信息反馈后，再做出项目的融资方案决策。

3. 融资结构分析

设计项目融资结构的一个重要步骤是完成对项目风险的分析和评估。对于银行和其他债权人而言,项目融资的安全性来自两个方面:一方面来自项目本身的经济强度;另一方面来自项目之外的各种直接或间接的担保。这些担保可以是由项目的投资者提供的,也可以是由与项目有直接或间接利益关系的其他方面提供的。因此,能否采用以及如何设计项目融资结构的关键就是要求项目融资顾问和项目投资者一起对于项目有关的风险因素进行全面地分析和判断,确定项目的债务承受能力和风险,设计出切实可行的融资方案。

4. 融资谈判

在初步确定了项目融资的方案之后,融资顾问将有选择地向商业银行或其他一些金融机构发出参加项目融资的建议书,组织贷款银团,着手起草项目融资的有关协议。这一阶段往往会反复多次,此时,融资顾问、法律顾问和税务顾问的作用是十分重要的。强有力的融资顾问和法律顾问可以帮助加强项目投资者的谈判地位,保护投资者的利益,并在谈判陷入僵局时,及时地、灵活地找出适当的变通办法,绕过难点解决问题。

5. 项目融资的执行

在正式签署项目融资的法律文件之后,融资的组织安排工作就结束了,项目融资将进入其执行阶段。在项目融资中,贷款银团通过其经理人将会经常性地监督项目的进展,根据融资文件的规定,参与部分项目的决策程序,管理和控制项目的贷款资金投入和部分现金流量。除此之外,银团经理人也会参与一部分项目生产经营决策,在项目的重大决策问题上(例如,新增资本支出、减产、停产和资产处理)有一定的发言权。由于项目融资的债务偿还与该项目的金融环境和市场环境密切相关,所以帮助项目投资者加强对项目风险的控制和管理,也成为银团经理人在项目正常运行阶段的一项重要的工作。

三、项目融资的方式

1. BOT 方式

BOT 是 20 世纪 80 年代中后期发展起来的一种主要用于公共基础设施建设的项目融资方式。其基本思路是,由项目所在国政府或其所属机构为项目的建设和经营提供一种特许权协议(Concession Agreement)作为项目融资的基础,由本国公司或者外国公司作为项目的投资者和经营者安排融资,承担风险,开发建设项目并在特许权协议期间经营项目获取商业利润。特许期满后,根据协议将该项目转让给相应的政府机构。通常所说的 BOT 主要包括以下三种基本形式:

(1)标准 BOT(Build-Operate-Transfer)

即建设—经营—移交。投资财团愿意自己融资,建设某项基础设施,并在项目所在国政府授予的特许期内经营该公共设施,以经营收入抵偿建设投资,并获得一定收益,经营期满后将此设施转让给项目所在国政府。

(2)BOOT(Build-Own-Operate-Transfer)

即建设—拥有—经营—移交。BOOT 与 BOT 的区别在于:BOOT 在特许期内即拥有经营权,又拥有所有权。此外,BOOT 的特许期要比 BOT 的长一些。

(3)BOO(Build-Own-Operate)

即建设—拥有—经营。该方式特许项目公司根据政府的特许权建设并拥有某项基础设施,但最终不将该基础设施移交给项目所在国政府。

除上述3种基本形式外。BOT还有10多种演变形式,如BT等。所谓BT,是指政府在项目建成后从民营机构中购回项目(可一次支付也可分期支付)。与政府借贷不同,政府用于购买项目的资金往往是事后支付(可通过财政拨款,但更多的是通过运营项目收费来支付);民营机构用于项目建设的资金大多来自银行的有限追索权贷款。事实上,如果建设资金不是来自银行的有限追索权贷款的话,BT方式实际上成为"垫资承包"或"延期付款",这样就超出了项目融资范畴。

2. ABS方式

ABS方式是一种以资产为支持发行债券的融资方式,目前资本市场的项目证券化融资迅速增长,ABS方式虽然只有几年的发展历史,但已被证明是一种十分有效的项目融资方式,并且越来越显示出极大的开发价值和广阔的应用前景。

(1)ABS方式的含义及特点

ABS(Asset-Backed Securitization)是以资产支持的证券化之意。具体讲,它是以目标项目所拥有的资产为基础,以该项目资产的未来收益为保证,通过在国际资本市场上发行债券筹集资金的一种项目融资方式。ABS方式的目的在于,通过其特有的提高信用等级方式,使原本信用等级较低的项目照样可以进入高等级证券市场,利用该市场信用等级高、债券安全性和流动性高、债券利率低的特点大幅度降低发行债券筹集资金的成本。

(2)ABS方式的运作过程

ABS融资方式的具体运作过程主要包括以下几个方面:

①组建SPC。即组建一个特别用途的公司SPC(Special Purpose Corporation)。该机构可以是一个信托投资公司、信用担保公司、投资保险公司或其他独立法人,该机构应能够获得国际权威资信评估机构较高级别的信用等级(AAA或AA级),由于SPC是进行ABS融资的载体,成功组建SPC是ABS能够成功运作的基本条件和关键因素。

②SPC与项目结合。即SPC寻找可以进行资产证券化融资的对象。一般来说,投资项目依附的资产只要在未来一定时期内能带来现金收入,就可以进行ABS融资。它们可以是房地产的未来租金收入,飞机、汽车等未来运营的收入,项目产品出口贸易收入,航空、港口及铁路的未来运费收入,收费公路及其他公用设施收费收入,税收及其他财政收入等。拥有这种未来现金流量所有权的企业(项目公司)成为原始权益人。这些未来现金流量所代表的资产,是ABS融资的物质基础。在进行ABS融资时一般应选择未来现金流量稳定、可靠、风险较小的项目资产。一般情况下,这些代表未来现金收入的资产,本身具有很高的投资价值,但由于各种投资条件的限制,它们自己无法获得权威资信评估机构授予的较高级别的资信等级,因此,无法通过证券化的途径在资本市场筹集建设资金。而SPC与这些项目的结合,就是以合同、协议等方式将原始权益人所拥有的项目资产在未来现金收入的权利转让给SPC,转让的目的在于将原始权益人本身的风险割断,这样SPC进行ABS方式融资时,其融资风险仅与项目资产未来现金收入有关,而与建设项目的原始权益人本身的风险无关。在实际操作中,为了确保这种风险完全隔断,SPC一般要求原始权益人或有关机构提供充分的担保。

③利用信用增级手段使该组资产获得预期的信用等级。为此,就要调整项目资产现有的财务结构,使项目融资债券达到投资级水平,达到SPC关于承包ABS债券的条件要求。SPC通过提供专业化的信用担保进行信用升级。信用增级的渠道有:利用信用证、开设现金担保账

户、直接进行金融担保。之后,委托资信评估机构,对即将发行的经过担保的 ABS 债券在还本付息能力、项目资产的财务结构、担保条件等方面进行信用评级,确定 ABS 债券的资信等级。

④SPC 发行债券阶段。SPC 直接在资本市场上发行债券募集资金,或者经过 SPC 通过信用担保,由其他机构组织债券发行,并将通过发行债券筹集的资金用于项目建设。由于 SPC 一般均获得国际权威性评估机构的 AAA 级或 AA 级信用等级,按照信用评级理论和惯例,由它发行的债券或通过它提供信用担保的债券,也自动具有相应的信用等级。这样 SPC 就可以借助这一优势在国际高等级投资证券市场,以较低的资金成本发行债券,募集项目建设所需资金。

⑤SPC 的偿债阶段。由于项目原始收益人已将项目资产的未来现金收入权利让渡给 SPC,因此,SPC 就能利用项目资产的现金流入量,清偿它在国际高等级投资证券市场上所发行债券的本息。

3. TOT 方式

TOT(Transfer-Operate-Transfer),即移交—经营—移交,是项目融资的一种新兴方式。它是指通过出售现有投产项目在一定期限内的现金流量,从而获得资金来建设新项目的一种融资方式。具体说来,就是东道国把已经投产运行的项目在一定期限内移交给外资经营,以项目在该期限内的现金流量为标的,一次性地从外商那里融得一笔资金,用于建设新的项目。外资经营期满后,再把原来项目移交回东道国。

(1)TOT 的运作程序

TOT 的运作程序相对比较简单,一般包括以下步骤:

①东道国项目发起人设立 SPC,发起人把完工项目的所有权和新建项目的所有权均转让给 SPC,以确保有专门机构对两个项目的管理、移交、建造负有全责,并对出现的问题加以协调。SPC 通常是政府设立或政府参与设立的具有特许权的机构。

②SPC 与外商洽谈以达成移交投产运行项目在未来一定期限内全部或部分经营权的协议,并取得资金。

③东道国利用获得资金来建设新项目。

④新项目投入运行。

⑤移交经营项目期满后,收回移交的项目。

(2)TOT 方式的特点

TOT 方式具有适应目前我国基础设施建设现状的特点:

①有利于引进先进的管理方式。在 TOT 项目融资方式中,由于经营期较长,外商受到利益驱动,常常会将先进的技术、管理引入到投产项目中,并进行必要的维修,从而有助于投产项目的高效运行,使基础设施的经营逐步走向市场化、国际化。

②项目引资成功的可能性增加。在 TOT 融资方式下,由于具有大量风险的建设阶段和试生产阶段已经完成,明显地降低了项目的风险,外商面临的风险大幅度减少,基于较低的风险,其预期收益率会合理下调,要价将会降低,另一方面,由于涉及环节较少,评估、谈判等方面的从属费用也势必有较大幅下降。而东道国面临风险虽比 BOT 方式有所增加,但却与自筹资金和向外贷款方式中的风险完全相当。在这种背景下,引资成功的可能性将会大大增加。

③使建设项目的建设和营运时间提前。采用 TOT 融资方式,由于不涉及所有权问题,加之风险小,政府无需对外商作过多承诺,通过引资而在东道国引起的政治争论的可能性降低,

减小了引资的阻力。而且 TOT 融资方式仅涉及风险较小的生产运行阶段，用于评估、谈判的时间较 BOT 来说大大缩短，从而使拟建项目能及早建设，及早投入运营，加快了东道国基础设施建设的步伐。

④融资对象更为广泛。采用 BOT 方式，融资对象多为外国大银行、大建筑公司或能源公司等，而采用 TOT 融资方式，其他金融机构、基金组织和私人资本等都有机会参与投资。这样扩大了投资者的范围，也加剧了投资者之间竞标的竞争，而是其中当然的受益者。

⑤具有很强的可操作性。TOT 融资方式将开放基础设施建设市场与开放基础设施经营市场、基础设施装备市场分割开来，使得问题尽量简单化。并且只涉及基础设施项目经营权的转让，不存在产权、股权的让渡，可以避免不必要的争执和纠纷，也不存在外商对国内基础设施的永久控制问题，不会威胁国家的安全。

4. PFI 方式

PFI(Private Finance Initiative)即“私人主动融资”，是指由私营企业进行项目的建设与运营，从政府或接受服务方收取费用以回收成本。在这种方式下，政府以不同于传统的由政府负责提供公共项目产出方式，而采取促进私人部门有机会参与基础设施和公共物品的生产和提供公共服务的一种全新公共项目产出方式。该方式是政府和私人部门合作，由私营部门承担部分政府公共物品的生产或提供公共服务，政府购买私营部门提供的产品或服务，或给予私营部门以收费特许权，或政府与私营部门以合伙、共同营运等方式，来实现政府公共物品产出中的资源配置最优化、效率和产出最大化。

(1)PFI 方式的含义

PFI 模式是传递某种公共项目的服务，而不是提供某个具体的构筑物。典型的 PFI 项目，实质上是一种政府或公众对公共物品生产者(PFI 项目中，一般是私人部门或许多私人部门组成的特殊项目的公司)提供的公共服务的购买。这些项目也许是医院、学校，甚至是监狱。私人部门在政府的指导下，提供诸如健康医疗、教育和其他的社会服务，同时负责项目和管理、维护等工作。虽然许多的 PFI 项目都伴随着土地的开发利用和建筑物的具体形态的形成，但是这并不是 PFI 项目的主要目的，它只是为传递服务功能所必须的物质依托。

(2)PFI 的典型模式

PFI 模式最早出现在英国。在英国的实践中，通常有三种典型的类型：

①在经济上自立的项目。以这种方式实施的 PFI 项目，私人部门提供服务时，政府不向其提供财政的支持，但是在政府的政策支持下，私人部门是通过项目的服务向最终使用者，来回收成本和实现利润。在其中，公共部门不承担项目建设的费用和项目运营的费用，但是私人部门可以在政府的特许下，通过适当地调整对使用者的收费来补偿成本的增加。在这种模式下，公共部门对项目的作用是有限的，也许仅仅是承担项目最初的计划或按照法定程序帮助项目公司开展前期工作和按照法律进行管理。

②向公共部门出售服务的项目。这种项目与类型①的不同点在于，私人部门提供项目服务所产生的成本，完全的或主要的是通过私人部门服务提供者向公共部门收费来补偿的，这样的项目主要包括私人融资兴建的监狱、医院和交通路线等。

③合资经营。这种形式的项目中，公共部门和私人部门共同出资、分担成本和共享收益。但是，为了使项目成为一个真正的 PFI 项目，项目的控制权必须是由私人部门来掌握，公共部门只是一个合伙人的角色。

(3)PFI的特点

PFI是一种旨在促进私人部门参与基础设施项目建设和政府其他公共服务提供的,为促进政府由传统的公共物品生产者,转变为公共物品的购买者的一种新的公共物品产出方式。在政策的设计上,与私有化不同,公共部门要么作为服务的主要购买者,要么充当实施的基本的法定授权控制者,这是政府部门必须坚持的基本原则;同时,与买断经营也有所不同,买断经营方式中的私人部门受政府的制约较小,是比较完全的市场行为,私人部门既是资本财产的所有者又是服务的提供者。PFI方式的核心旨在增加包括私人部门参与的公共服务或者是公共服务的产出大众化。

PFI在本质上是一个设计、建设、融资和运营模式,政府与私营部门是一种合作关系,对PFI项目服务的购买是由有采购特权的政府与项目私人营运者签订的。PFI模式的主要优点如下:

①PFI有非常广泛的适用范围,不仅适用于基础设施项目上,在学校、医院、监狱等公共项目上也有广泛的应用。

②推广PFI方式能够广泛吸引经济领域的私营部门或非官方投资者,参与公共物品的产出。这不仅大大地缓解了政府公共项目建设的资金压力,同时提高了政府公共物品的产出,这不仅大大地缓解了政府公共项目的建设的资金压力,同时提高了政府公共物品的产出水平。

③吸引私人部门的知识、技术和管理方法,提高公共项目的效率和降低产出成本,使社会资源配置更加合理化,同时也使政府摆脱了长期困扰的政府项目低效率的压力,使政府有更多的精力和财力用于社会发展更加急需的项目建设。

④PFI方式最大的优势在于,它是政府公共项目投融资和建设管理方式的重要的制度创新。在英国几年的实践中,被认为是政府获得高质量、高效率的公共设施的重要工具。

第四节　项目资金筹措的渠道

一、项目资本金制度

《国务院关于固定投资项目试行资本金制度的通知》(以下简称《通知》)(国发[1996]35号)规定,各种经营性固定资产投资项目必须实行资本金制度。所谓投资项目资本金,是指在投资项目总投资中,由投资者认缴的出资额,对投资项目来说属于非债务性资金,项目法人不承担这部分资金的任何利息和债务。投资者可按其出资的比例依法享有所有者权益,也可以转让其出资,但不得以任何方式抽回。

1. 项目资本金制度的实施范围

从《通知》发布开始,各种经营性固定资产投资项目,包括国有单位的基本建设、技术改造、房地产项目和集体投资项目,都必须首先落实资本金才能进行建设。主要用财政预算内资金投资建设的公益性项目,不实行资本金制度。

实行资本金制度的投资项目,在可行性研究报告中要就资本金筹措情况作出详细说明,包括出资方、出资方式、资本金来源及数额、资本金认缴进度等有关内容。上报可行性研究报告时,需附有各出资方承诺出资的文件,以实物、工业产权、非专利技术、土地使用权作价出资的,还需附有资产评估证明等有关材料。

计算资本金基数的总投资，是指投资项目的固定资产投资与铺底流动资金之和。投资项目资本金占总投资的比例，根据不同行业和项目的经济效益等因素确定。根据《国务院关于调整固定资产投资项目资本金比例的通知》（国发[2009]27号），各行业固定资产投资项目的最低资本金比例按以下规定执行：

（1）铁路、公路、城市轨道交通、化肥（钾肥除外）项目，最低资本金比例为25%；

（2）钢铁、电解铝项目，最低资本金比例为40%；

（3）水泥项目，最低资本金比例为35%；

（4）煤炭、电石、铁合金、烧碱、焦炭、黄磷、玉米深加工、机场、港口、沿海及内河航运项目，最低资本金比例为30%；

（5）保障性住房和普通商品住房项目的最低资本金比例为20%，其他房地产开发项目的最低资本金比例为30%；

（6）其他项目的最低资本金比例为20%。

投资项目资本金的具体比例，由项目审批单位根据投资项目的经济效益以及银行贷款意愿和评估意见等情况，在审批可行性研究报告时核定。经国务院批准，对个别情况特殊的国家重点建设项目，可以适当降低资本比例。

2. 项目资本金来源

项目资本金可以用货币出资，也可以用实物、工业产权、非专利技术、土地使用权，必须经过有资格的资产评估机构依照法律、法规评估作价，不得高估或低估。以工业产权、非专利技术作价出资的比例不得超过投资项目资本金总额的20%。国家对采用高新技术成果有特别规定的除外。投资者以货币方式缴纳的资本金，其资金来源有如下几个方面：

（1）各级人民政府的财政预算内资金、国家批准的各种专项建设基金、经营性基本建设基金回收的本息、土地批租收入、国有企业产权转让收入、地方人民政府国家有关规定收取的各种规费及其他预算外资金；

（2）国家授权的投资机构及企业法人的所有者权益、企业折旧资金以及投资者按照国家规定从资金市场上筹措的资金；

（3）社会个人合法所有的资金；

（4）国家规定的其他可以用作投资项目资本金的资金。

对某些投资回报率稳定、收益可靠的基础设施、基础产业投资项目以及经济效益好的竞争性投资项目，经国务院批准，可以试行通过可转换债券或组建股份制公司发行股票方式筹措资本金。

为扶持不发达地区的经济发展，国家主要通过在投资项目资本金中适当增加国家投资比重，在信贷资金中适当增加政策性贷款比重以及适当延长政策性贷款的还款期等措施，增强其投融资能力。

二、项目资金的筹措渠道

从总体上看，项目的资金来源可分为投入资金和借入资金，前者形成项目的资本金，后者形成项目的负债。项目资本金是指投资项目总投资中必须包含一定比例的、由出资方实缴的资金，这部分资金对项目的法人而言属非负债金。除了主要由中央和地方政府用财政预算投资建设的公益性项目等部分特殊项目外，大部分投资项目都应实行资本金制度。项目资本金的形式,可以是现金、实物、无形资产,但无形资产的比重要符合国家有关规定。根据出资方的不同,项目资本金分为国家出资、法人出资和个人出资。

根据国家法律、法规规定,建设项目可通过争取国家财政预算内投资、发行股票、自筹投资和利用外资直接投资等多种方式来筹集资本金。

1. 项目资本金

根据出资方的不同,项目资本金分为国家出资、法人出资、个人出资和外商出资。建设项目可通过政府投资、股东直接投资、发行股票、利用外资直接投资等多种方式来筹集资本金。

1)政府投资

政府投资资金,包括:各项政府的财政预算内资金、国家批准的各种专项建设基金、统借国外贷款、土地批租收入、地方政府按规定收取的各种费用及其他预算外资金等。政府投资主要用于关系国家安全和市场不能有效配置资源的经济和社会领域。国家根据资金来源、项目性质和调控需要,分别采取直接投资、资本金注入、投资补助、转贷和贷款贴息等方式,并按项目安排政府投资。

2)股东直接投资

股东直接投资,包括:政府授权投资机构入股资金、国内外企业入股资金、社会团体和个人入股资金以及基金投资公司入股的资金,分别构成国家资本金、法人资本金、个人资本金和外商资本金。对于既有法人融资项目,股东直接投资表现为扩充既有企业的资本金,包括原有股东增资扩股和吸收新股东投资。对于新设法人融资项目,股东直接投资表现为项目投资者为项目提供资本金。

国家放宽社会资本的投资领域,允许社会资本进入法律、法规未禁入的基础设施、公用事业及其他行业和领域。在吸收股东直接投资时应注意,有些项目不允许国外资本控股,有些项目要求国有资本控股。《外商投资产业指导目录》中明确规定,核电站、铁路干线路网、城市地铁及轻轨等项目,必须由中方控投。

3)发行股票

股票是股份公司发给股东作为已投资入股的证书和索取股息的凭证,是可作为买卖对象或质押品的有价证券。

(1)股票的种类

按股东承担风险和享有权益的大小,股票可分为普通股和优先股两类。

①优先股:在公司利润分配方面较普通股有优先权的股份。优先股的股东按一定的比例取得固定股息;企业倒闭时,能优先得到剩下的可分配给股东的部分财产。

②普通股:在公司利润分配方面享有普通权利的股份。普通股股东除能分得股息外,还可在公司盈利较多时再分享红利。所以普通股获利水平与公司盈亏息息相关。股票持有人不仅可据此分摊股息和获得股票涨价时的利益,还有选举该公司董事、监事的机会,有参与公司管理的权利。股东大会的选举权根据普通股持有额计票。

(2)发行股票筹资的优点

①以股票筹资是一种有弹性的融资方式。由于股息或红利不像利息那样必须按期支付,当公司经营不佳或现金短缺时,董事会有权决定不发股息或红利,因而公司融资风险低。

②股票无到期日。其投资属永久性投资,公司不需为偿还资金而担心。

③发行股票筹集资金可降低公司负债比率,提高公司财务信用,增加公司今后的融资

能力。

(3)发行股票筹资的缺点

①资金成本高。购买股票承担的风险比购买债券高,投资者只有在股票的投资报酬高于债券的利息收入时,才愿意投资于股票。另外债券利息可在税前扣除,而股息和红利须在税后利润中支付,这样就使股票筹资的资金成本大大高于债券筹资的资金成本。

②增发普通股须给新股东投票权和控制权,降低原有股东的控制权。

4)吸收国外资本直接投资

(1)投资方式。吸引国外资本直接投资主要包括与外商合资经营、合作经营、合作开发及外商独资经营等形式,国外资本直接投资方式的特点是:不发生债权债务关系,但要让出一部分管理权,并且要支付一部分利润。各投资方式的特点如下:

①合资经营(股权式经营)。合资经营是外国公司、企业或个人经我国政府批准,同我国的公司、企业在我国境内举办合营企业。合资经营企业由合营各方出资认股组成,各方出资多寡,由双方协商确定,但外方出资不得低于一定比例。合资企业各方的出资方式可以是现金、实物,也可以是工业产权和专有技术,但不能超出其出资额的一定比例,合营各方按照其出资比例对企业实施控制权、分享收益和承担风险。

②合作经营(契约式经营)。这种经营方式是一种无股权的契约式经济组织,是由我方提供土地、厂房、劳动力,由国外合作方提供资金、技术或设备,共同兴办的企业。合作经营企业的合作双方权利、责任、义务由双方协商并用“协议”或“合同”加以规定。

③合作开发。主要指对海上石油和其他资源的合作勘探开发,合作的方式与合作经营类似。合作勘探开发,双方应按合同规定分享产品或利润。

④外资独营。外资独营是由外国投资者独自投资和经营的企业形式。按我国规定,外国投资者可以在经济特区、开发区及其他经我国政府批准的地区开办独资企业,企业的产、供、销由外国投资者自行规定。外资独营企业的一切活动应遵守我国的法律、法规和我国政府的有关规定,并照章纳税。纳税后的利润,可通过中国银行按外汇管理条例汇往国外。

(2)注册资本要求。按照现行规定,对于吸收外商直接投资的项目,其注册资本(资本金)的要求如下:

①投资总额的300万美元及以下的,其注册资本不得低于投资总额的70%;

②投资总额在300万美元以上至1000万美元(含1000万美元)的,其注册资本不得低于投资总额的50%,其中投资总额在420万美元以下的,注册资本不得低于210万美元;

③投资总额在1000万美元以上至3000万美元(含3000万美元)的,其注册资本不得低于投资总额的40%,其中投资总额在1250万美元以下的,注册资本不得低于500万美元;

④投资总额在3000万美元以上的,其注册资本不得低于投资总额的三分之一,其中投资总额在3600万美元以下的,注册资本不得低于1200万美元。

2.负债筹资

项目的负债是指项目承担的能够以货币计量且需要以资产或者劳务偿还的债务。它是项目筹资的重要方式,一般包括银行贷款、发行债券、设备租赁和借入国外资金等筹资渠道。

1)银行贷款

项目银行贷款是银行利用信贷资金所发放的投资性贷款。20世纪80年代以来,随着投资管理体制、财政体制和金融体制改革的推进,银行信贷资金有了较快发展,成为建设项目投资资金的重要组成部分。

2)发行债券

债券是借款单位为筹集资金而发行的一种信用凭证,它证明持券人有权按期取得固定利息并到期收回本金。我国发行的债券又分为国家债券、地方政府债券、企业债券和金融债券。

(1)债券筹资的优点

①支出固定。不论企业将来盈利如何,它只需付给持券人固定的债券利息。

②企业控制权不变。债券持有者无权参与企业管理,因此公司原有投资者控制权不因发行债券而受到影响。

③少纳所得税。合理的债券利息可计入成本,实际上等于政府为企业负担了部分债券利息。

④可以提高自有资金利润率。如果企业投资报酬率大于利息率,由于财务杠杆的作用,发行债券可提高股东投资报酬率。

(2)债券筹资的缺点

①固定利息支出会使企业承受一定的风险。特别是在企业盈利波动较大时,按期偿还本息较为困难。

②发行债券会提高企业负债比率,增加企业风险,降低企业的财务信誉。

③债券合约的条款,常常对企业的经营管理有较多的限制,如限制企业在偿还期内再向别人借款、未按时支付到期债券利息不得发行新债券、限制分发股息等,所以企业发行债券在一定程度上约束了企业从外部筹资的扩展能力。

一般来讲,当企业预测未来市场销售情况良好,盈利稳定,预计未来物价上涨较快,企业负债比率不高时,可以考虑以发行债券的方式进行筹资。

3)设备租赁

设备租赁是指出租人和承租人之间订立契约,由出租人应承租人的要求购买其所需的设备,在一定时期内供其使用,并按期收取租金。租赁期间设备的产权属出租人,承租人只有使用权,且不得中途解约。期满后,承租人可以从以下的处理方法中选择:将所租设备退还出租人、延长租期、作价购进所租设备、要求出租人更新设备,另订租约。设备租赁的方式可分为如下3种。

(1)融资租赁

融资租赁是设备租赁的重要形式,它实际上属于前面所介绍的狭义项目融资的范畴。它将贷款、贸易与出租三者有机地结合在一起。其出租过程为:先由承租人选定制造厂家,并就设备的型号、技术、价格、交货期等与制造厂家商定;再与租赁公司就租金、租期、租金支付方式等达成协议,签订租赁合同;然后由租赁公司通过向银行借款等方式筹措资金,按照承租人与制造厂家商定的条件将设备买下;最后根据合同出租给承租人。融资租赁是一种融资与融物相结合的筹资方式。它不需要像其他筹资方式那样,等筹集到足够的货币资本后再去购买长期资产。同时,融资租赁还有利于及时引进设备,加速技术改造。但融资租赁的成本相对较高,一般情况下,融资租赁的资金成本率比其他筹资方式(如债券和银行贷款)的资金成本率要高。

(2)经营出租

即出租人将自己经营的出租设备进行反复出租,直至设备报废或淘汰为止的租赁业务。

(3)服务出租

主要用于车辆的租赁,即租赁公司向用户出租车辆时,还提供保养、维修、检车、事故处理等业务。

4)借用国外资金

借用国外资金大致可分为以下几种途径。

(1)外国政府贷款

指外国政府通过财政预算每年拨出一定款项,直接向我国政府提供的贷款。这种贷款的特点是利率低(年利率一般为2% ~3%),期限较长(平均为20 ~30年),但数额有限。所以这种贷款比较适合用于建设周期长、金额较大的工程建设项目(如发电站、港口、铁路及能源开发等项目)。

(2)国际金融组织贷款

目前与我国关系最为密切的国际金融组织是国际货币基金组织、世界银行和亚洲开发银行。

①国际货币基金组织贷款。只限于成员国财政和金融当局,不与任何企业发生业务,贷款用途限于弥补国际收支逆差或用于经常项目的国际支付,期限为1 ~5年。

②世界银行货款。世界银行贷款具有以下特点:

a. 贷款期限较长。一般为20年左右,最长可达30年,宽限期为5年。

b. 贷款利率实行浮动利率,随金融市场利率的变化定期调整,但一般低于市场利率。对已订立贷款契约而未使用的部分,要按年征收0.75%的承诺费。

c. 世界银行通常对其资助的项目只提供货物和服务所需要的外汇部分,约占项目总额的30% ~40%,个别项目可达50%。但在某些特殊情况下,世界银行也提供建设项目所需要的部分国内费用。

d. 贷款程序严密,审批时间较长。借款国从提出项目到最终同世界银行签订贷款协议获得资金,一般要一年半到两年时间。

③亚洲开发银行贷款。亚洲开发银行贷款分为硬贷款、软贷款和赠款。硬贷款是由亚行普通资金提供的贷款,贷款的期限为10 ~30年,含2 ~7年的宽限期,贷款的利率为浮动利率,每年调整一次。软贷款又称优惠利率贷款,是由亚行开发基金提供的贷款,贷款的期限为40年,含10年的宽限期,不收利息,仅收1%的手续费,此种贷款只提供还款能力有限的发展中国家。赠款资金由技术援助特别基金提供。

(3)国外商业银行贷款

包括国外开发银行、投资银行、长期信用银行以及开发金融公司对我国提供的贷款。建设项目投资贷款主要是向国外银行筹措中长期资金,一般通过中国银行、国际信托投资公司和中国投资银行办理。这种贷款的特点是可以较快筹集大额资金,借得资金可由借款人自由支配,但利息和费用负担较重。

(4)在国外金融市场上发行债券

债券的偿付期限较长,一般在7年以上,发行金额一次在1亿美元以上,筹得的款项可以自由运用。但债券发行手续比较繁琐,且发行费用较高,同时还要求发行人有较高的信誉,精通国际金融业务。所以这种筹资方式适用于资金运用要求自由且投资回报率较高的项目。

(5)吸收外国银行、企业和个人存款

吸收国外的存款主要是通过我国的金融机构(主要是中国银行),特别是设在经济特区、开发区和海外的金融机构,广泛吸收包括私人客户外汇存款、同业银行存款、企业外汇存款在内的各类外汇存款。这类存款的特点是分散、流动性大,但成本低、风险小。若安排得当,不失为利用外资的一种好方式。

(6)利用出口信贷

出口信贷是西方国家政府为鼓励资本和商品输出而设置的专门信贷。这种贷款的特点是利息率较低,期限一般为10~15年,借方所借款项只能用于购买出口信贷国的设备。出口信贷可根据贷款对象的不同分为买方信贷与卖方信贷。买方信贷是指发放出口信贷的银行将贷款直接贷给国外进口者(即买方);卖方信贷是指发放出口信贷的银行将资金贷给本国的出口者(即卖方)以便卖方将产品赊卖给国外进口者(即买方),而不致发生资金周转困难。

第五节　资金成本与资金结构

一、资金成本的概念

1. 资金成本的含义

资金成本是指企业为筹集和使用资金而付出的代价。企业筹集和使用任何资金都要付出代价。资金按其来源不同可分为两种:自有资金和长期借入资金。资金成本是资金使用人为获取资金而付出的代价,这一代价由两部分组成:资金筹集成本和资金使用成本。

(1)资金筹集成本

资金筹集成本是指在资金筹措过程中支付的各项费用。主要包括向银行借款的手续费;发行股票、债券而支付的各项代理发行费用,如印刷费、手续费、公证费、担保费、广告费等。资金筹集成本一般属于一次性费用,筹资次数越多,资金筹集成本也就越大。

(2)资金使用成本

资金使用成本又称资金的占用费,它主要包括支付给股东的各种股利、向债权人支付的贷款利息以及支付给其他债权人的各种利息费用等。资金使用成本一般与所筹集资金的多少以及所筹集资金使用时间的长短有关,具有经常性、定期性支付的特征,是资金成本的主要内容。

资金筹集成本与资金使用成本是有区别的,前者是在筹措资金时一次性支付的,且在使用资金过程中不再发生,因此可作为筹资金额一项扣除,而后者是在资金使用过程中发生的。

2. 资金成本的性质

资金成本是一个重要的经济范畴,它是在商品经济社会由于资金所有权与资金使用权相分离而产生的。

(1)资金成本是资金使用者向资金所有者和中介机构支付的占用费和筹资费,作为资金的所有者,它决不会将资金无偿让渡给资金使用者去使用;而作为资金的使用者,也不能无偿地占用他人的资金。因此,企业筹集资金以后,暂时地取得了这些资金的使用价值,就要为资金所有者暂时地丧失其使用价值而付出代价,即承担资金成本。

(2)资金成本与资金的时间价值,既有联系,又有区别。资金的时间价值反映了资金随着其运动时间的不断延续而不断增值,是一种时间函数,而资金成本除可以看作是时间函数外,还表现为资金占用额的函数。

(3)资金成本具有一般产品成本的基本属性。资金成本是企业的耗费,企业要为占用资金而付出代价、支付费用,而且这些代价或费用最终也要作为收益的扣除额来得到补偿。但是资金成本中只有一部分具有产品成本的性质,即这一部分耗费计入产品成本,而另一部分作为利润的分配,可直接表现为生产性耗费。

二、资金成本的计算

1. 资金成本计算的一般形式

资金成本可用绝对数表示,也可用相对数表示。为便于分析比较,资金成本一般用相对数表示,称之为资金成本率。其一般计算公式为:

$$K=\frac{D}{P-F}$$

或

$$K=\frac{D}{P(1-f)} \tag{2-1}$$

式中:K——资金成本率(一般通称为资金成本);

D——使用费;

P——筹集资金总额;

F——筹资费;

f——筹资费费率(即筹资费占筹集资金总额的比率)。

资金成本是选择资金来源、拟定筹资方案的主要依据,也是评价投资项目可行性的主要经济指标。

2. 各种资金来源的资金成本

(1)优先股成本

公司发行优先股股票筹资,需支付的筹资费有注册费、代销费等,其股息也要定期支付,但它是公司用税后利润来支付的,不会减少公司应上缴的所得税。优先股资金成本率可按下式计算:

$$K_{\mathrm{P}}=\frac{D_{\mathrm{P}}}{P_0(1-f)}$$

或

$$K_{\mathrm{P}}=\frac{P_0\cdot i}{P_0(1-f)}=\frac{i}{1-f} \tag{2-2}$$

式中:K_{P}——优先股成本率;

D_{P}——优先股每年股息;

P_0——优先股票面值;

i——股息率。

【例 2-1】 某公司发行优先股股票,票面额按正常市价计算为 200 万元,筹资费费率为 4%,股息年利率为 14%,则其资金成本率为:

$$K_{\mathrm{P}}=\frac{200\times14\%}{200\times(1-4\%)}=\frac{14\%}{1-4\%}=14.58\%$$

(2)普通股成本

确定普通股资金成本的方法有股利增长模型法和资本资产定价模型法。

①股利增长模型法。普通股的股利往往不是固定的,通常有逐年上升的趋势。如果假定

每年股利增长率为 g,第一年的股利为 D_1,则第二年为 $D_1(1+g)$,第三年为 $D_1(1+g)^2\cdots$,第 n 年为 $D_1(1+g)^{n-1}$。因此,计算普通股成本率的公式为:

$$K_C=\frac{D_1}{P_0(1-f)}+g=\frac{i}{1-f}+g \tag{2-3}$$

式中:K_C——普通股成本率;

D_1——每年固定股利总额;

P_0——普通股票总面值或市场发行总额;

i——固定股利率。

【例 2-2】 某公司发行普通股股票,票面额按正常市价计算为 300 万元,筹资费费率为 4%,第一年的股利率为 10%,以后每年增长 5%,则其资金成本率为:

$$K_C=\frac{300\times10\%}{300\times(1-4\%)}+5\%=15.4\%$$

②资本资产定价模型法。这是一种投资者对股票的期望收益来确定资金成本的方法。在这个方法中,普通股成本的计算公式是:

$$K_S=R_F+\beta(R_m-R_F) \tag{2-4}$$

式中:R_F——无风险报酬率;

β——股票的贝他系数;

R_m——平均风险股票必要报酬率。

【例 2-3】 某期间市场无风险报酬率为 10%,平均风险股票必要报酬率为 14%,某公司普通股的贝他系数为 1.2,则股票的成本为:

$$K_S=10\%+1.2(14\%-10\%)=14.8\%$$

(3)债券成本

企业发行债券后,所支付的债券利息列入企业的费用开支,因而使企业少缴一部分所得税,两者抵消后,实际上企业支付的债券利息仅为:债券利息×(1-所得税税率)。因此,债券成本率可以按下式计算:

$$K_B=\frac{I(1-T)}{B_0(1-f)}$$

或

$$K_B=i\cdot\frac{(1-T)}{(1-f)} \tag{2-5}$$

式中:K_B——债券成本率;

I——债券年利息总额;

B_0——债券的票面价值;

T——所得税税率;

i——债券年利息利率。

【例 2-4】 某公司发行长期债券 400 万元,筹资费费率为 2%,债券利息率为 12%,所得税率为 33%,则其成本率为:

$$K_B=\frac{12\%\times(1-33\%)}{(1-2\%)}=8.2\%$$

如果债券是溢价或折价发行,则应按实际发行价格作为债券筹资额计算资金成本。

【例 2-5】 某公司发行长期债券 400 万元,实际发行价格为 500 万元,筹资费费率为 2%,

债券利息率为12%，所得税税率为33%，则其成本率为：

$$K_B=\frac{400\times 12\%\times(1-33\%)}{500\times(1-2\%)}=6.56\%$$

(4)银行借款

向银行借款，企业所支付的利息和费用一般可作企业的费用开支，相应减少部分利润，会使企业少缴一部分所得税，因而使企业的实际支出相应减少。

对每年年末支付利息、贷款期末一次全部还本的借款，其借款成本率为：

$$K_g=\frac{I(1-T)}{G-F}=i\cdot\frac{(1-T)}{(1-F)} \tag{2-6}$$

式中：K_g——借款成本率；

I——贷款年利息；

G——贷款总额；

F——贷款费用；

i——贷款年利率；

T——所得税税率。

(5)租赁成本

企业租入某项资产，获得其使用权，要定期支付租金，并且租金列入企业成本，可以减少应付所得税。因此，其租金成本率为：

$$K_L=\frac{E}{P_L}\times(1-T) \tag{2-7}$$

式中：K_L——租赁成本率；

P_L——租赁资产价值；

E——年租金额；

T——所得税税率。

(6)保留盈余成本

保留盈余又称为留存收益，其所有权属于股东，是企业资金的一种重要来源。企业保留盈余，等于股东对企业进行追加投资。股东对这部分投资与以前缴给企业的股本一样，也要求有一定的报酬，所以保留盈余也有资金成本。它的资金成本是股东失去向外投资的机会成本，因此与普通股成本的计算基本相同，只是不考虑筹资费用。其计算公式为：

$$K_R=\frac{D_P}{P_0}+g=i+g \tag{2-8}$$

式中：K_R——保留盈余成本率；

D_P——每年固定股利总额；

P_0——普通股票总面值或市场发行总数。

其余符号意义同前。

3. 加权平均资金成本

项目从不同来源取得的资金，其成本各不相同。由于种种条件的制约，项目不可能只从某种资金成本较低的来源筹集资金，而是各种筹资方式的有机组合。为了进行筹资和投资决策，需要计算全部资金来源的平均资金成本率。它通常是用加权平均来计算的，其计算公式如下：

$$K=\sum_{i=1}^{n}\omega_i\cdot K_i \tag{2-9}$$

式中：K——平均资金成本率；

ω_i——第 i 种资金来源占全部资产的比重；

K_i——第 i 种资金来源的资金成本率。

在实际计算平均资金成本时，可分为三个步骤进行：第一步，先计算个别资金成本；第二步，计算各资金来源在全部资产的比重；第三步，利用上述公式计算出综合资金成本。

【例 2-6】 某公司账面反映的长期资金共 500 万元，其中长期借款 100 万元，应付长期债券 50 万元，普通股 250 万元，保留盈余 100 万元，其资金成本分别为 6.7%，9.17%，11.26%，11%，问该公司的加权平均资金成本是多少？

$$\text{平均资金成本}=6.7\%\times\frac{100}{500}+9.17\%\times\frac{50}{100}+11.26\%\times\frac{250}{500}+11\%\times\frac{100}{500}=10.09\%$$

三、筹资决策

最佳的筹资方案是指即使企业达到最佳资本结构、筹资成本最低，又使企业所面临的筹资风险最小的筹资方案。因此，在进行筹资决策时，应同时考虑到资金成本与筹资风险对项目的影响。

1. 筹资风险

企业的风险来自经营和筹资两个方面。经营风险指企业因经营上的原因而导致利润变动的风险。假如企业有负债，须按期还本付息，但由于企业资金利润率不确定，导致资金利润率可能高于或低于借款利息率，从而造成企业自有资金利润率的升高或降低，使企业自有资金的风险增加。这种因借款而增加的风险，即资金筹集决策而产生的风险，称为筹资风险。

借入资金后，企业的自有资金利润率可按下式计算：

$$i=[i_j+(i_j-i_0)\cdot r](1-T) \tag{2-10}$$

式中：i——自有资金利润率（税后利润与自有资金之比）；

i_j——息前税前资金利润率（支付利息和缴纳所得税以前的利润与资金总额之比）；

i_0——借入资金利息率；

r——负债比例（借入资金与自有资金之比）；

T——所得税税率。

从上式可以看出，如果企业的息前税前资金利润率越高，借入资金利息率越低，负债比率越大，则企业自有资金利润率就越高。

2. 财务杠杆

利用借入资金提高自有资金利润率，是一种有效的财务手段。人们通常把借入资金的影响称为财务杠杆，其含义为自有资金收益率随息前税前盈余变动而变动的程度。用下式表示：

$$\text{DFL}=\frac{\Delta\text{RCL}/\text{RCL}}{\Delta\text{EBIT}/\text{EBIT}}$$

或

$$\text{DFL}=\frac{\text{EBIT}}{\text{EBIT}-I} \tag{2-11}$$

式中：DFL——财务杠杆系数；

RCL——自有资金收益率；

EBIT——息前税前盈余；

I——借入资金的利息。

上述公式说明，在息前税前盈余相同的情况下，负债比率越高，财务杠杆系数越大，筹资风险越大；若企业整体资金利润率大于利息率，企业的自有资金收益率也就越大。

在进行筹资决策时，企业可通过合理安排资本结构，适度负债，是财务杠杆利益抵消风险增大带来的不利影响。

3．利用资金成本进行筹资方案的选择

在市场经济条件下，只有在投资项目的资金利润率高于其资金成本率时，项目才具有投资的价值。因此，在进行筹资方案选择时，应将不同方案的平均资金成本率进行比较，在满足企业生产经营对资金需要的前提下，力求资金成本达到最低水平。下面通过一个例子来说明如何利用资金成本进行筹资方案的选择。

【例 2-7】 某公路工程计划年初的资金结构如表 2-1 所示。普通股股票每股面值为 200 元，今年期望股息为 20 元，预计以后每年股息增加 5%。该企业所得税税率假定为 33%。

某企业资金结构表　　表 2-1

各种资金来源	金额（万元）
B 长期债券，年利率 9%	600
P 优先股，年股息率 7%	200
C 普通股，年股息率 10%；年增长率 5%	600
R 保留盈余	200
合　计	1 600

现在，该企业拟增资 400 万元，有两个备选方案。

甲方案：发行长期债券 400 万元，年利率为 10%，筹资费率为 3%。同时，普通股股息增加到 25 元，以后每年还可增加 6%。

乙方案：发行长期债券 200 万元，年利率 10%，筹资费率为 4%，另发行普通股 200 万元，筹资费率为 5%，普通股息增加到 25 元，以后每年增加 5%。

要想在两种方案中选择较优方案，应先比较甲、乙方案的平均资金成本率，再进行选择。

第一步，计算采用甲方案后，企业的平均资金成本率 $K_{甲}$。

各种资金来源的比重和资金成本率分别为：

原有长期债券：

$$\omega_{B_1}=\frac{600}{2\ 000}=30\%，K_{B_1}=\frac{9\%\times(1-33\%)}{1-0}=6.03\%$$

新增长期债券：

$$\omega_{B_2}=\frac{400}{2\ 000}=20\%，K_{B_2}=\frac{10\%\times(1-33\%)}{1-3\%}=6.91\%$$

优先股：

$$\omega_{P}=\frac{200}{2\ 000}=10\%，K_{P}=7\%$$

普通股：

$$\omega_{C}=\frac{600}{2\ 000}=30\%，K_{C}=\frac{25}{200}+6\%=18.5\%$$

保留盈余：

$$\omega_R=\frac{200}{2\ 000}=10\%,K_R=\frac{25}{200}+6\%=18.5\%$$

综合资金成本率：

$$K_甲=30\%\times6.03\%+20\%\times6.91\%+10\%\times7\%+30\%\times18.5\%+10\%\times18.5\%=11.29\%$$

第二步，计算采用乙方案后，企业的综合资金成本率 $K_乙$。各种资金来源的比重和资金成本率分别为：

原有长期债券：

$$\omega_{B_1}=\frac{600}{2\ 000}=30\%,K_{B_1}=\frac{9\%\times(1-33\%)}{1-0}=6.03\%$$

新增长期债券：

$$\omega_{B_2}=\frac{200}{2\ 000}=10\%,K_{B_2}=\frac{10\%\times(1-33\%)}{1-4\%}=6.98\%$$

优先股：

$$\omega_P=\frac{200}{2\ 000}=10\%,K_P=7\%$$

原有普通股：

$$\omega_C=\frac{600}{2\ 000}=30\%,K_C=\frac{25}{200}+5\%=17.5\%$$

新增普通股：

$$\omega_C=\frac{200}{2\ 000}=10\%,K_C=\frac{25}{200\times(1-5\%)}+5\%=18.16\%$$

保留盈余：

$$\omega_R=\frac{200}{2\ 000}=10\%,K_R=\frac{25}{200}+5\%=17.5\%$$

综合资金成本率：

$$K_乙=30\%\times6.03\%+10\%\times6.98\%+10\%\times7\%+30\%\times17.5\%+10\%\times18.16\%+10\%\times17.5\%=12.02\%$$

第三步，分析判断。

从以上计算中可以看出，综合资金成本率 $K_乙>K_甲$，所以应选择甲方案筹资。

思考题

1. 什么叫投资？投资运动过程包括哪几个阶段？
2. 试从不同的角度简述投资的种类。
3. 什么叫固定资产投资？固定资产的投资特点有哪些？
4. 我国深化投资管理体制改革的主要内容有哪些？
5. 我国工程建设管理体制的主要内容有哪些？
6. 什么叫项目融资（狭义及广义）？
7. 项目融资与传统贷款相比较，项目融资具有哪些基本特点？
8. 项目融资大致分哪几个阶段？

9. 简述项目 BOT 融资方式。项目 BOT 融资方式的主要优点有哪些？

10. 建设项目的筹资方式有哪些？

11. 发行股票的筹资方式有哪些优缺点？发行债券的筹资方式有哪些优缺点？

12. 什么叫资金成本？什么叫资金筹集成本？什么叫资金使用成本？资金筹集成本与资金使用成本在支付上有什么区别？

13. 有关资金成本的计算公式有哪些？它们分别适用于哪一类筹资方式的资金成本计算？

14. 什么是最佳的筹资方案？

第三章　工程财务

第一节　财务概述

财务是指资金的筹集、分配和使用的日常业务活动。工程财务是指在工程项目实施过程中的财务活动，具体表现为与工程建设相关的企业和单位的资金运动，以及通过资金运动所体现的经济关系。工程财务包括建设单位财务、勘察设计单位财务、施工企业财务、监理企业财务和咨询单位财务等。财务管理是指对财务活动所进行的计划、控制、核算、分析和考核等一系列管理活动。工程财务管理指对工程项目实施过程中的财务活动所进行的管理活动。工程财务管理包括建设单位财务管理、勘察设计单位财务管理和施工企业财务管理等。

企业财务与会计，是紧密联系又有区别的概念。企业财务是企业筹集、分配和使用资金的一种日常业务活动，企业会计则是利用价值指标对企业的各种业务活动进行核算和监督的管理活动。企业财务活动遵循企业财务通则规定的原则和规范。企业会计活动遵循企业会计准则规定的原则和要求。

企业财务通则是设立在中华人民共和国境内的各类企业财务活动必须遵循的原则和规范。企业财务通则自 1993 年 7 月 1 日起施行，主要内容包括总则、资金筹集、流动资产、固定资产、无形资产、递延资产和其他资产、对外投资、成本和费用、营业收入、利润及其分配、外币业务、企业清算、财务报告与财务评价、附则等十二章，共计四十六条内容。我国企业财务制度的基本体系分为三个层次，即企业财务通则、分行业的企业财务制度和企业内部财务管理规定等。企业财务通则规定了企业从事财务活动、实施财务管理的基本原则和规范，是国家进行财务管理的基本法规。

企业会计准则，是企业会计核算工作的基本规范。继 1993 年的会计标准之后，财政部制定了新的企业会计准则，新准则自 2007 年 1 月 1 日起施行，适用于设在中华人民共和国境内的所有企业。主要内容包括总则、一般原则、资产、负债、所有者权益、收入、费用、利润、会计计量、财务报告和附则等十章，共计六十六条。其主要内容可分为会计核算的基本前提、一般原则、会计要素准则和财务报表基本内容四部分。

第二节　资产的分类与管理

一、流动资产管理

流动资产是指可以在一年内或者超过一年的一个营业周期内变现或者耗用的资产，包括现金及各种存款、短期投资、存货、应收及预付款项等。企业流动资产的货币表现称为企业流动资金，即企业用于日常开支、用于购买、储存劳动对象以及占用在生产过程和流通过程中的那部分周转资金。

1．货币资金

货币资金是指企业以货币形态存在的资金，包括现金、各种存款和其他货币资金。其他货币资金是指除现金、存款以外的其他货币资金。如企业在外埠的存款、企业尚未收到的在途资金、银行汇票存款和银行本票存款等。

2．短期投资

短期投资是指能够随时变现、持有时间不超过一年的有价证券，以及不超过一年的其他投资。包括企业持有的随时可以变现的各种债券（如公司债券、金融债券）、股票、国库券等。短期投资是企业货币资金的一种转换形式。

3．应收及预付款项

（1）应收及预付款项的构成。应收及预付款项是指企业在生产经营过程中，由于销售或购买产品、提供或接受劳务时应收或者预付其他单位及个人的各种款项。包括应收工程款、应收销售款、其他应收款、应收票据、待摊费用、预付分包工程款、预付分包备料款、预付工程款、预付备料款、预付购货款等。

①应收账款。指债权已经成立，应向债务单位或个人收取的各种应收款项的总称，如应收工程款、应收销货款、应收票据、其他应收款等。

应收工程（销货）款是指企业因出售产品、材料或提供劳务，应向购货单位或个人收取的应收账款。其主要特征是这些款项是因企业实现营业收入而产生的有待结算的资金形态。

应收票据是指企业因结算工程价款、对外销售产品、材料而收到的商业汇票，包括银行承兑汇票和商业承兑汇票。应收票据是票据化的应收账款。

其他应收款是指除应收账款、应收票据外的其他各种应收和暂付款项。如企业应收的赔款、罚金、利息、存出保证金（如包装物押金）以及应向职工收取的各种垫付款项等。一般都属于企业基本业务以外的应收款项。

②预付款项。主要有预付购货款和预付分包工程款、备料款两项。

预付购货款是指企业在购买材料、设备时按购销双方签订的合同、协议的约定，在没有收到货物前预先付给销货单位的购买货物的定金或部分货款。

预付分包工程款、备料款是指作为总包的施工企业，按照发包工程合同的约定预付给分包单位的工程款和备料款。

③待摊费用。指企业已经支付的数额较大的、应在一年以内分期摊入成本费用的各项支出。如支付的保险金、租金、报刊订阅费、固定资产修理费用等。列作待摊费用的支出，摊销期限均应在一年以内。摊销期限超过一年的待摊费用，应作为递延资产。

（2）坏账准备金和坏账损失。企业承揽工程、提供劳务、赊销产品，存在着应收款收不回来而造成损失的可能，即坏账损失。企业按照国家规定，可以计提坏账准备金。发生的坏账损失，冲减坏账准备金。不计提坏账准备金的，发生的坏账损失，计入当期费用。坏账损失是指因债务人破产或者死亡，以其破产财产或者遗产清偿后，仍然不能收回的应收账款，或者因债务人逾期未履行偿债义务超过三年仍然不能收回的应收账款。

①坏账准备金的提取办法。按现行规定，企业可以预先按一定标准提取坏账准备金计入管理费用，当坏账实际发生时，再冲销已提取的坏账准备金，从而避免由于坏账损失引起的企业生产经营和财务收支的困难。

企业提取的坏账准备金,应与潜在的坏账损失相一致。根据施工、房地产开发企业的经营特点,制度规定建立坏账准备金的企业,可以于年度终了按照年末应收账款(即应收工程款、应收销货款)余额的1%提取坏账准备金,计入管理费用。即建立坏账准备金的企业,第一年按1%提取,以后每年年末,按以下公式提取:年末应收账款余额×1% - 坏账准备金年末余额。这样,企业每年年末都结存着应收账款年末余额1%的坏账准备金,用于下一年的坏账损失。

②坏账的确认,应符合下列标准之一:

a. 因债务人死亡,既无遗产可供来清偿(或其遗产不足清偿),又无义务承担人,确实无法收回的。

b. 因债务人破产,依照民事诉讼法清偿后,仍然无法收回的。

c. 债务人逾期未履行偿债义务,超过三年仍然不能收回的。

4. 存货

存货是指企业在生产经营过程中为销售或者耗用而储备的物资,包括材料、稀料、低值易耗品、在产品、半成品、产成品、协作件以及商品等。低值易耗品和周转使用的包装物等,在领用后,可以一次或者分期摊入费用。存货盘盈、盘亏、毁损的净收益或者净损失,计入当期损益。其中,存货毁损的非常损失,计入当期损失。

(1)存货的分类。

存货是指企业在生产经营过程中为销售或耗用而储存的各种资产。施工企业的存货可分为以下几类:

①材料。包括主要材料、其他材料、周转材料(包括大型钢模)、机械配件、半成品、结构件等。

②设备。指企业购入的作为劳动对象、构成建筑产品的各类设备。如企业建造房屋所购入的组成房屋建筑的通风、供水、供电、卫生、电梯等设备。

③低值易耗品。指企业购入的作为劳动资料,但单位价值较低、容易损坏、达不到固定资产标准的各类物品。如企业自身使用的工具、器具、家具等。

④在建工程。指尚未完成施工过程、正在建造的各类建设工程。如施工企业的未完施工,房地产开发企业的在建场地、在建房屋、在建配套设施、在建代建工程等。

⑤在产品。指尚未完成生产过程正在加工的各类工业产品。

⑥产成品。指企业已完成生产过程并已验收入库的各类完工产品和成品。如施工企业完工的工业产品,房地产开发企业完工的土地、房屋、配套设施、代建工程等开发产品。

⑦商品。指企业购入的专门用于销售的无需任何加工的各类物品。

(2)存货科学管理的方法。

①ABC管理法。ABC管理法是运用数理统计的方法,按照一定目的和要求,对存货进行分析排队,找出主要矛盾,确定管理重点和管理成本,从而最经济、最有效地管理存货。应用ABC方法管理的一般步骤为:

首先,计算每种存货在一定时间内(一般为一年)的资金占用额。重点存货可按单个品种计算(如钢材),一般物资可按类别计算(如有色金属类、木材类、水泥类)。

其次,计算每种存货资金占用金额占全部存货资金占用金额的百分比,按大小顺序排列,并制成表格。

最后,根据事先制定好的标准,把各项存货划分成A、B、C三大类。一般划分的标准是品种少、占用额大、采购比较困难或对企业十分重要的存货作为A类,给予重点管理;存货品种和资金占用中等的存货作为B类,给予次重点管理;对于资金占用少、品种多的低值存货项目作为C类,给予一般管理。

从一般企业的实践经验来看,A类存货品种大约占全部存货品种的5%~15%,而资金占用总额却占全部存货资金总额的60%~80%;B类存货的品种约占全部存货品种的20%~30%,资金占用总额占全部存货资金总额的15%~30%;C类存货品种最多,约占全部存货品种的60%~70%,但资金占用总额却只占全部存货资金总额的5%~10%。

把存货划分成A、B、C三大类,目的是为了实现经济有效的管理。A类存货品种少、资金占用大,是存货管理的重点。A类存货的库存定额可以采取经济定货量来加以控制。C类存货品种繁多,资金占用不大,通常可按经验确定资金占用量,或者规定一个进货点,当存货低于这个进货点时,就组织进货。B类存货介于A类和C类之间,可以采用定量订货方式管理。

②经济采购批量。经济采购批量又称最优订购量,是指在保证生产需要的条件下,总费用(指采购费用与仓储保管费用之和)最低的合理订购量。决定物资订购量的大小,要统一考虑仓储保管费用与采购费用。应在两种费用增减之间寻求总费用最低的最佳采购批量。用公式推导如下:

年度在库总费用 = 年度采购费用 + 年度仓储保管费用,即:

$$TC=\frac{A}{Q}\cdot S+\frac{Q}{2}\cdot P\cdot i \tag{3-1}$$

式中:TC——年度在库总费用;

A——物资的年需要量;

Q——经济采购批量,$Q/2$为平均库存量;

S——物资的一次采购费用;

P——物资的单位价格;

i——年度保管费用率(即保管费用对库存物资金额的比率)。

将TC对Q求导,并令其结果为零:

$$\frac{\mathrm{d}TC}{\mathrm{d}Q}=-\frac{SA}{Q^2}+\frac{Pi}{2}=0$$

$$Q=\sqrt{\frac{2\cdot S\cdot A}{P\cdot i}}$$

$$经济采购批量=\sqrt{\frac{2\times 物资的一次采购费用\times 物资的年需要量}{物资的单位价格\times 年度保管费用率}} \tag{3-2}$$

采用经济采购批量方法,所求得的仅是一个理论值,在实际管理中还要根据具体情况作调整,大宗订购可享受折扣价格、市场价格浮动等,这样还需对上述公式进行相应的调整。

二、固定资产管理

固定资产是指使用期限超过一年的房屋及建筑物、机器设备、运输设备及其他与生产经营有关的设备、工具、器具等。其他与生产经营没有直接关系的主要设备和物品,单位价值在2 000元以上并且使用期限超过两年的,也应作为固定资产。

根据以上规定，确认是否属于固定资产，应注意以下两点：

第一，房屋及建筑物、机器设备、运输设备及其他与生产经营有关的设备、工具、器具等只需具备使用期限一个条件。与生产经营有关的劳动资料，单位价值虽然低于规定标准，应作为固定资产；有些劳动资料，单位价值虽然超过规定标准，但更换频繁，易于损坏的，不应作为固定资产。

第二，不属于生产经营主要设备的物品，应同时具备单位价值和使用期限两个条件。不同时具备以上两个条件的，作为低值易耗品。

1. 固定资产的分类

为了便于对固定资产的管理和核算，必须对固定资产进行正确分类。施工企业固定资产，按其经济用途和使用情况分为以下六类：

(1)生产用固定资产。指施工生产单位和为生产服务的行政管理部门使用的各种固定资产。包括以下七种：

①房屋：指施工生产单位和行政管理部门使用的房屋，如厂房、办公楼、工人休息室等。

②建筑物：指除房屋以外的其他建筑物，如水塔、蓄水池、储油罐等。

③施工机械：指施工用的各种机械，如起重机械、挖掘机械、土方铲运机械、凿岩机械、基础及凿井机械、筑路机械、钢筋混凝土机械等。

④运输设备：指运载货物用的各种运输工具，如铁路运输用的机车、水路运输用的船舶、公路运输用的汽车等。

⑤生产设备：指加工、维修用的各种机器设备。

⑥仪器及试验设备：指对材料、工艺、产品进行研究试验用的各类仪器设备等。

⑦其他生产使用的固定资产：指不属于以上各类的生产用固定资产，如消防用具、办公用具以及行政管理用的汽车、电话交换设备等。

(2)非生产用固定资产。指非生产单位使用的各种固定资产。如职工宿舍、招待所、医院、学校、幼儿园、托儿所、俱乐部、食堂、浴室等单位所使用的房屋、设备等固定资产。

(3)租出固定资产。指出租给外单位使用的多余、闲置的固定资产。

(4)未使用固定资产。指尚未使用的新增固定资产，调入尚待安装的固定资产，进行改建、扩建的固定资产，以及长期停止使用的固定资产。

(5)不需用固定资产。指本企业目前和今后都不需用，准备处理的固定资产。

(6)融资租入固定资产。指企业以融资租赁方式租入的施工机械、运输设备、生产设备等固定资产。

2. 固定资产折旧

1)计提折旧的范围

(1)计提折旧的固定资产范围如下：

①房屋及建筑物。不论是否使用，从入账的次月起就应计提折旧。

②在用固定资产。指已投入使用的施工机械、运输设备、生产设备、仪器及试验设备等生产性固定资产以及已投入使用的非生产性固定资产。

③季节性停用和修理停用的固定资产。

④以融资租赁方式租入的固定资产。

⑤以经营租赁方式租出的固定资产。

(2)不计提折旧的固定资产范围如下:

①除房屋及建筑物以外的未使用、不需用的固定资产。

②以经营租赁方式租入的固定资产。

③已提足折旧但继续使用的固定资产。

④破产、关停企业的固定资产。

⑤提前报废的固定资产。不补提折旧,其净损失计入营业外支出。

固定资产折旧,从固定资产投入使用月份的次月起,按月计提。停止使用的固定资产,从停用月份的次月起,停止计提折旧。

2)固定资产折旧方法

施工企业计提折旧一般采用平均年限法和工作量法。技术进步较快或使用寿命受工作环境影响较大的施工机械和运输设备,经财政部批准,可采用双倍余额递减法或年数总和法计提折旧。企业按财务制度的有关规定,有权选择具体折旧方法和折旧年限,在开始实行年度前报主管财政机关备案。折旧年限和折旧方法一经确定,不得随意变更。需要变更的,由企业提出申请,并在变更年度前报主管财政机关批准。

(1)平均年限法,也称使用年限法。它是按照固定资产的预计使用年限平均分摊固定资产折旧额的方法。这种方法计算的折旧额在各个使用年(月)份都是相等的,折旧的累计额所绘出的图线是直线。因此,这种方法也称直线法。

平均年限法的固定资产折旧率和折旧额的计算公式如下:

$$\text{年折旧率} = \frac{1 - \text{预计净残值率}}{\text{折旧年限}} \times 100\%$$

$$\text{月折旧率} = \text{年折旧率} \div 12$$

$$\text{月折旧额} = \text{固定资产原值} \times \text{月折旧率} \tag{3-3}$$

净残值率按照固定资产原值的3%～5%确定,净残值率低于3%或高于5%的,由企业自主确定,报主管财政机关备案。

(2)工作量法。是按照固定资产生产经营过程中所完成的工作量计提其折旧的一种方法,是平均年限法派生出的方法。适用于各种时期使用程度不同的专业大型机械、设备。

采用工作量法的固定资产折旧额的计算公式如下:

①按照行驶里程计算折旧的公式:

$$\text{单位里程折旧额} = \frac{\text{原值} \times (1 - \text{预计净残值率})}{\text{规定的总行驶里程}}$$

$$\text{月折旧额} = \text{月实际行驶里程} \times \text{单位里程折旧额} \tag{3-4}$$

②按照工作小时计算折旧的公式:

$$\text{每工作小时折旧额} = \frac{\text{原值} \times (1 - \text{预计净残值率})}{\text{规定的总工作小时}}$$

$$\text{月折旧额} = \text{月实际工作小时} \times \text{每工作小时折旧额} \tag{3-5}$$

③按台班计算折旧的公式:

$$\text{每台班折旧额} = \frac{\text{原值} \times (1 - \text{预计净残值率})}{\text{规定的总工作台班}}$$

$$\text{月折旧额} = \text{月实际工作台班} \times \text{每台班折旧额} \tag{3-6}$$

(3)双倍余额递减法。是按照固定资产账面净值和固定的折旧率计算折旧的方法,是快速折旧法的一种。其年折旧率是平均年限法的两倍,并且在计算年折旧率时不考虑预计净残值率。计算月折旧额时,以固定资产账面净值(即固定资产原值减去已提折旧后的余额)为基数。采用这种方法时,折旧率是固定的,但计算基数逐年递减,因此计提的折旧额也逐年递减。

采用双倍余额递减法的固定资产折旧率和折旧额的计算公式如下:

$$年折旧率 = \frac{2}{折旧年限} \times 100\%$$

$$月折旧率 = 年折旧率 \div 12$$

$$月折旧额 = 固定资产账面净值 \times 月折旧率 \tag{3-7}$$

实行双倍余额递减法的固定资产,应当在其固定资产折旧年限到期前两年内,将固定资产净值扣除预计净残值后的净额平均摊销。

【例 3-1】 某项固定资产原值为 10 000 元,预计净残值为 400 元,预计使用年限为 5 年。采用双倍余额递减法计算各年的折旧额。

解:年折旧率 = 2 ÷ 5 = 40%

第一年折旧额: 10 000 × 40% = 4 000(元)

第二年折旧额: (10 000 − 4 000) × 40% = 2 400(元)

第三年折旧额: (10 000 − 4 000 − 2 400) × 40% = 1 440(元)

第四年折旧额: (10 000 − 4 000 − 2 400 − 1 440 − 400) ÷ 2 = 880(元)

第五年折旧额: (10 000 − 4 000 − 2 400 − 1 440 − 400) ÷ 2 = 880(元)

(4)年数总和法,也称年数总额法。是以固定资产原值减去预计净残值后的余额为基数,按照逐年递减的折旧率计提折旧的一种方法。是加速折旧法的一种。其折旧率以该项固定资产预计尚可使用的年数(包括当年)作分子,而以逐年可使用年数之和作分母。分母是固定的,而分子逐年递减,所以折旧率也逐年递减。采用这种方法时,计算基数是固定的,但折旧率逐年递减,因此计提的折旧额也逐年递减。

采用年数总和法的固定资产折旧率和折旧额的计算公式如下:

$$年折旧率 = \frac{折旧年限 - 已使用年限}{折旧年限 \times (折旧年限 + 1) \div 2} \times 100\%$$

$$月折旧率 = 年折旧率 \div 12$$

$$月折旧额 = (固定资产原值 - 预计净残值) \times 月折旧率 \tag{3-8}$$

【例 3-2】 某项固定资产原值为 10 000 元,预计净残值为 400 元,预计使用年限为 5 年。采用年数总和法计算各年的折旧额。

解:计算折旧的基数 = 10 000 − 400 = 9 600(元)

年数总和 = 5 + 4 + 3 + 2 + 1 = 15(年)

或 5 × (5 + 1) ÷ 2 = 15(年)

第一年折旧额: 9 600 × 5 ÷ 15 = 3 200(元)

第二年折旧额: 9 600 × 4 ÷ 15 = 2 560(元)

第三年折旧额: 9 600 × 3 ÷ 15 = 1 920(元)

第四年折旧额: 9 600 × 2 ÷ 15 = 1 280(元)

第五年折旧额: 9 600 × 1 ÷ 15 = 640(元)

3. 固定资产修理

固定资产修理费用,计入当期成本、费用。修理费用发生不均衡、数额较大的,可以采取分期摊销或预提的办法,并报主管财政机关备案。

(1)固定资产中小修理,也称"经常修理"。是指为保持固定资产正常工作效能所进行的经常修理,是固定资产计划预防修理制度的内容之一。中小修理的特点是:经常性、间隔时间短、修理范围小、费用支出少。中小修理一般在费用发生时,一次计入成本、费用。

(2)固定资产大修理。指为恢复固定资产原有生产效能和保持正常使用年限而对固定资产所作的全面、彻底修理。一般按技术规程规定,若干年进行一次。其特点是:间隔时间长、修理范围大、所需费用多,具有固定资产局部再生产性质。

对发生的固定资产大修理费用,可采用以下三种方式处理:

①类似固定资产中小修理费。把发生的大修理费用直接计入当期成本或有关费用。

②预提大修理费用。由于大修理具有间隔期长、修理范围大、费用支出多的特点,如按其发生的费用直接计入成本,就会引起成本和利润的波动。为此可通过对机器设备等固定资产在全部使用期间必须进行的若干次大修理费用的预测,求得每年(月)的平均数,预提大修理费用。

③待摊大修理费用。采用待摊的办法,即先据实际支出发生的固定资产大修理费作为递延资产入账,然后再分摊到有关成本费用中。

三、无形资产管理

无形资产是指企业长期使用但没有实物形态的资产,包括专利权、商标权、著作权、土地使用权、非专利技术、商誉等。无形资产通常代表企业所拥有的一种法定权或优先权,是企业所具有的高于一般水平的获利能力。

1. 无形资产的内容

(1)专利权。指对某一发明创造在一定期限内享有的专有权力。专利权受国家法律保护,有利于企业使其产品在市场独占优势而具有竞争力,或使其降低产品的制造成本。

(2)商标权。商标是用来辨认特定的商品或劳务的标记。商标权就是商标注册后,商标所有者依法享有的权益,它受到法律保障。未注册商标不受法律保护。商标在其市场和价格上具有较高的经济价值。如果某商标标明的商品具有良好的品质和性能,得到消费者的好感,就能形成强劲的市场竞争力。

(3)著作权。著作权即版权,是指公民、法人依法对文学、艺术和科学作品的制作和发行享有的专有权。这种专有权受国家法律保护,除法律另有规定外,未经著作人许可或转让,他人不得占有和行使。版权可以自创,可以购进,也可有偿转让。

(4)土地使用权。指企业对国有土地依法拥有的进行建筑、生产或其他活动的权利。在土地使用权续存期间,其他任何人,包括土地的所有者,不得任意收回土地和非法干预使用人的经营活动。使用人在法定范围内对土地实行占有、使用、收益和处分的权利。

(5)非专利技术。即专有技术或技术秘密、技术诀窍,指先进的、未公开的、未申请专利的,可带来经济效益的专门知识和特有经验。如工业专有技术是指生产上已经采用,仅限于少数人知道,不享有专利权的生产、装配、修理、工艺或加工方法的技术知识和特有经验。如商业(贸易)专有技术是指具有保密性质的市场情报、原材料价格情报以及用户、竞争对手的情况等有关知识。又如管理专有技术是指生产组织的经营方式、管理方法、培训职工方法等保密知识。非专利技术并不是专利法的保护对象，专有技术所有人依靠自我保密的方式来维持其独占权，可以用于转让和投资。

(6)商誉。通常是指企业由于所处的地理位置优越；或由于信誉好而获得了客户的信任；或由于组织得当，生产经营效益好；或由于历史悠久，积累了丰富的从事本专业的经验，因此而形成的无形价值。商誉具体表现在企业的获利能力，超过了一般企业的获利能力和一般的获利水平。

2. 无形资产的计价和摊销

(1)无形资产的计价。无形资产按取得时的实际成本计价。

①投资者作为资本金或合作条件投入的，按照评估确认或合同、协议约定的金额计价。

②购入的，按照实际支付价款计价。

③自行开发并依法申请取得的，按照开发过程中的实际支出计价。

④接受捐赠的，按照发票账单所列金额或同类无形资产市价计价。

⑤除企业合并外，商誉不得作价入账。

⑥非专利技术和商誉的计价，应当经法定评估机构评估确认。

(2)无形资产的摊销。无形资产从开始受益之日起，在有效使用期限内平均摊入管理费用。有效使用期限按照下列原则确定：

①法律和合同或企业申请书分别规定有法定有效期限和受益年限的，按照两者孰短的原则确定。

②法律没有规定有效期限，合同或企业申请书中规定有受益年限的，按照合同或企业申请书规定的受益年限确定。

③法律和合同或企业申请书均未规定有效期限或受益年限的，按照不少于10年的期限确定。

无形资产的每期摊销额采用直线法平均计算，没有残值，也没有清理费用。其计算公式如下：

$$\text{某项无形资产年摊销额}=\frac{\text{该项无形资产的账面价值}}{\text{该项无形资产的有效使用年限}}$$

$$\text{月摊销额}=\text{年摊销额}\div 12 \tag{3-9}$$

四、递延资产管理

递延资产是指不能全部计入当年损益，应当在以后年度内分期摊销的各项费用，包括开办费、以经营租赁方式租入的固定资产的改良支出，摊销期在一年以上的固定资产修理支出以及其他待摊费用等。

1. 递延资产的内容

(1)开办费。指企业在筹建期间发生的费用，包括筹建期间人员工资、办公费、培训费、差旅费、印刷费、注册登记费，以及不计入固定资产和无形资产购建成本的汇兑损益和利息等支出。

企业发生的下列费用，不应计入开办费：

①应当由投资者负担的费用支出。

②为取得各项固定资产、无形资产所发生的支出。

③筹建期间应当计入资产价值的汇兑损益、利息支出等。

(2)以经营租赁方式租入的固定资产改良支出。指能增加以经营租赁方式租入的固定资产的效用或延长其使用寿命的改装、翻修、改建等支出。

(3)超过一年的待摊费用。生产经营期间,企业会发生一些待摊费用,一般情况下待摊费用的摊销期不超过一年,这类费用属于流动资产。生产经营期间发生的待摊费用,其摊销期限超过一年的属于递延资产。如企业固定资产的大修理费用,需要在两次大修理间隔期间分摊,属于递延资产。

2. 递延资产的摊销

递延资产的摊销方法与无形资产的摊销相同,采用直线法平均计算每期的摊销额,作为管理费用入账。

(1)开办费自企业开始生产经营月份的次月起,按不少于5年的期限分期摊入管理费。

企业发生的汇兑损失(应当计入资产价值的除外),筹建期间发生的,如为净损失,计入开办费,从企业开始生产经营月份的次月起,按照不少于5年的期限平均摊销;如为净收益,从企业开始生产经营月份的次月起,按照不少于5年的期限平均转销,或者留待弥补企业生产经营期间发生的亏损,或者留待并入企业的清算收益。

(2)以经营租赁方式租入的固定资产改良支出,在租赁有效期限内,分期摊入成本或管理费用。

(3)摊销期在一年以上的固定资产修理费用和其他待摊费用,在费用的受益期内平均摊销。

第三节 资产评估

一、资产评估概述

1. 资产评估的概念

资产评估是指通过对资产某一时点价值的估算,从而确定其价值的经济活动。资产评估可以分为对资产占有单位进行的整体评估和对其某一类(某一项)资产进行单项评估。单项资产评估又可分为机器设备评估、土地使用权评估、建筑物及在建工程评估、无形资产评估、长期投资及递延资产的评估、流动资产评估等类别。

按照国务院发布的《国有资产评估管理办法》的规定,国有资产占有单位有下列情形之一者,应当进行资产评估:

①资产拍卖、转让;

②企业兼并、出售、联营、股份经营;

③与外国公司、企业和其他经济组织或个人开办中外合资经营企业或中外合作经营企业;

④企业清算;

⑤依照国家有关规定需要进行资产评估的其他情形。

此办法还规定,资产占有单位有下列情形之一,当事人认为需要的,可以进行资产评估:

①资产抵押及其他担保;

②企业租赁；

③需要进行资产评估的其他情形。

以上应当进行资产评估的各项特定的资产业务，都是涉及产权变动的资产业务；以上可以进行资产评估的各项特定的资产业务，都是不涉及产权变动的资产业务。各项特定的资产业务，对资产评估的结果有不同的用途要求。满足特定资产业务对资产评估结果的不同用途要求是资产评估的特定目的。

2. 资产评估的程序

国有资产评估按照下列程序进行：

(1)申请立项。依照规定进行资产评估的资产占有单位，经其主管部门审查同意后，应当向同级国有资产管理行政主管部门提交资产评估立项申请书，并附财产目录和有关会计报表等资料。国有资产管理行政主管部门应当自收到资产评估立项申请书之日起10日内进行审核，并作出是否准予资产评估立项的决定，通知申请单位及其主管部门。申请单位收到准予资产评估立项通知书后，可以委托有资格的资产评估机构评估资产。

(2)资产清查。受资产占有单位委托的资产评估机构应当在对委托单位的资产、债权、债务进行全面清查的基础上，核实资产账面与实际是否相符，经营成果是否真实，据以作出鉴定。

(3)评定估算。资产评估机构应当根据有关规定，对委托单位被评估资产的价值进行评定和估算，并向委托单位提出资产评估结果报告书。

(4)验证确认。委托单位收到资产评估机构的资产评估结果报告书后，应当报其主管部门审查；主管部门审查同意后，报同级国有资产管理行政主管部门确认资产评估结果。国有资产管理行政主管部门应当自收到资产占有单位报送的资产评估结果报告书之日起45日内组织审核、验证、协商、确认资产评估结果，并下达确认通知书。资产占有单位对确认通知书有异议的，可自收到通知书之日起15日内向上一级国有资产管理行政主管部门申请复核。上一级国有资产管理行政主管部门应当自收到复核申请书之日起30日内作出裁定，并下达裁定通知书。

二、机器设备评估

1. 机器设备评估的特点

(1)机器设备评估是以技术检测为基础的。机器设备评估人员，必须具有对该种机器设备的技术知识，必须能对该种机器设备进行技术检测，在此基础上确认被评估机器设备的成新率。

(2)机器设备评估主要以单台、单件为评估对象。评估人员应该逐台(件)进行技术检测和评估。在评估中要特别注意企业获取机器设备的渠道，按进口设备和国产设备、标准设备和非标准设备、外购设备和自制设备的不同情况，采用不同的方法确定机器设备的重置成本，或选择不同的参照物的市场交易价格，作为评估的依据。

2. 机器设备评估的方法

机器设备评估主要采用成本法，也可采用市场法。

(1)成本法，也称重置成本法。是指在评估资产时按被评估资产的现时重置成本扣除其各项损耗价值来确定被评估资产价值的方法。

采用成本法的计算方法，可用公式表示为：

$$资产评估价值=重置成本-实体性贬值-功能性贬值-经济性贬值 \tag{3-10}$$

采用成本法评估机器设备,有以下主要步骤:

①测算重置成本。重置成本可分为复原重置成本和更新重置成本。复原重置成本是指用与原资产相同的材料、建造标准、设计结构和技术条件等以现行价格再购建全新资产所需的成本。更新重置成本是指利用新型材料、新技术标准,以现时价格购建相同功能的全新资产所需的成本。重置成本应选择资产的更新重置成本,在无更新重置成本时,也可采用复原重置成本。

②估测实体性贬值。实体性贬值是指由于使用磨损和自然损耗而形成的资产贬值。其计算公式为:

$$实体性贬值=重置成本\times(1-成新率)$$

$$实体性贬值=\frac{重置成本-预计净残值}{预计总使用年限}\times实际已使用年限 \tag{3-11}$$

③估测功能性贬值。功能性贬值是指由于新技术的发展导致资产功能陈旧而带来的原资产贬值。其计算公式为:

$$功能性贬值=(重置成本-实体性贬值)\times功能性损耗系数 \tag{3-12}$$

④估测经济性贬值。经济性贬值是指因设备外部因素引起的设备价值贬值。如设备所生产的产品滞销、原材料价格上涨、竞争加剧等,其最终表现为设备的利用率下降、收益额减少。其计算公式为:

$$经济性贬值=(重置成本-实体性贬值-功能性贬值)\times经济性贬值率 \tag{3-13}$$

⑤确定重估价值。按照成本法的计算公式,根据以上步骤测算的数据确定机器设备的重估价值。

【例3-3】 某公路施工企业有一辆自卸汽车于10年前购入,由于承包原因需对其价值进行评估。该车目前的主要状况为:

①发动机的增压器已失灵,其余部分仍可正常使用,新增压器现价为330元,新发动机现价为8 400元;

②底盘的制动系统已淘汰,其余部分性能良好,制动系统原价占底盘原价的30%,新底盘的现价为18 800元;

③新车身的现价为8 800元;

④电器现价为3 700元;

⑤预计全部行驶里程为54万公里,已行驶了42万公里,预计残值为3 900元,功能性损耗系数为0.1。试用成本法计算该车的评估价值。

解: 发动机的重置成本=8 400-330=8 070(元)

底盘的重置成本=18 800×(1-30%)=13 160(元)

汽车的重置成本=8 070+13 160+8 800+3 700=33 730(元)

汽车的实体性贬值=(33 730-3 900)÷54×42=23 201(元)

汽车的评估价值=(重置成本-实体性贬值)×(1-功能性损耗系数)

=(33 730-23 201)×(1-0.1)=9 476(元)

(2)市场法,又称现行市价法或市场价格比较法。是指通过比较被评估资产与最近售出类似资产的异同,并将类似资产的市场价格进行调整,从而确定被评估资产价值的一种资产评估方法。市场法应用简单,但要求有充分发育、活跃的资产市场并能方便地获取比较所需的各种资料。采用市场法评估机器设备,有以下主要步骤:

①考察鉴定被评估机器设备。通过对被评估机器设备的考察鉴定,获取有关数据资料,并为搜集市场数据资料、选取参照物提供依据。

②选取参照物。按照可比性原则,从市场上已成交的交易案例中选取相同的或类似的机器设备作为参照物。以参照物的交易价格作基础进行评估。

③对被评估设备与参照物之间的差异进行比较、量化和调整。可以从机器设备的销售时间、结构性能、新旧程度、销售数量及付款方式等因素的差异进行比较、量化。

④汇总各因素差异量化值,确定评估值。

三、土地使用权评估

1. 土地使用权评估的特点

土地使用权是一种无形资产,土地使用权评估属于无形资产评估。但土地使用权评估通常与建筑物评估紧密结合在一起,统称房地产评估。土地使用权评估有以下一些特点:

(1)评估土地使用权的出让价格应以马克思关于土地价格的理论为指导。土地价格不是"土地价值"的货币表现,土地使用权价格的性质是地租的资本化。

(2)土地价格应以土地的效用作最有效发挥为前提。土地的收益与土地的用途紧密相连。评估土地使用权,应当以土地的最有效使用为前提。当然,土地的最有效使用,受到各种条件的限制,在评估时要充分考虑各种限制条件的影响。

(3)土地价格受供求法则的影响。土地面积的有限性和非再生性,使供求法则对土地价格有特别明显的影响。当地的经济发展越快,对土地的需求越大,土地的转让价格也就越高。土地使用权评估,必须考虑地块所处的地区及其经济发展水平。

2. 土地使用权评估的方法

土地使用权评估一般可采用如下方法:

(1)市场比较法。把被估土地与市场上已出让的相同或类似的土地作比较,调整其差异,确定被估土地的评估价值。

【例3-4】 某块土地丙的面积为1 000m²,待出让。同时搜集到与土地丙具有可比性的土地甲、乙的土地使用权出让的资料(见表3-1),求土地丙的价格。

土地使用权出让资料 表3-1

项目	单位	甲	乙	丙
销售条件		市场	市场	市场
交易时间		2年前	1年前	
销售单价	元/m²	90	115	

解:已知去年比前年地价上涨了10%,今年比去年又上涨了12%,按照市场法评估思路,先比较这三块土地,分别求出其综合评价系数,如表3-2所示。

若以甲为依据,丙的每平方米出让价格为:

$$90\times(1+10\%)\times(1+12\%)\times82.5\div80=114.35(\text{元})$$

若以乙为依据,丙的每平方米出让价格为:

$$115\times(1+12\%)\times82.5\div75=141.68(\text{元})$$

甲、乙、丙三块土地综合评价系数　　表 3-2

比较指标	指标权重(%)	理想分	甲	乙	丙
土地临路情况	12.5	10	8	7	7
土地使用情况	12.5	10	8	8	9
公共设施情况	12.5	10	8	8	8
社区服务状况	12.5	10	8	7	8
文化娱乐状况	12.5	10	7	6	8
周围环境	12.5	10	8	8	8
地区性不动产销售情况	12.5	10	9	8	10
其他	12.5	10	8	8	8
合计		100	80	75	82.5

若无其他特别因素的影响,丙的每平方米售价取上述两者的中值,则丙土地使用权的出让价格为:

$$(114.35+141.68)\div 2\times 1\,000=128\,015(\text{元})$$

(2)收益法也称收益还原法,收益资本化法。是指通过估算被评估资产未来预期收益并折算成现值,借以确定被评估资产价值的一种资产评估方法。使用收益法评估土地使用权,是用土地的年纯收益额和适用资本化率推算土地价格。用公式表示为:

$$\text{地产评估值}=\frac{\text{土地年总收益额}-\text{土地年总费用}}{\text{适用资本化率}} \tag{3-14}$$

(3)成本法也称重置成本法。是以取得和开发土地所耗费的各项费用之和为基础,再加上一定的利息、利润、税金和土地所有权收益等来确定土地价格的估价方法。其评估公式为:

$$\text{地产评估值}=\text{地产重置成本}-\text{各种贬值} \tag{3-15}$$

$$\text{地产重置成本}=\text{土地取得费用}+\text{土地开发费用}+\text{税费}+\text{利息}+\text{利润}+\text{土地所有权收益}$$

(4)假设开发法。是将评估对象预期开发后的价值,扣除预期的正常开发成本、销售税费、管理费用、利息以及开发利润,由此推算评估对象价值的一种估价方法。其评估公式为:

$$\text{地产评估值}=\text{卖楼价}-\text{建筑费}-\text{专业费用}-\text{投资利息}-\text{投资利润}-\text{税费} \tag{3-16}$$

其中卖楼价是指对待评估地块按最佳利用方式进行开发设计,并预计完成开发后的建成物的价值。

(5)路线价评估法。通过制定标准地块的路线价为基准来评定相邻各地块价格的方法。具体说,就是选取临接某一街道的一地段,以其临街深度为标准深度,求在该深度上数块有代表性的地块的平均单价,作为该临街地的路线价。根据路线价和深度指数(因临街深度的增加而产生的价格递减比率)推算出临接同一街道的其他所有地块的价格。可用公式表示为:

$$\text{地价}=\text{路线价}\times\text{深度指数}\times\text{地块面积} \tag{3-17}$$

【例 3-5】　某路线价区段,标准深度为 16.18m,路线价为 1 000 元/m^2,待评地块为一临街矩形地块,临街宽度为 20m,临街深度为 17m。根据深度指数表的数据(见表 3-3),计算这块土地的价格。

深度指数表　表3-3

临街深度	小于4m	4～8m	8～12m	12～16m	16～18m
深度指数	130%	125%	120%	110%	100%

解：将这块土地按其临街深度，划分为五块，分别计算各自的面积，再按上述公式计算土地价格。

$$\begin{aligned}地价 &= 1\,000\times(1.3\times20\times4+1.25\times20\times4+1.2\times20\times4+1.1\times20\times4+1\times20\times1)\\ &= 1\,000\times(104+100+96+88+20)\\ &= 408\,000(元)\end{aligned}$$

第四节　工程项目成本管理

一、工程项目成本及其管理体系

1. 工程项目成本与承包企业成本

1）工程项目成本

工程项目成本即指围绕工程项目建设全过程而发生的资源消耗的货币体现。其所涵盖的内容与整个工程项目投资基本一致，但二者的侧重点有所不同，投资通常强调资金付出的目标，即以提高投资经济效益为目的；成本则强调付出本身，以节约投资为目标。

工程项目是由不同的参与方共同建设完成，参建各方所站的角度不同、参与工程建设的阶段和内容不同，工程项目的成本范围也有所不同，项目的成本范围主要取决于参建方参与工程建设的阶段和内容。

业主作为工程项目建设的组织者，其面对的是工程项目建设（包括决策、设计、招标、施工、竣工验收等）全过程，其所理解的工程项目成本是最为完整的。对于总承包企业而言，其承包工程的范围可以包括工程项目的勘察、设计、材料设备的采购以及工程项目的施工、试运行和交工验收的若干阶段或全过程，这样，总承包企业所理解的工程项目成本会包括其实施承包范围内工程所支付的全部成全。对于其他参建方，如设计单位、咨询单位、施工单位和材料设备供应单位，如果只是参与工程项目建设的某个阶段或某些工作，则其所理解的工程项目成本仅包括其实施设计、咨询、施工和材料设备供应等工作所需支付的成本。

2）承包企业成本

（1）承包企业项目成本。承包企业项目成本是指工程承包企业以工程项目为成本核算对象，在实施其承包范围内工程的过程中消耗资源的货币体现。即在狭义上是指承包企业对承包工程项目付出的成本。

（2）承包企业成本。承包企业成本是指工程承包企业以整个企业为成本核算对象，为保证企业正常经营所付出的成本。承包企业项目成本是承包企业经济核算体系的基础，是承包企业成本中不可缺少的有机组成部分，两者具有密不可分的联系。但是，不能据此简单地将承包企业成本理解为承包企业项目成本的数据叠加，或者认为承包企业项目成本是企业成本的直接分解。

对于承包企业而言，工程项目成本不同于企业成本。前者是指企业发生的按项目核算的成本，其成本核算的对象是具体的工程项目；项目成本管理的目的是保证工程项目在预定的成本范围内完成企业交付的任务;其成本管理的责任由项目经理部全面负责。后者是指企业正常生产运营必须投入的成本,其成本核算的对象为整个承包企业,不仅包括其下属的各个项目经理部,还包括为工程承包服务的附属企业及企业各职能部门;企业成本管理的任务是将整个企业的成本、费用控制在预定计划之内,成本管理强调部门成本责任,涉及各个职能部门和机构。

2. 工程项目成本管理体系

项目成本管理一般是指承包企业为使项目成本控制在计划目标之内所进行预测、计划、控制、核算、分析和考核等管理工作。承包企业应建立健全项目成本管理责任体系,明确管理业务分工和责任关系,将项目成本管理的目标分解与渗透到各项工作中去。承包企业的项目成本管理体系应包括两个不同层次的管理职能。

(1)企业管理层的成本管理

企业管理层应是项目成本管理的决策与计划中心,确定项目投标报价和合同价格;确定项目成本目标和成本计划,通过项目管理目标责任书确定项目管理层的成本目标。

(2)项目管理层的成本管理

项目管理层应是项目生产成本的控制中心,负责执行企业对项目提出的成本管理目标,在企业授权范围内实施可控责任成本的控制。

二、工程项目成本管理流程

工程项目成本管理是一个有机联系与相互制约的系统过程,承包企业应按照其形成的特点和规律,建立文件化的工程项目成本管理流程,规范和指导工程项目成本管理的实施。工程项目成本管理流程分为两类:

(1)总体工作流程。承包企业应从项目投标报价开始至项目竣工结算为止,确定项目成本管理工作的展开等程序及各阶段的衔接关系。

(2)单项业务流程。承包企业应明确总体工作流程中各项具体业务活动的过程、步骤和工作标准。

工程项目成本管理流程如图 3-1 所示。在工程项目成本管理流程中,每个环节都是相互联系和相互作用的。成本预测是成本计划的编制基础,成本计划是开展成本控制和核算的基础;成本控制能对成本计划的实施进行监督,保证成本计划的实现,而成本核算又是成本计划是否实现的最后检查,它所提供的成本信息又是成本预测、成本计划、成本控制和成本考核等的依据;成本分析为成本考核提供依据,也为未来的成本预测与编制成本计划指明方向;成本考核是实现成本目标责任制的保证和手段。

三、工程项目成本管理方法

1. 成本预测

项目成本预测是指承包企业及其项目经理部有关人员凭借历史数据和工程经验,运用一定方法对工程项目未来的成本水平及其可能的发展趋势作出科学估计。项目成本预测是项目成本计划的依据。预测时,通常是对项目计划工期内影响成本的因素进行分析,比照近期已完工程项目或将完工程项目的成本(单位成本),预测这些因素对工程成本的影响程度,估算出工程的单位成本或总成本。

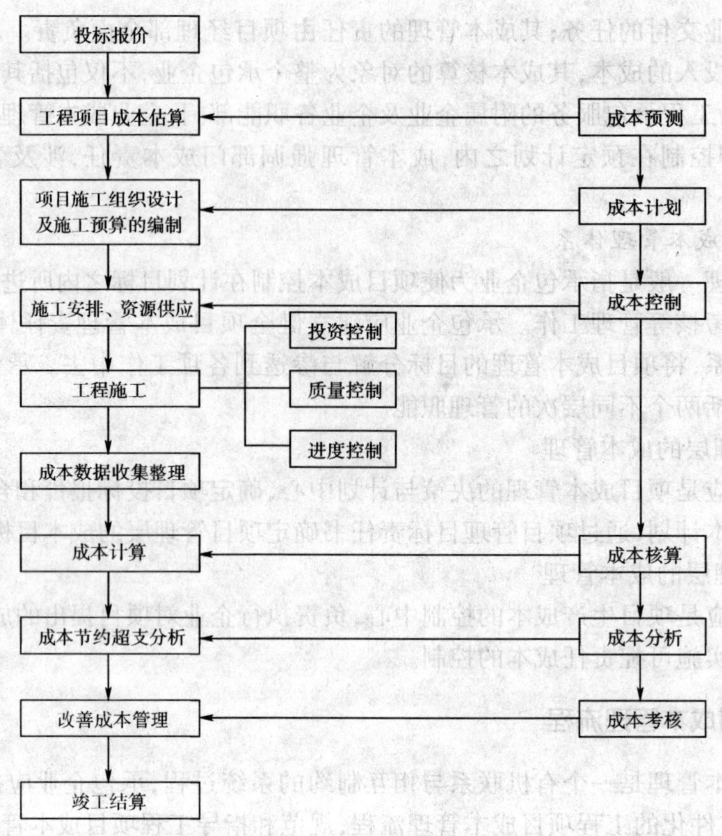

图 3-1　工程项目成本管理流程图

2. 成本计划

成本计划是在成本预测的基础上,承包企业及其项目经理部对计划期内项目的成本水平所作的筹划。承包企业项目成本计划是以货币形式编制的项目在计划期内的生产费用、成本水平及为降低成本采取的主要措施和规划的具体方案。成本计划是目标成本的一种表达形式,是建立项目成本管理责任制、开展成本控制和核算的基础,是进行成本费用控制的主要依据。

承包企业的项目计划成本应通过投标与签订合同形成。目标成本是承包企业实施项目成本控制和工程价款结算的基本依据。项目经理在接受企业法定代表人委托之后,应通过主持编制项目管理实施规划寻求降低成本的途径,组织编制施工预算,确定项目的计划目标成本。

(1)成本计划的内容。根据承包工程范围的不同,承包企业项目成本计划所包括的内容也有所不同。例如:工程全过程总承包项目成本计划应包括勘察、设计、采购、施工的全部成本;设计、采购、施工总承包项目和设计—施工总承包项目计划成本应包括相应阶段的成本;施工总承包项目计划成本应按招标文件的工程量清单确定;其他承包方式的项目计划成本,可参照以上类型进行调整组合。

项目成本计划一般由直接成本计划和间接成本计划组成。

①直接成本计划。主要反映项目直接成本的预算成本、计划降低额及计划降低率。主要包括项目的成本目标及核算原则、降低成本计划表或总控制方案、对成本计划估算过程的说明及对降低成本途径的分析等。

②间接成本计划。主要反映项目间接成本的计划数及降低额,在计划制订中,成本项目应与会计核算中间接成本项目的内容一致。

此外,项目成本计划还应包括项目经理对可控责任目标成本进行分解后形成的各个实施性计划成本,即各责任中心的责任成本计划。责任成本计划又包括年度、季度和月度责任成本计划。

(2)成本计划的编制方法。

①目标利润法。是指根据项目的合同价格扣除目标利润后得到目标成本的方法。在采用正确的投标策略和方法以最理想的合同价中标后,项目经理部从标价中减去预期利润、税金、应上缴的管理费等,之后的余额即为项目实施中所能支出的最大限额。

②技术进步法。是以项目计划采取的技术组织措施和节约措施所能取得的经济效果为项目成本降低额,为项目目标成本的方法。即:

$$项目目标成本=项目成本估算值-技术节约措施计划节约额(或降低成本额) \quad (3\text{-}18)$$

③按实计算法。是以项目的实际资源消耗测算为基础,根据所需资源的实际价格,详细计算各项活动或各项成本组成的目标成本。

$$人工费=\sum 各类人员计划用工量\times 实际工资标准 \quad (3\text{-}19)$$

$$材料费=\sum 各类材料的计划用量\times 实际材料基价 \quad (3\text{-}20)$$

$$施工机械使用费=\sum 各类机械的计划台班量\times 实际台班单价 \quad (3\text{-}21)$$

在此基础上,由项目经理部生产和财务管理人员结合施工技术和管理方案等测算措施费、项目经理部的管理费等,最后构成项目的目标成本。

④定率估算法(历史资料法)。当项目非常庞大和复杂而需要分为几个部分时采用的方法。首先将项目分为若干子项目,参照同类项目的历史数据,采用算术平均法计算子项目目标成本降低率和降低额,然后再汇总整个项目的目标成本降低率、降低额。在确定子项目成本降低率时,可采用加权平均法或三点估算法。

3. 成本控制

成本控制是指在项目实施过程中,对影响项目成本的各项要素,即施工生产所耗费的人力、物力和各项费用开支,采取一定措施进行监督、调节和控制,及时预防、发现和纠正偏差,保证项目成本目标的实现。成本控制应贯穿于项目建设的各个阶段,是项目成本管理的核心内容,也是项目成本管理 中不确定因素最多、最复杂、最基础的管理内容。

(1)项目成本控制的内容和过程。项目成本控制的主要内容包括项目决策成本控制、投标费用控制、设计成本控制和施工成本控制等内容。

①项目成本的计划预控。是指应运用计划管理的手段事先做好各项建设活动的成本安排,使项目预期成本目标的实现建立在有充分技术和管理措施保障的基础上,为项目的技术与资源的合理配置和消耗控制提供依据。控制的重点是优化项目实施方案(包括工程总承包项目的设计方案)、合理配置资源和控制生产要素的采购价格。

②项目成本运行过程控制。是指控制实际成本的发生,包括实际采购费用发生过程的控制、劳动力和生产资料使用过程的消耗控制、质量成本及管理费用的支出控制。承包企业应充分发挥项目成本责任体系的约束和激励机制,提高项目成本运行过程的控制能力。

③项目成本的纠偏控制。是指在项目成本运行过程中,对各项成本进行动态跟踪核算,发现实际成本与目标成本产生偏差时,分析原因,采取有效措施予以纠偏。

(2)项目成本控制的方法。

①项目成本分析表法。是指利用项目中的各种表格进行成本分析和控制的方法。应用成本分析表法可以清晰地进行成本比较研究。常见的成本分析表有月成本分析表、成本日报或周报表、月成本计算及最终预测报告表。

②工期—成本同步分析法。成本控制与进度控制之间有着必然的同步关系。因为成本是伴随着工程进展而发生的。如果成本与进度不对应,说明项目进展中出现虚盈或虚亏的不正常现象。

施工成本的实际开支与计划不相符,往往是由两个因素引起的:一是在某道工序上的成本开支超出计划;二是某道工序的施工进度与计划不符。因此,要想找出成本变化的真正原因,实施良好、有效的成本控制措施,必须与进度计划的适时更新相结合。

③挣值分析法。挣值分析法是对工程项目成本/进度进行综合控制的一种分析方法。通过比较已完工程预算成本(Budget Cost of the Work Performed ,BCWP)与已完工程实际成本(Actual Cost of the Work Performed,ACWP)之间的差值,可以分析由于实际价格的变化而引起的累计成本偏差;通过比较已完工程预算成本(BCWP)与拟完工程预算成本(Budget Cost of the Work Scheduled ,BCWS)之间的差值,可以分析由于进度偏差而引起的累计成本偏差。并通过计算后续未完工程的计划成本余额,预测其尚需的成本数额,从而为后续工程施工的成本、进度控制及寻求降低成本挖潜途径指明方向。

④价值工程方法。价值工程方法是对项目进行事前成本控制的重要方法,在项目的设计阶段,研究工程设计的技术合理性,探索有无改进的可能性,在提高功能的条件下,降低成本。在项目的施工阶段,也可以通过价值工程活动,进行施工方案的技术经济分析,确定最佳施工方案,降低施工成本。

4. 成本核算

成本核算是承包企业利用会计核算体系,对项目建设工程中所发生的各项费用进行归集,统计其实际发生额,并计算项目总成本和单位工程成本的管理工作。项目成本核算是承包企业成本管理最基础的工作,它所提供的各种信息,是成本预测、成本计划、成本控制和成本考核等的依据。

(1)项目成本核算的对象的对象和范围

承包企业的项目经理部应建立和健全以单位工程为对象的项目成本核算账务体系,严格区分企业经营成本和项目生产成本,在项目实施阶段不对企业经营成本进行分摊,以正确反映项目可控成本的收、支、结、转状况和项目成本管理的业绩。

承包企业的项目成本核算应以项目经理责任成本目标为基本核算范围;以项目经理授权范围相对应的可控责任成本为核算对象,进行全过程分月跟踪核算。根据工程当月形象进度,对已完实际成本按照分部分项工程进行归集,并与相应范围的计划成本进行比较,分析各分部分项工程成本偏差的原因,并在后续工程中采取有效控制措施并进一步寻找降本挖潜的途径。企业的项目经理部应在每月成本核算的基础上编制当月成本报告,作为项目施工月报的组成内容,提交企业主管领导、生产管理和财务部门审核备案。

(2)项目成本核算的方法

①表格核算法。是建立在内部各项成本核算基础上,由各要素部门和核算单位定期采集信息,按有关规定填制一系列的表格,完成数据比较、考核和简单的核算,形成项目施工成本核

算体系,作为支撑项目施工成本核算的平台。表格核算法需要依靠众多部门和单位支持,专业性要求不高。其优点是比较简捷明了,直观易懂,易于操作,适时性较好。缺点是覆盖范围较窄,核算债权债务等比较困难;且较难实现科学严密的审核制度,有可能造成数据失实,精度较差。

②全计核算法。是指建立在会计核算基础上,利用会计核算所独有的借贷记账法和收支全面核算的综合特点,按项目施工成本内容和收支范围,组织项目施工成本的核算。不仅核算项目施工的直接成本,而且还要核算项目在施工生产过程中出现的债权债务、项目为施工生产而自购的工具、器具摊销、向业主的报量和收款、分包完成和分包付款等。

其优点是核算严密、逻辑性强、人为调节的可能因素较小、核算范围较大。但对核算人员的专业水平要求较高。

由于表格核算法具有便于操作和格格式自由等特点,可以根据企业管理方式和要求设置各种表格。因而对项目内各岗位成本的责任核算比较实用。承包企业除对整个企业的生产经营进行会计核算外,还应在项目上设成本会计,进行项目成本核算,减少数据的传递,提高数据的及时性,便于与表格核算的数据接口,这将成为项目施工成本核算的发展趋势。

总的说来,用表格核算法进行项目施工各岗位成本的责任核算和控制,用会计核算法进行项目施工成本核算,两者互补,相得益彰,确保项目施工成本核算工作的开展。

(3)项目成本费用的归集与分配

根据《施工企业会计核算办法》(财务[2003]27号)的规定,工程项目成本包括直接成本和间接成本。按照《企业会计准则》的规定,会计核算应当以实际发生的经济业务为依据,如实反映财务状况和经营成果;会计信息应当符合国家宏观经济管理的要求。满足有关各方了解企业财务状况和经营成果的需要,满足企业加强内部经营管理的需要,各施工企业在成本核算时,在符合《企业会计制度》和《企业会计准则》的前提下,根据企业经营管理的需要划分成本、费用的类型。例如,在工程项目的成本核算中,可根据《建筑安装工程费用项目组成》(建标[2003]206号文件)规定,将直接费的组成内容,即人工费、材料费、施工机械使用费和措施费计入直接成本;将间接费组成内容中的管理费支出计入间接成本。在进行成本核算时,能够直接计入有关成本核算对象的,直接计入;不能直接计入的,采用一定的分配方法分配计入各成本核算对象成本,然后计算出各施工项目的实际成本。

①人工费。人工费计入成本的方法,一般应根据企业实行的具体工资制度而定。在实行计件工资制度时,所支付的工资一般能分清受益对象,应根据"工程任务单"和"工资计算汇总表"将归集的工资直接计入成本核算对象的人工费成本项目中。实行计时工资制度时,在只存在一个成本核算对象或者所发生的工资能分清是服务于哪个成本核算对象时,方可将之直接计入,否则,就需将所发生的工资在各个成本核算对象之间进行分配,再分别计入。一般采用实用工时比例或定额工时比例进行分配。计算公式为:

$$工资分配率 = \frac{建筑安装工人工资总额}{各项目实用工时(或定额工时)总和} \tag{3-22}$$

$$某项工程应分配的人工费 = 该项工程实用工时 \times 工资分配率 \tag{3-23}$$

②材料费。项目耗用的材料,应根据限额领料单、退料单、报损报耗单,大堆材料耗用计算单等计入项目成本。凡领料时能点清数量、分清成本核算对象的,应在有关领料凭证(如限额领料单)上注明成本核算对象名称,据以计入成本核算对象。领料时虽能点清数量、但需集中

配料或统一下料的，则由材料管理人员或领用部门，结合材料消耗定额将材料费分配计入各成本核算对象。领料时不能点清数量和分清成本核算对象的，由材料管理人员或施工现场保管员保管，月末实地盘点结存数量，结合月初结存数量和本月购进数量，倒推出本月实际消耗量，再结合材料耗用定额，编制“大堆材料耗用计算表”，据以计入各成本核算对象的成本。工程竣工后的剩余材料，应填写“退料单”据以办理材料退库手续，同时冲减相关成本核算对象的材料费。施工中的残次材料和包装物，应尽量回收再用，冲减工程成本的材料费。

③施工机械使用费。按自有机械和租赁机械分别加以核算。从外单位或本企业内部独立核算的机械站租入施工机械支付的租赁费，直接计入成本核算对象的机械使用费。如租入的机械是为两个或两个以上的工程服务，应以租入机械所服务的各个工程受益对象提供的作业台班数量为基数进行分配，计算公式如下：

$$\text{平均台班租赁费}=\frac{\text{支付的租赁费总额}}{\text{租入机械作业总台班数}} \tag{3-24}$$

自有机械费用应按各个成本核算对象实际使用的机械台班数计算所分摊的机械使用费，分别计入不同的成本核算对象成本中。

在施工机械使用费中，占比重最大的往往是施工机械折旧费。按现行财务制度规定，承包企业计提折旧一般采用平均年限法和工作量法。技术进步较快或使用寿命受工作环境影响较大的施工机械和运输设备，经国家财政主管部门批准，可采用双倍余额递减法或年数总和法计提折旧。

④措施费。凡能分清受益对象的，应直接计入受益成本核算对象中。如与若干个成本核算对象有关的，可先归集到措施费总账中，月末再按适当的方法分配计入有关成本核算对象的措施费中。

⑤间接成本。凡能分清受益对象的间接成本，应直接计入受益成本核算对象中去。否则先在项目“间接成本”总账中进行归集，月末再按一定的分配标准计入受益成本核算对象。分配的方法：土建工程是以实际成本中直接成本为分配依据，安装工程则以人工费为分配依。计算公式如下：

$$\text{土建（安装）工程间接成本分配率}=\frac{\text{土建（安装）工程分配的间接成本总额}}{\text{全部土建工程直接成本（安装工程人工费）总额}} \tag{3-25}$$

$$\text{某土建（安装）分配的间接成本}=\text{该土建工程直接成本（安装工程人工费）}\times\text{土建（安装）工程间接成本分配率} \tag{3-26}$$

5．成本分析

成本分析是揭示项目成本变化情况及其变化原因的过程。成本分析为成本考核提供依据，也为未来的成本预测与成本计划编制指明方向。

(1)项目成本的分析方法。成本分析的基本方法包括：比较法、因素分析法、差额计算法、比率法等。

①比较法。又称指标对比分析法，是通过技术经济指标的对比，检查目标的完成情况，分析产生差异的原因，进而挖掘内部潜力的方法。其特点是通俗易懂、简单易行、便于掌握，因而得到广泛应用。比较法的应用，通常有下列形式：

a. 将本期实际指标与目标指标对比。以此检查目标完成情况，分析影响目标完成的积极因素和消极因素，以便及时采取措施，保证成本目标的实现。

b. 本期实际指标与上期实际指标对比。通过这种对比，可以看出各项技术经济指标的变动情况，反映项目管理水平的提高程度。

c. 本期实际指标与本行业平均水平、先进水平对比。通过这种对比，可以反映本项目的技术管理和经济管理水平与行业的平均和先进水平的差距，进而采取措施赶超先进水平。

在采用比较法时，可采取绝对数对比、增减差额对比或相对数对比等多种形式。

②连环代替法

连环代替法又叫因素分析法，也叫连锁代替法。这种方法可用来分析各项因素对成本的影响程度。在进行分析时，首先要假定众多因素中的一个因素发生变化，其他因素则不变，在前一个因素变动的基础上分析第二个因素的变动，然后逐个替换，分别比较其计算结果，以确定各个因素的变化对成本的影响程度。并据此对企业的成本计划执行情况进行评价，并提出进一步的改进措施。

连环代替法的基本过程为：

a. 以各个因素的计划数为基础，计算出一个总数。

b. 逐项以各个因素的实际数替换计划数。

c. 每次替换后，实际数就被保留下来，直到所有计划数都替换成实际数为止。

d. 每次替换后，都应求出新的计算结果。

e. 最后将每次替换所得结果，与其相邻的前一个计算结果比较，其差额即为替换的那个因素对总差异的影响程度。

【例 3-6】　某施工企业承包一工程，计划干砌片石工程量 1 200m^3，按预算定额要求：每 10m^3 耗用片石 12.5m^3，每立方米片石计划价格为 40 元；而实际干砌片石工程量却达1 500m^3，每立方米实耗片石 12 m^3，每立方米片石实际购入价为 50 元。试用连环代替法进行成本分析。

解：干砌片石工程的片石成本计算公式为：

$$片石成本 = 片石工程量 \times 每立方米片石消耗量 \times 片石价格$$

采用连环代替法就上述两个因素分别对片石成本的影响进行分析。计算过程和结果如表 3-4 所示。

砌砖工程红砖成本分析表　　表 3-4

计算顺序	干砌片石工程量（m^3）	每 m^3 片石消耗量（m^3）	片石价格（元）	片石成本（元）	差异数（元）	差异原则
1	2	3	4	5 = 2 × 3 × 4	6	7
计划数	1 200	1.25	40	60 000		
第一次代替	1 500	1.25	40	75 000	15 000	由于工程量增加
第二次代替	1 500	1.2	50	72 000	−3 000	由于片石节约
第三次代替	1 500	1.2	50	90 000	18 000	由于价格提高
合计					30 000	

从以上分析结果表明，实际片石成本比计划超了 30 000 元，主要原因是由于工程量增加和片石价格提高引起的；另外，由于节约片石消耗，使片石成本节约了 3 000 元，这是好的现象，应该总结经验，继续发扬。

通过以上分析，可以全面了解单位工程的成本构成和降低成本的来源，对今后同类工程的成本管理很有参考价值。

6. 成本考核

成本考核是在工程项目建设的过程中或项目完成后，定期对项目形成过程中的各级单位成本管理的成绩或失误进行总结与评价。通过成本考核，给予责任者相应的奖励或惩罚。承包企业应建立和健全项目成本考核制度，作为项目成本管理责任体系的组成部分。考核制度应对考核的目的、时间、范围、对象、方式、依据、指标、组织领导以及结论与奖惩原则等作出明确规定。

1）项目成本考核的内容

承包企业项目成本的考核，包括企业对项目成本的考核和企业对项目经理部可控责任成本的考核。企业对项目成本的考核包括对项目设计成本和施工成本目标（降低额）完成情况的考核和成本管理工作业绩的考核。企业对项目经理部可控责任成本的考核包括：

①项目成本目标和阶段成本目标完成情况；

②建立以项目经理为核心的成本管理责任制的落实情况；

③成本计划的编制和落实情况；

④对各部门、各施工队和班组责任成本的检查和考核情况；

⑤在成本管理中贯彻责权利相结合原则的执行情况。

除此之外，为层层落实项目成本管理工作，项目经理对所属各部门、各施工队和班组也要进行成本考核，主要考核其责任成本的完成情况。

2）项目成本考核指标

（1）企业的项目成本考核指标。

①项目设计成本降低额和降低率：

$$\text{项目设计成本降低额} = \text{项目设计合同成本} - \text{项目设计预算成本} \tag{3-27}$$

$$\text{项目设计成本降低率} = \frac{\text{项目设计成本降低额}}{\text{项目设计合同成本}} \times 100\% \tag{3-28}$$

②项目施工成本降低额和降低率：

$$\text{项目施工成本降低额} = \text{项目施工合同成本} - \text{项目实际施工成本} \tag{3-29}$$

$$\text{项目施工成本降低率} = \frac{\text{项目施工成本降低额}}{\text{项目施工合同成本}} \times 100\% \tag{3-30}$$

（2）项目经理部可控责任成本考核指标。

①项目经理责任目标总成本降低额和降低率：

$$\text{目标总成本降低额} = \text{项目经理责任目标总成本} - \text{项目竣工结算总成本} \tag{3-31}$$

$$\text{目标总成本降低率} = \frac{\text{目标总成本降低额}}{\text{项目经理责任目标总成本}} \times 100\% \tag{3-32}$$

②施工责任目标成本实际降低额和降低率：

$$\text{施工责任目标成本实际降低额} = \text{施工责任目标总成本} - \text{工程竣工结算总成本} \tag{3-33}$$

$$\text{施工责任目标成本实际降低率} = \frac{\text{施工责任目标成本实际降低额}}{\text{施工责任目标总成本}} \times 100\% \tag{3-34}$$

③施工计划成本实际降低额和降低率：

$$\text{施工计划成本实际降低额} = \text{施工计划总成本} - \text{工程竣工结算总成本} \tag{3-35}$$

$$\text{施工计划成本实际降低率} = \frac{\text{施工计划成本实际降低额}}{\text{施工计划总成本}} \times 100\% \tag{3-36}$$

承包企业应充分利用项目成本核算资料和报表，由企业财务审计部门对项目经理部的成本和效益进行全面审核，在此基础上做好项目成本效益的考核与评价，并按照项目经理部的绩效，落实成本管理责任制的激励措施。

第五节　工程项目财务分析

一、工程项目收益估算

工程项目收益是项目建设及运营过程中所取得的财务效益与支出的财务费用之间比较的结果。财务效益与费用分析是财务分析的重要基础，其估算的准确性与可靠程度对项目财务分析影响巨大。财务效益和费用估算应遵循“有无对比”的原则，正确识别和估算“有项目”和“无项目”状态的财务效益和费用。财务效益与费用估算应反映行业特点，符合依据明确、价格合理、方法适宜和表格清晰的要求。

1．财务效益估算

财务效益估算应与项目性质和项目目标相联系。项目的财务效益是指项目实施后所获得的营业收。对于适用增值税的经营性项目，除营业收入外，其可得到的增值税返还也应作为补贴收入计入财务收益；对于非经营性项目，财务效益应包括可能获得的各种补贴收入。

1）营业收入的估算

营业收入是指销售产品或者提供服务所获得的收入，是现金流量表中现金流入的主体，也是利润表的主要科目。

(1)营业收入估算的基础数据，包括产品或服务的数量和价格，都与市场的预测密切相关。在估算营业收入时，应对市场预测的相关结果以及建设规模、产品或服务方案进行概括描述或确认，特别应对采用价格的合理性进行说明。

(2)工业项目评价中营业收入的估算基于一项重要假定，即当期的产出（扣除自用量后）等于当期全部销售，也就是当期商品产量等于当期销售量。主副产品（或不同等级产品）的销售收入应全部计入营业收入，其中某些行业的产品成品率按行业习惯或规定；其他行业提供的不同类型服务收入也应同时计入营业收入。

(3)分年运营量可根据经验确定负荷后计算或通过制订销售（运营）计划确定。

①按照市场预测的结果和项目具体情况，根据经验直接判定分年的负荷率。判定时应考虑项目性质、技术掌握难易程度、产出的成熟度及市场的开发程度等诸多因素。

②根据市场预测的结果，结合项目性质、产出特性和市场的开发程度制定分年运营计划，进而确定各年产出数量。相对而言，这种做法更具合理性，国际上多采用这种做法。

③运营计划或分年负荷的确定不应是固定的模式，应强调具体项目具体分析。一般开始投产时负荷较低，以后各年逐步提高，提高的幅度取决于上述因素的分析结果。有些项目的产出寿命期较短，更新快，达到一定负荷后，在适当的年份开始减少产量，甚至适时终止生产。

2）补贴收入的估算

某些项目还应按有关规定估算 企业可能得到的补贴收入（仅包括与收益相关的政府补助，与资产相关的政府补助不在此处核算，与资产相关的政府补助是指企业取得的、用于构建或以其他方式形成长期资产的政府补助），包括先征后返的增值税、按销量或工作量等依据国家规定的补助定额计算并按期给予的定额补贴，以及属于财政扶持而给予的其他形式的补贴等。以上几类补贴收入，应根据财政、税务部门的规定，分别计入或不计入应税收入。

2. 财务费用估算

项目所支出的财务费用主要包括投资、成本费用和税金等。

1）投资

在项目财务费的估算中，投资主要包括建设投资、建设期贷款利息和流动资金三部分。

（1）建设投资。建设投资是项目费用的重要组成部分，是项目财务分析的基础数据，可根据项目前期研究的不同阶段、对投资估算精度的要求及相关规定选用估算方法，从而在给定的建设规模、产品方案和工程技术方案的基础上，估算项目建设所需的费用。建设投资的构成可按概算分类法或按形成资产法分类。

①按概算法分类。建设投资由工程费用、工程建设其他费用和预备费三部分构成。其中工程费用又由建筑工程费、设备购置费（含工器具及生产家具购置费）和安装工程费构成；工程建设其他费用内容较多，且随行业和项目的不同而有所区别。预备费包括基本预备费和涨价预备费。

②按形成资产法分类。建设投资由形成固定资产的费用、形成无形资产的费用、形成其他资产的费用和预备费四部分组成。固定资产费用是指项目投产时直接形成固定资产的建设投资，包括工程费用和工程建设其他费用中按规定将形成固定资产的费用，后者被称为固定资产其他费用，主要包括建设单位管理费、可行性研究费、研究试验费、勘察设计费、环境影响评价费、场地准备及临时设施费、引进技术和进口设备其他费、工程保险费、联合试运转费、特殊设备安全监督检测费和市政公用设施建设及绿化费等；无形资产费用是指将直接形成无形资产的建设投资，主要是专利权、非专利技术、商标权、土地使用权和商誉等。其他资产费用是指建设投资中除形成固定资产和无形资产以外的部分，如生产准备及开办费等。

（2）建设期贷款利息。建设期贷款利息是指筹措债务资金时在建设期内发生并按规定允许在投产后计入固定资产原值的利息，即资本化利息。

（3）流动资金。流动资金是指运营期内长期占用并周转使用的营运资金，不包括运营中需要的临时性营运资金。

2）成本费用

成本费用是指项目生产运营支出的各种费用。成本估算应与营业收入的计算口径一致，各项费用应划分清楚，防止重复计算或者低估费用支出。按财务评价的特定要求，分为总成本费用和经营成本。

（1）总成本费用估算。总成本费用是指在运营期内为生产产品或提供劳务所发生的全部费用。总成本费用估算的行业性很强，估算应注意反映行业特点，或从行业规定。以下所述的总成本费有估算方法与注意事项适用于工业项目，在折旧、摊销、利息和某些费用计算方面也基本适用于其他行业。

①项目评价中通常采用生产要素法估算总成本费用。采用生产要素估算法时，总成本费用的构成如下：

$$\text{总成本费有}=\text{外购原材料、燃料和动力费}+\text{工资及福利费}+\text{折旧费}+\text{摊销费}+\text{修理费}+\text{财务费用(利息支出)}+\text{其他费用} \tag{3-37}$$

各部分的内容和估算要点如下：

a. 外购原材料和燃料动力费估算。按“生产要素法”估算总成本费用时，原材料和燃料动力费是指外购的部分，外购原材料和燃料动力费的估算需要相关专业所提出的外购原材料和燃料动力年耗用量，以及在选定价格体系下的预测价格，该价格应按入库价格计，即到厂价格并考虑途库损耗。采用的价格时点和价格体系应与营业收入的估算一致。外购原材料和燃料动力费用估算要充分体现行业特点和项目具体情况。

b. 人工工资及福利费估算。财务分析中的人工工资及福利费，是指企业为获得职工提供的服务而给予各种形式的报酬，通常包括职工工资、奖金、津贴和补贴，职工福利费。医疗保险费、养老保险费、失业保险费、工伤保险费、生育保险费等社会保险费和住房公积金中由企业缴付的部分，应按规定计入其他管理费用。按“生产要素法”估算总成本费用时人工工资及福利费系按项目全部人员数量估算。确定人工工资及福利费时需考虑项目性质、项目地点、行业特点等因素。依托老企业的项目，还要考虑原企业工资水平。

根据不同项目的需要，财务分析中可视情况选择按项目全部人员年工资的平均数值计算或者按照人员类型和层次分别设定不同档次的工资进行计算。

c. 固定资产原值及折旧费的估算。固定资产原值按照建设项目总投资中形成固定资产的费用计算。有关折旧方法与年折旧额的计算可参见本章第二节的有关内容。

d. 固定资产修理费的估算。修理费是指为保持固定资产的正常运转和使用，充分发挥使用效能，对其进行必要修理所发生的费用，按照修理范围的大小和修理时间间隔的长短可以分为大修理和中小修理。修理费允许直接在成本中列支，如果当期发生的修理费用数额较大，可实现预提或摊销的办法。

当按“生产要素法”估算总成本费用时，固定资产修理费系指项目全部固定资产修理费。可直接按固定资产原值（扣除所含的建设期利息）的一定百分数估算。百分数的选取应考虑行业和项目特点。在生产运营的各年中，修理费率的取值，一般采用固定值。根据项目特点也可以间断性的调整修理费率，开始取较低值，以后取较高值。

e. 无形资产和其他资产原值及摊销费用估算。无形资产原值是指项目投产时按规定由投资形成无形资产的部分。

按照有关规定，无形资产从开始之日起，在有效使用期限内平均摊入成本。法律和合同规定了法定有效期限或者受益年限的，摊销年限从其规定，否则，摊销年限应注意符合税法要求。无形资产的摊销一般采用平均年限法，不计残值。其他资产的摊销可以采用平均年限法，不计残值，摊销年限应注意符合税法要求。

f. 其他费用估算。其他费用包括其他制造费用、其他管理费用和其他营业费用这三项费用，系指由制造费用、管理费用和营业费用中分别扣除工资及福利费、折旧费、摊销费、修理费以后的其余部分。产品出口退税和减免税项目按规定不能抵扣的进项税额也包括在内。

g. 利息支出。按照会计法规，企业为筹集所需资金而发生的费用称为借款费用，又称财务费用，包括利息支出（减利息收入）、汇总损失（减汇总收益）以及相关的手续费等。在大多数项目的财务分析中，通常只考虑利息支出。利息支出的估算包括长期借款利息，流动资金借款利息和短期借款利息三部分。

②采用生产（服务）成本加期间费用估算总成本费用时，需要各分单元（如分车间、装置或生产线）的有关数据或每种服务的有关数据，主要有原材料和公用工程消耗，各车间、装置或生产线等的定员和固定资产原值等。要先分别估算各分单元的生产（服务）成本，再加总得出

总的生产(服务)成本,然后与期间费用(管理费用、营业费用和财务费用)相加得到总成本费用。采用生产成本加期间费用法时,总成本费用的计算可按下式计算:

$$总成本费用 = 生产成本 + 期间费用 \tag{3-38}$$

$$生产成本 = 直接材料费 + 直接燃料和动力费 + 直接工资 + 其他直接支出 + 制造费用 \tag{3-39}$$

$$期间费用 = 管理费用 + 营业费用 + 财务费用 \tag{3-40}$$

当会计制度与税收制度的相关规定有矛盾时,应按从税收原则处理。

③固定成本和可变成本。根据成本费用与产量的关系可以将总成本费用分解为可变成本、固定成本和半可变(半固定)成本。

固定成本是指不随产品产量变化的各项成本费用。可变成本是指随产品产量增减而成正比例变化的各项费用。有些成本费用属于半可变(或半固定)成本,例如不能熄灭的工业炉的燃料费用等。工资、营业费用和流动资金利息等也都可能既有可变因素、又有固定因素。必要时需将半可变(或半固定)成本进一步分解为可变成本和固定成本,使产品成本费用最终划分为可变成本和固定成本。长期借款利息应视为固定成本,流动资金借款和短期借款利息可能部分与产品产量有关,其利息可视为半可变半固定成本,为简化计算,一般也将其作为固定成本。

(2)经营成本估算。经营成本是指财务分析的现金流量分析中所使用的特定概念,作为项目现金流量表中运营期现金流出的主体部分,应得到充分的重视。经营成本是指总成本费用扣除固定资产折旧费、摊销费和财务费用后的成本费用。其计算公式为:

$$经营成本 = 总成本费用 - 折旧费 - 摊销费 - 财务费用 \tag{3-41}$$

或

$$经营成本 = 外购原材料、燃料和动力费 + 工资及福利费 + 修理费 + 其他费用 \tag{3-42}$$

3)税金

项目财务分析中所涉及的税金主要包括关税、增值税、营业税、消费税、所得税、资源税、城市维护建设税和教育费附加等,有些行业还包括土地增值税。税种和税率的选择,应根据相关税法和项目的具体情况确定。如有减免税优惠,应说明依据及减免方式并按相关规定估算。

在进行项目收益计算时,营业税、消费税、土地增值税、资源税和城市维护建设税、教育费附加均可包含在营业税金及附加中。

3. 利润的形成及分配

1)利润的计算

利润是工程项目收益的主要表现形式之一,是在财务收益和费用估算的基础上,反映一定时期内所取得的财务成果。其基本的计算公式为:

$$利润总额 = 营业收入 - 总成本费用 - 营业税金及附加 \tag{3-43}$$

2)利润的分配

企业实现的利润总额,按照国家规定做相应的调整后,依法缴纳所得税。企业缴纳所得税后形成的净利润,除国家另有规定外,按照下列顺序分配:

(1)弥补企业以前年度亏损。企业发生的年度亏损,在连续5年内未能用税前利润弥补的,应用税后利润弥补。

(2)提取法定公积金。法定公积金按照税后利润扣除弥补亏损后余额的10%提取,法定公积金达到注册资本的50%时可不再提取。法定公积金可用于弥补亏损或用于转增资本金,转为资本时,所留存的该项公积金不得少于转增前公司注册资本的25%。

(3)提取任意公积金。提取法定公积金后,经股东会或者股东大会决议,还可以从税后利润中提取任意公积金。

(4)向投资者分配利润。企业当期实现的净利润,加上年初未分配利润扣除前三项的余额后,为可供投资者分配的利润。有限责任公司股东按照实缴的出资比例分取红利,股份有限公司按照股东持有的股份比例分配,但股份有限公司章程规定不按持股比例分配的除外。公司持有的本公司股份不得分配利润。

可供投资者分配的利润经过上述分配后的余额,即为未分配利润(或未弥补亏损)。未分配利润可留待以后年度进行分配。企业如发生亏损,可以按规定由以后年度利润进行弥补。

二、项目盈利能力分析

1. 主要的会计要素

项目的盈利能力分析往往与会计要素有关。根据《企业会计准则》,会计要素包括资产、负债、所有者权益、收入、费用和利润。其中,后三个要素前已述及,此处重点介绍前三个要素。

1)资产

资产是指过去的交易、事项形成并由企业拥有或控制的资源,该资源预期会给企业带来经济效益。资产按其流动性可以分为流动资产、长期投资、固定资产、无形资产和其他资产。资产的分类与管理已在本章第二节中述及。

2)负债

负债是指过去的交易、事项形成的现时义务,履行该义务预期会导致经济利益流出企业。企业的负债按其流动性(即负债的偿付期限的长短),分为流动负债和长期负债。

(1)流动负债。是指在1年(含1年)或者超过1年的一个营业周期内偿还的债务,包括短期借款、应付票据、应付账款、预收账款、应付工资、应付福利费、应付股利、应交税金、其他暂收应付款项、预提费用和一年内到期的长期借款等。

①短期借款。是指企业借入的期限在1年以下的各种借款。

②应付票据。是由出票人出票,委托付款人在指定日期无条件支付确定的金额给收款人或者持票人的票据。

③应付账款。是指因购买材料、商品或者接受劳务等而发生的债务。

④预收账款。是买卖双方根据协议的规定,由购货方预先支付一部分货款给供应方而产生的一种负债。

⑤应付工资。是企业对职工个人支付劳动报酬而产生的一种负债。

⑥应付福利费。是企业准备用于职工福利方面的资金。

⑦应付股利。是企业分配给投资者的现金股利或者利润在未支付之前所形成的一项负债。

⑧应交税金。是指企业按照国家税法的规定而尚未交纳税金所形成的一种负债。

⑨预提费用。是指预先提取计入成本、费用但尚未实际支付的项目所形成的一种负债。

(2)长期负债。是指偿还期在1年或者超过1年的一个营业周期以上的负债,包括长期借款、应付债券、长期应付款等。

①长期借款。是指企业向银行或者其他金融机构借入的、偿还期在1年(不含1年)以上的借款。

②应付债券。是企业为筹集长期资金而对外发行债券所形成的一种负债。

③长期应付款。主要包括应付补偿贸易引进设备款、应付融资租赁款等长期债务。

3)所有者权益

所有者权益是指所有者在企业资产中享有的经济利益,其金额为资产减去负债后的余额。所有者权益包括投入资本(或者股东)、直接计入所有者权益的利得和损失、盈余公积和未分配利润。

(1)投入资本(股东)。投入资本是指投资者按照企业章程,或合同、协议的约定,实际投入企业的资本。我国实行的是注册资本制,因而,在投资者足额缴纳资本之后,企业的投入资本应该等于企业的注册资本。

(2)直接计入所有者权益的利得和损失。是指由于资本溢价、接受捐赠资产等原因导致的资本积累。其项目主要包括:

①资本(或股东)溢价。是指企业投资者投入的资金超过其在注册资本中所占份额的部分。

②接受非现金资产捐赠准备。是指企业因接受非现金资产捐赠而增加的资本公积。

③接受现金捐赠。是指企业因接受现金捐赠而增加的资本公积。

④股权投资准备。是指企业对被投资单位的长期股权投资采用权益法核算时,因被投资单位接受捐赠等原因增加的资本公积,企业按其持股比例计算而增加的资本公积。

⑤拨款转入。是指企业收到国家拨入的专门用于技术改造、技术研究等的拨款项目完成后,按规定转入资本公积的部分。

⑥外币资本折算差额。是指企业接受外币投资因所采用汇率不同而产生的资本折算差额。

⑦其他。是指除上述各项资本公积以外所形成的资本积累,以及从资本积累各准备项目转入的金额。债权人豁免的债务也在本项目中反映。

(3)盈余公积。企业的盈余公积包括:

①法定公积金。是指企业按照规定的比例从净利润中提取的盈余公积。

②任意公积金。是指企业经股东大会或类似机构批准按照规定的比例从净利润中提取的盈余公积。

③未分配利润。未分配利润是指企业利润经过分配程度后剩下的结余额。

2. 项目盈利能力分析指标。

项目盈利能力分析的主要指标包括项目投资财务内部收益率和财务净现值、项目资本金财务内部收益率、投资回收期、总投资收益率、项目资本金净利润率等,可根据项目的特点及财务分析的目的、要求等选用。

1)财务内部收益率(FIRR)

财务内部收益率是评价项目盈利能力的动态指标。按分析范围和对象不同,财务内部收益率可分为项目财务内部收益率、资本金收益率(即资本金财务内部收益率)和投资各方收益率(即投资各方财务内部收益率)。

(1)财务内部收益率。是考察项目融资方案确定前(未计算借款利息)且在所得税前整个项目的盈利能力,供决策者进行项目方案比选和银行金融机构进行信贷决策时参考。

由于项目各融资方案的利率不尽相同,所得税税率与享受的优惠政策也可能不同,在计算项目财务内部收益率时,不考虑利息支出和所得税,是为了保持项目方案的可比性。

(2)资本金收益率。是以项目资本金为计算基础,考察所得税后资本金可能获得的收益水平。

(3)投资各方收益率。是以投资各方出资额为计算基础,考察投资各方可能获得的收益水平。

项目财务内部收益率(FIRR)的判别依据,应采用行业发布或者评价人员设定的财务基准收益率(ic),当 FIRR≥ic 时,即认为项目的盈利能力满足要求。资本金和投资各方收益率应与出资方最低期望收益率对比,判断投资方收益水平。

2)财务净现值(FNPV)

财务净现值是评价项目盈利能力的绝对指标,它反映项目在满足按设定折现率要求的盈利之外,获得的超额盈利的现值。财务净现值 FNPV≥0,表明项目的盈利能力达到或者超过按设定的折现率计算的盈利水平。可根据需要选择计算所得税前财务净现值或所得税后净现值。

3)项目投资回收期(Pt)

项目投资回收期可根据项目投资现金流量表计算。项目投资回收期越短,表明项目的盈利能力和抗风险能力越好。投资回收期的判别标准是基准投资回收期,其取值可根据行业水平或者投资者的要求设定。

4)总投资收益率(ROI)

总投资收益率表示总投资的盈利水平。总投资收益率高于同行业的收益率参考值,表明用总投资收益率表示的盈利能力满足要求。

5)项目资本金净利润率(ROE)

项目资本金净利润率表示项目资本金的盈利水平。项目资本金净利润率高于同行业的净利润率参考值,表明用项目资本金净利润率表示的盈利能力满足要求。

三、项目清偿能力分析

项目偿债能力分析同样是项目财务分析的重要内容之一。评价项目借款偿债能力,需要根据有关财务报表,计算利息备付率、偿债备付率和资产负债率等指标,分析判断财务主体的偿债能力。

1. 利息备付率

利息备付率应当大于1,并结合债权人的要求确定。利息备付率越高。表明利息偿付的保障程度越高。

2. 偿债备付率

偿债备付率应当大于1,并结合债权人的要求确定。偿债备付率越高,表明可用于还本付息的资金保障程度越高。

3. 借款偿还期

利息备付率和偿债备付率都是反映项目在借款偿还期内偿债能力的指标,但有时借款偿还期难以设定,此时可以先大致估算出借款偿还期,再采用适宜的方法计算出每年需要还本和付息的金额,代入公式计算利息备付率和偿债备付率指标。

需要注意的是,借款偿还期指标只是为估算利息备付率和偿债备付率指标所用,不应与利息备付率和偿债备付率指标并列。

4. 资产负债率

资产负债率是各期末负债总额除以资产总额的百分比。资产负债率反映债权人所提供的资本占全部资本的比例。这个指标也被称为举债经营比率。也可以衡量企业在清算时保护债权人利益的程度。计算公式如下：

$$资产负债率=(负债总额/资产总额)\times 100\% \qquad (3\text{-}44)$$

式中的负债总额不仅包括长期负债,还包括短期负债。这是因为,短期负债作为一个整体,企业总是长期占有,可以视为长期性资本来源的一部分。例如,一个应付账款明细科目可能是短期性的,但企业总是长期性地保持一个相对稳定的应付账款总额。这部分应付账款可以成为企业长期性资本来源的一部分。资产负债率的高低可以从以下几方面进行理解：

(1)一般情况下,资产负债率越小,表明企业长期偿债能力越强。保守的观点认为资产负债率不应高于50%,而国际上通常认为资产负债率为60%时较为适当。

(2)从债权人的角度看,他们最关心的是能否按期收回本金和利息。如果股东(或所有者)提供的资本与企业资本总额相比,只占较小的比例,则企业的风险将主要由债权人负担。因此,债权人希望企业债务比例越低越好,企业偿债有保证,贷款风险较小。

(3)从股东的角度看,由于企业通过举债筹措的资金与股东提供的资金在经营中发挥同样的作用,所以,股东所关心的是全部资金利润率是否超过借入款项的利率,即借入资本的代价。在企业所得的全部资本利润率超过因借款而支付的利息率时,股东所得到的利润就会加大。如果相反,运用全部资本所得的利润率低于借款利息率,则对股东不利,因为借入资本的多余的利息要用股东所得的利润份额来弥补。因此,从股东的角度看,在全部资本利润率高于借款利息率时,负债比例越大越好,否则反之。

(4)从经营者的角度看,如果举债超出债权人心理承受程度,企业就难以借到资金。如果企业不举债,或负债比例很小,则说明企业经营保守,对前途信心不足,利用债权人资本进行经营活动的能力很差。从财务管理的角度来看,企业应当审时度势,全面考虑,在利用资产负责率制定借入资本决策时,必须充分估计预期的利润和增加的风险,在二者之间权衡利害得失,作出正确决策。

四、财务报表

财务报表是反映企业财务状况和经营成果的总结性书面文件,包括资产负债表、损益表、现金流量表、有关附表及财务情况说明书。企业应当定期向投资者、债权人、有关的政府部门以及其他报表使用者提供财务报表。

1. 资产负债表

资产负债表是反映企业在某一特定日期财务状况的报表。资产负债表根据“资产=负债+所有者权益”这一会计等式,将日常核算工作中形成的有关账户的期末余额进行整理后编制,反映企业在某一特定日期的资产、负债、所有者权益的余额及其分布情况,是一种静态报表。资产负债表的项目,应当按资产、负债和所有者权益的类别,分项列示。

资产负债表的格式,国际上通常有报告式和账户式两种。报告式资产负债表将资产、负债和所有者权益项目按上下顺序排列,以“资产-负债=所有者权益”的关系式来表示企业的财务状况。账户式资产负债表将资产项目排列在表格的左方,将负债和所有者权益项目按上下顺序排列在表格的右方,以“资产=负债+所有者权益”的关系式来表示企业的财务状况。我国采用账户式资产负债表的格式。根据资产的流动性质,资产一方按照流动资产、长期投资、固定资产、无形资产及递延资产、其他资产的顺序排列。负债按流动负债和长期负债的顺序排列。所有者权益按照实收资本、资本公积金、盈余公积金和未分配利润的顺序排列。资产负债表采用年初数和期末数对比方式编列。

施工企业的账户式资产负债表一般格式如表3-5所示。

资产负债表　　　　表3-5

编制单位：　　　　年　月　日　　　　单位：元

资　产	行次	年初数	期末数	负债及所有者权益	行次	年初数	期末数
流动资产：				流动负债：			
货币资金				短期借款			
短期投资				应付票据			
应收票据				应付账款			
应收账款				预收账款			
减：坏账准备				其他应付款			
预付账款				应付工资			
其他应收款				应付福利费			
待摊费用				未交税金			
存货				未付利润			
其中：在建工程				其他未交款			
其他流动资产				预提费用			
待处理流动资产损失				其他流动负债			
一年内到期的长期债券投资				一年内到期的长期负债			
流动资产合计				流动负债合计			
长期投资：							
长期投资							
固定资产：							
固定资产原值							
减：累计折旧							
固定资产净值				长期负债：			
固定资产清理				长期借款			
待处理固定资产损失				应付债券			
固定资产合计				长期应付款			
专项工程：				其他长期负债			
专项工程				其中：住房周转金			
无形资产及递延资产：				专项应付款			
无形资产				长期负债合计			
递延资产							
无形资产及递延资产合计				递延税项：			
其他资产：				递延税款贷项			
临时设施				负债合计			
减：临时设施摊销							
临时设施净值				所有者权益：			
临时设施清理				实收资本			
其他长期资产				资本公积			
其他资产合计				盈余公积			
递延税项：				未分配利润			
递延税款借项				所有者权益合计			
资产总计				负债及所有者权益总计			

补充资料：①已贴现的商业承兑汇票____元；

②已包括在固定资产原价内的融资租入固定资产原价____元。

2. 损益表及其附表

损益表是反映企业在一定期间内经营成果及其分配情况的报表。损益表的项目，应当按利润的构成和利润分配各项目分项列示。利润分配部分各个项目也可另行编制利润分配表。按照我国现行规定，企业分别编制损益表和利润分配表。损益表根据"收入 - 费用 = 利润"这一会计等式，将企业根据权责发生制原则确认的某一会计期间的各项收入和费用的发生额进行整理后编制，反映企业在该会计期间的利润形成过程，是一种动态报表。

1）损益表

损益表采用上下顺序排列的报告格式，依次反映出工程结算利润、营业利润、利润总额和净利润四个层次。施工企业损益表的格式如表 3-6 所示。

损 益 表

表 3-6

编制单位： 年 月 日 单位：元

项　目	行次	本月数	本年累计数
一、工程结算收入			
减：工程结算成本			
工程结算税金及附加			
二、工程结算利润			
加：其他业务利润			
减：管理费用			
财务费用			
三、营业利润			
加：投资收益			
营业外收入			
减：营业外支出			
加：以前年度损益调整			
四、利润总额			
减：所得税			
五、净利润			

2）利润分配表

利润分配表是损益表的附表，是反映企业在一定期间内利润分配去向的报表，也是计算企业在会计期末的未分配利润数额的报表。施工企业的利润分配表的格式如表 3-7 所示。

利 润 分 配 表

表 3-7

编制单位： 年度 单位：元

项　目	行次	本年实际	去年实际
一、净利润			
加：年初未分配利润			
减：归还借款的利润			
二、可供分配的利润			
加：盈余公积补亏			
减：提取盈余公积			
应付利润			
转作奖金的利润			
三、年末未分配利润			

3. 现金流量表

现金流量表是反映在一定会计期间现金收入和支出情况的会计报表。编制现金流量表的目的,是为会计报表使用者提供企业一定会计期间内现金和现金等价物流入和流出的信息,以便于报表使用者了解和评价企业获取现金和现金等价物的能力,并据以预测企业未来现金流量。

1)现金流量的分类

现金流量是指企业现金和现金等价物的流入和流出。其中,现金是指企业库存现金及可以随时用于支付的存款,现金等价物是指企业持有的期限短、流动性强、易于转换为已知金额现金、价值变动风险很小的投资。现金流量应分为以下三类:

(1)经营活动产生的现金流量

经营活动是指企业投资活动和筹资活动以外的所有交易和事项。

(2)投资活动产生的现金流量

投资活动是指企业长期资产的购建和不包括在现金等价物范围内的投资及其处置活动。

(3)筹资活动产生的现金流量

筹资活动是指导致企业资本及债务规模和构成发生变化的活动。

2)现金流量表的格式

现金流量表采用报告式的格式,分别以经营活动、投资活动和筹资活动报告企业的现金流量。每一部分活动,均分别列示导致现金流入和现金流出的项目,并计算出该部分活动产生的现金流入小计和现金流出小计。

现金流量表采用直接法报告经营活动的现金流量(即直接列示现金的流入和流出)。编制此表时,应根据企业的日常会计记录,或通过对有关项目进行调整来取得现金流量的信息。

现金流量表还要求填列补充资料。在补充资料中,要求反映不涉及现金收支的投资和筹资活动,并采用间接法报告经营活动的现金流量(即将净利润调节为经营活动的现金流量)。现金流量表的格式如表3-8所示。

现 金 流 量 表 表3-8

编制单位: 年度 单位:元

项 目	行次	金额	补 充 资 料	行次	金额
一、经营活动产生的现金流量			1. 不涉及现金收支的投资和筹资活动		
销售商品、提供劳务收到的现金			以固定资产偿还债务		
收到的租金			以投资偿还债务		
收到的增值税销项税额和退回的增值税款			以固定资产进行投资		
			以存货偿还债务		
收到的除增值税以外的其他税费退还			2. 将净利润调节为经营活动的现金流量		
收到的其他与经营活动有关的现金			净利润		
现金流入小计			加:计提的坏账准备或转销的坏账		
购买商品、接受劳务支付的现金			固定资产折旧		
经营租赁所支付的现金			无形资产摊销		
支付给职工以及为职工支付的现金			处置固定资产、无形资产和其他长期		
支付的增值税款			资产的损失(减:收益)		

续上表

项　　目	行次	金额	补 充 资 料	行次	金额
支付的所得税款			固定资产报废损失		
支付的除增值税、所得税以外的其他税费			财务费用		
支付的其他与经营活动有关的现金			投资损失(减：收益)		
现金流出小计			递延税款贷项(减：借项)		
经营活动产生的现金流量净额			存货的减少(减：增加)		
二、投资活动产生的现金流量			经营性应收项目的减少(减：增加)		
收回投资所收到的现金			经营性应付项目的增加(减：减少)		
分得股利或利润所收到的现金			增值税增加净额(减：减少)		
处置固定资产、无形资产和其他长期资产			经营活动产生的现金流量净额		
所收到的现金净额			3. 现金及现金等价物净增加情况		
收到的其他与投资活动有关的现金			现金的期末余额		
现金流入小计			减：现金的期初余额		
购建固定资产、无形资产和其他长期资产			加：现金等价物的期末余额		
所支付的现金			减：现金等价物的期初余额		
权益性投资所支付的现金			现金及现金等价物净增加额		
债权性投资所支付的现金					
支付的其他与投资活动有关的现金					
现金流出小计					
投资活动产生的现金流量净额					
三、筹资活动产生的现金流量					
吸收权益性投资所收到的现金					
发行债券所收到的现金					
借款收到的现金					
收到的其他与筹资活动有关的现金					
现金流入小计					
偿还债务所支付的现金					
发生筹资费用所支付的现金					
分配股利或利润所支付的现金					
偿付利息所支付的现金					
融资租赁所支付的现金					
减少注册资本所支付的现金					
支付的其他与筹资活动有关的现金					
现金流出小计					
筹资活动产生的现金流量净额					
四、汇率变动对现金的影响额					
五、现金及现金等价物净增加额					

第六节　与工程有关的税收与保险规定

一、与工程财务有关的税收规定

按照纳税对象的不同性质，税收可以划分为流转税类、资源税类、所得税类、特定目的税类、财产行为税类、农业税类和关税。在项目的投资与建设过程中缴纳的主要税收包括营业税、所得税、城市维护建设税和教育费附加(可视作税收)。另外，针对其占有的财产和行为，还涉及房产税、土地使用税、土地增值税和契税等的征收。

1．营业税

1）纳税人

营业税的纳税人是指在中华人民共和国境内提供应税劳务、转让无形资产或者销售不动产的单位和个人。作为营业税纳税义务人的单位是指发生应税行为、并向对方收取货币、货物和其他经济利益的单位，无论其是否独立核算，均为营业税的纳税义务人。作为营业税纳税义务人的个人，是指个体工商户及其他有经营行为的个人。

2）纳税对象

包括在我国境内提供应税劳务、转让无形资产或销售不动产三个方面：

(1)提供应税劳务。主要包括交通运输业、建筑业、金融保险业、邮电通信业、文化体育业、娱乐业和服务业七项。

(2)转让无形资产。是指转让无形资产的所有权或使用权。具体包括转让土地使用权、商标权、专利权、非专利技术、著作权和商誉等。

(3)销售不动产。是指有偿转让不动产所有权。具体包括销售建筑物或构筑物、销售其他土地附着物；单位将不动产无偿赠与他人，视同销售不动产；以不动产投资入股，在转让该项股权时，也视同销售不动产。

3）计税依据和税率

(1)计税依据。我国营业税计税依据为计税营业额。营业税属于价内税，所谓价内税是指商品价值或价格内包含应纳的此项税金，因而作为计税依据的营业额为纳税人提供应税劳务、转让无形资产或者销售不动产时向对方收取的全部价款和价外费用（包括基金、集资款、手续费、代收代垫款项及其他各种性质的价外费用），价外费用均应依法并入营业额计算应纳税额。建筑业和销售不动产营业税计税依据的具体规定如下：

①总承包企业将工程分包时，以全部承包额减去付给分包单位价款后的余额为营业额。

②从事建筑、修缮、装饰工程作业的，无论是“包工包料”还是“包工不包料”，营业额均包括工程所用原材料及其他物资和动力的价格；从事安装工程作业的，凡安装的设备价值作为安装工程产值的，营业额包括设备价款营业额。

③自建自用的房屋不纳营业税；自建房屋对外销售（不包括个人自建自用住房销售）的，其自建行为应按建筑业缴纳营业税，再按销售不动产缴纳营业税。

④单位和个人销售或转让其购置的不动产或受让的土地使用权，以全部收入减去不动产或土地使用权的购置或让原价后的余额为营业额。单位和个人销售或转让抵债所得的不动产、土地使用权的，以全部收入减去抵债时该项不动产或土地使用权作价后的余额为营业额。

(2)税率。营业税实行差别比例税率，对同一行业实行同一税率，对不同行业实行不同税率。营业税税目税率见表3-9 。

营业税税目税率表 表3-9

税　目	税　率	税　目	税　率
交通运输业	3%	娱乐业	5% ~20%
建筑业	3%	服务业	5%
金融保险业	5%	转让无形资产	5%
邮电通信业	3%	销售不动产	5%
文化体育业	3%		

4)应纳税额计算

营业税应纳税额一般根据计税营业额和适用税率计算,基本计算公式为:

应纳税额=计税营业额×适用税率　(3-45)

纳税人兼有不同税目的,应当分别核算不同税目的营业额,未分别核算营业额的,从高适用税率。纳税人兼营应税劳务与货物或非应税劳务的,应分别核算应税劳务的营业额与货物或非应税劳务的销售额,不分别核算或不能准确核算的,其应税劳务与货物或非应税劳务一并征收增值税,不征收营业税。基本建设单位和从事建筑安装业务的企业附设的工厂、车间生产的水泥预制构件、其他构件或建筑材料,用于单位或本企业的建筑工程的,应在移送使用时征收增值税。但对其在建筑现场制造的预制构件,凡直接用于本单位或本企业建筑工程的,征收营业税,不征收增值税。

5)税地点

(1)纳税人提供应税劳务应当向其机构所在地或者居住地的主管税务机关申报纳税。但是,纳税人提供的建筑业务以及国家财政、税务主管部门规定的其他应税劳务,应当向应税劳务发生地的主管税务机关申报纳税。

(2)纳税人转让无形资产应当向其机构所在地或者居住地的主管税务机关申报纳税。但是,纳税人转让、出租土地使用权,应当向土地所在地的主管税务机关申报纳税。

2. 所得税

所得税又称所得课税、收益税,是指国家对法人、自然人和其他经济组织在一定时期内的各种所得征收的一类税收。所得税主要包括企业所得税和个人所得税。

1)纳税人和纳税对象

企业所得税的纳税人是指企业或其他取得收入的组织(以下统称企业)。可分为居民企业和非居民企业。

(1)居民企业是指依法在中国境内成立,或者依照外国(地区)法律成立但实际管理机构在中国境内的企业。居民企业应当就其来源于中国境内、境外的所得缴纳企业所得税。

(2)非居民企业是指依照外国(地区)法律成立且实际管理机构不在中国境内,但在中国境内设立机构、场所的,或者在中国境内未设立机构、场所,但有来源于中国境内所得的企业。

①非居民企业在中国境内设立机构、场所的,应当就其所设机构、场所取得的来源于中国境内的所得,以及发生在中国境外但与其所设机构、场所有实际联系的所得,缴纳企业所得税。

②非居民企业在中国境内未设立机构、场所的,或者虽设立机构、场所但取得的所得与其所设机构、场所没有实际联系的,应当就其来源于中国境内的所得缴纳企业所得税。

2)计税依据和税率

(1)计税依据。企业所得税的计税依据为应纳税所得额。即:企业每一纳税年度的收入总额,减除不征税收入、免税收入、各项扣除以及许弥补的以前年度亏损后的余额。计算公式为:

应纳税所得额=收入总额-不征税收入-免税收入-各项扣除-弥补以前年度亏损　(3-46)

①收入总额。是指企业以货币形式和非货币形式从各种来源取得的收入,包括:销售货物

收入；提供劳务收入；转让财产收入；股息、红利等权益性投资收益；利息收入；租金收入；特许权使用费收入；接受捐赠收入；其他收入。

②不征税收入。收入总额中的下列收入为不征税收入：财政拨款；依法收取并纳入财政管理的行政事业性收费、政府性基金；国务院规定的其他不征税收入。

③免税收入。企业的下列收入为免税收入：国债利息收入；符合条件的居民企业之间的股息、红利等权益性投资收益；在中国境内设立机构、场所的非居民企业从居民企业取得与该机构、场所有实际联系的股息、红利等权益性投资收益；符合条件的非营利组织的收入。

④各项扣除。企业实际发生的与取得收入有关的、合理的支出，包括成本、费用、税金、损失和其他支出，准予在计算应纳税所得额时扣除。同时，企业发生的公益性捐赠支出，在年度利润总额12%以内的部分，准予在计算应纳税所得额时扣除。

⑤弥补以前年度亏损。根据利润的分配顺序，企业发生的年度亏损，在连续5年内可以用税前利润弥补进行弥补。

⑥在计算应纳税所得额时，不得扣除的支出：向投资者支付的股息、红利等权益性投资收益款项；企业所得税税款；税收滞纳金；罚金、罚款和被没收财物的损失；允许扣除范围以外的捐赠支出；赞助支出；未经核定的准备金支出；与取得收入无关的其他支出。

(2)税率。企业所得税实行25%的比例税率。对于非居民企业取得的应税所得额，适用税率为20%。

符合条件的小型微利企业，减按20%的税率征收企业所得税。国家需要重点扶持的高新技术企业，减按15%的税率征收企业所得税。此外，企业的下列所得可以免征、减征企业所得税：从事农、林、牧、渔业项目的所得；从事国家重点扶持的公共基础设施项目投资经营的所得；从事符合条件的环境保护、节能节水项目的所得；符合条件的技术转让所得。

(3)应纳税额计算。企业的应纳税所得额乘以适用税率，减除有关税收优惠的规定减免和抵免的税额后的余额，为应纳税额：

$$应纳税额 = 应纳税所得额 \times 所得税税率 - 减免和抵免的税额 \tag{3-47}$$

企业取得的下列所得已在境外缴纳的所得税税额，可以从其当期应纳税额中抵免，抵免限额为该项所得依照规定计算的应纳税额；超过抵免限额的部分，可以在以后5个年度内，用每年度抵免限额抵免当年应抵税额后的余额进行抵补：

①居民企业来源于中国境外的应税所得；

②非居民企业在中国境内设立机构、场所，取得发生在中国境外且与该机构、场所有实际联系的应税所得。

居民企业从其直接或者间接控制的外国企业分得的来源于中国境外的股息、红利等权益性投资收益，外国企业在境外实际缴纳的所得税税额中属于该项所得负担的部分，可以作为该居民企业的可抵免境外所得税税额，在规定的抵免限额内抵免。

3)城市维护建设税

城市维护建设税是指为筹集城市维护和建设资金而开征的一种附加税。城市维护建设税的纳税人，是有义务缴纳增值税、消费税和营业税的单位和个人。城市维护建设税以实际缴纳的增值税、消费税和营业税之和为计税依据，与上述三种税同时缴纳。城市维护建设税根据纳税人所在地的不同，分别规定不同的比例税率。纳税人所在地在市区的，税率为7%；纳税人所在地在县城或镇的，税率为5%；纳税人所在地不在市区、县城或镇的，税率为1%。

4)教育费附加

教育费附加指为了发展地方教育事业,扩大地方教育经费来源而征收的一种附加税。教育费附加的纳税人,是有义务纳增值税、消费税和营业税的单位和个人。教育费附加以实际缴纳的增值税、营业税、消费税的税额为计征依据,与上述三种税同时缴纳。附加税率为3%。

二、与工程有关的保险的种类和内容

公路工程施工中涉及的保险种类很多,主要有工程一切险、第三方责任险、人身意外险、施工装备险。

1. 工程一切险

(1)投保范围

承包人应以业主和承包人双方的名义为本合同工程投保工程一切险和第三方责任险,保费在投标报价中单独列出,由业主负担。

所谓工程一切险,是一种综合性保险,是为永久工程、临时工程和设备及已运至施工工地用于永久工程的材料和设备所投的保险。该项投保从工程开始到竣工移交整个期间的已完工程、在建工程、到达现场的材料、临时工程、现场的其他财产等任何损失进行保险,也可对在缺陷责任期内由于施工原因造成的已完工程损失保险。但是,"一切险"并未全面概括所有的风险损失,这是有许多条件限制的,特别是对导致损失的原因有很多限制,这要在投保时同保险公司具体商定。

如果承包人不愿投保"一切险",也可以就承包人的材料、机具装备、临时工程、已完工程等分别进行保险,但应征得业主的同意。有时承包人将临时工程、劳务或某一部分永久性工程分包给其他分包人,那么分包人就投保其分担责任的那一部分保险,而承包人则按扣除该分包价格的余额进行保险。

(2)保险费率的确定

保险费率同项目的性质(例如一般民用建筑、公路桥梁、工业建筑、化工装置、危险物品仓库等)和项目所在地的地理条件、自然条件以及工期的长短、免赔额的高低等因素有关,承包人可以就本项目的具体情况与保险公司协商一个合理的费率。如中国人民保险公司将工程一切险分为建筑工程一切险和安装工程一切险,其保险费,国外承包工程列入有关项目的投资概算之中,国内自筹资金项目若自愿投保,保险费可列入有关项目的投资概算之中,保险费率一般为:建筑工程一切险为保险总金额的1.8‰~5‰,安装工程一切险的保险费率为总额的2‰~5‰。工程一切险的保险额是按合同总价,即工程完成时的价值计算。实际上,工程价值从零开始,到竣工时才达到保险金额总值,保险费率按保险额记取某一千分数,并不考虑工程价值在施工初期和期末的价值变化,而赔偿金额只考虑实际损失数字。承包人可以要求保险公司在确定保险金费率时,充分考虑这一特点和因素。

(3)保险期限的确定

保险的期限要根据合同条件要求(包括全部施工期)确定,如果业主要求缺陷责任期内由于施工缺陷造成的损害也属于保险范围,则需在投保申请书中写明。确定保险期限时,实际保险期限应该比合同工期略长一些,这是考虑到可能工期拖长。

2. 第三方责任险

(1)投保范围

因为工程是在业主的工程土地范围内进行,如果任何事故造成工地和附近地段第三者人身伤亡和财产损失时,第三者可能要求业主赔偿或提出诉讼,业主为免除自己的责任而要求承包人投保这种责任险。在发生这种涉及第三方损失的责任时,保险公司将对承包人由此遭到的赔款和发生诉讼等费用进行赔偿。但是,属于承包人或业主在工地的财产损失,或其本公司和其他承包人在现场从事与工作有关的职工的伤亡不属于第三方责任险的赔偿范围,而属于工程一切险和人身意外险的范围。领有公共交通和运输用执照的车辆事故造成的第三方的损失,也不属于这项第三方责任险赔偿范围,他们属于汽车保险范围。

(2)费率确定

在 FIDIC 合同条件第 23 条中,明确规定了第三方责任险保险金额的最低限额,限此保险金额至少应为投标书附件中所规定的数额。承包人可以按 FIDIC 合同条件的规定,与“工程一切险”合并在一起向保险公司投保。第三方责任险的赔偿限额由双方商定,费率大约为 2.5‰~3.5‰。

3. 人身意外险

人身意外险是承包人对其施工人员(包括所雇职员和工人)进行人身意外事故保险,保费由承包人自己负责。凡是 FIDIC 合同条件第 24 条规定的事故都属于此保险范围。对于每一职员造成的意外事故保险金额,要按工程所在国的劳工法和社会安全法来确定,不能低于这些法律规定的最低限额。有些国家对于承包人雇用的外籍职员和工人,允许在外国的保险公司投保,但对工程所在国籍雇员和工人,规定必须在当地保险公司投保。这一点应当在签订合同时予以明确。

中国人民保险公司办有团体人身意外伤害保险,一般以一年为期,也可投保短期险。保险额最低为 1 000 元,最高为 10 000 元,具体数额可由投保人选定。一般保险费为每人每年保险金额 2% ~7% 不等,视工种和工作环境而定。我国在国外承包工程时,有两种办保险的方法:

①中方派出人员有中国人民保险公司承保,工人每人保险金额为人民币 2 万元,保险费率为 1%;技术人员的保险金额较高,总工程师可达 10 万元。

②在工程所在雇用当地人员,可按当地法律规定或习惯办理人身意外保险。

在进行人身意外保险时还可以同时附加事故致伤的医疗保险,这主要是指抢救和治疗工伤,平常的疾病不属于这一附加医疗保险的赔偿范围。

4. 施工装备险

施工装备险是承包人为进入施工现场的施工装备所投保险,保险范围、保险金额及保险期限由承包人根据需要与保险公司协商确定。

思 考 题

1. 我国企业财务制度的基本体系是什么?

2. 什么是固定资产? 如何对固定资产进行分类?

3. 什么是固定资产折旧? 企业可选择的计提折旧的方法有哪几种? 各自的内容和计算方法是什么?

4. 企业固定资产修理有哪几种类型? 对大修理费用,采用哪几种方法处理?

5. 什么是存货？存货包括哪些项目？存货的管理方法有哪些？其内容如何？
6. 什么是流动资产？为什么要提取坏账准备金？提取的办法是什么？
7. 怎样对短期投资进行管理？
8. 什么是无形资产？包括哪些种类？有什么样的特征？
9. 无形资产怎样进行计价？怎样确定摊销年限？
10. 什么是递延资产？包括哪些内容？开办费包括哪些内容？
11. 什么是资产评估？它的特点是什么？
12. 资产评估的主要方法有哪些？
13. 简述工程成本管理的方法。
14. 利润的组成及分配如何？
15. 简述会计要素及它们的关系。
16. 财务报表主要有哪些？他们分别反映的内容如何？

第四章　工程项目管理

第一节　项目管理概述

一、项目及工程项目

(一)概念

"项目"一词已越来越广泛地被人们所应用。许多管理专家都曾用不同的通俗语言对项目的概念从不同角度进行描述和概括,最常用的概念是对项目的特征描述予以定义,即项目是指在一定的约束条件下(主要是限定时间、限定资源),具有明确目标的一次性任务。工程项目,是指在限定时间、限定资源、限定质量等条件下,具有明确的目标和完整的组织机构的一次性工程建设任务。建设工程项目是最为常见的工程项目类型之一,也是项目管理的重点。

建设工程项目,是指为新建、改建、扩建的各类工程(包括建筑物、构筑物和设施等)所进行的规划、勘察、设计、采购、施工、竣工验收和移交等过程。建设工程项目包括以扩大生产能力或居住空间为主要目的的新建、扩建项目和以改进技术、增加产品品种、提高质量和安全、治理三废、节约资源为主要目的的更新改造项目。

(二)工程项目的特点

建设工程项目除具有一般项目的特点之外,还有以下特点:

(1)投资额巨大,建设周期长。工程项目规模大,技术复杂,涉及的专业面宽,因此,从工程设想到施工,投入使用,少则几年,多则十几年。同时,投资巨大就要求项目建设只能成功,不能失败,否则后果严重,甚至影响国民经济发展。

(2)整体性强。工程项目是按照一个总体设计建设的,是可以形成生产能力或使用价值的若干单位工程的总体。

(3)固定性。建设产品固定,使其设计唯一,不能批量建设,给实施带来难度,且受环境影响大,管理复杂。

(三)建设项目管理

建设项目管理是项目管理的一个重要分支,是指在建设项目的生命周期内,用系统工程的理论、观点和方法对建设项目进行计划、组织、指挥、协调和控制的管理活动。

建设项目的管理者应由参与建设活动的各方组成,包括业主单位、设计单位和施工单位等,不同阶段建设项目管理的管理者也不同。一般建设项目的管理分为以下几个阶段:

全过程项目管理指包括从编制项目建议书至项目竣工验收交付使用的全过程进行管理,一般由项目业主进行管理;设计阶段建设项目管理称为设计项目管理,一般由设计单位进行项目管理;施工项目管理发生在建设项目的施工阶段,一般由施工单位进行项目管理;由业主单位进行的建设项目管理如委托给建设监理单位对建设项目实施监督管理,在我国称为建设监理，一般由建设监理单位进行项目管理。

由于建设项目的管理阶段不同、管理者不同、管理的内容不同，所以建设项目管理在总体上有相同之处，在不同的阶段上却有不同之处，因此在从事建设项目管理时要引起注意。

二、建设工程项目的组成和分类

（一）建设工程项目的组成

建设项目是由许多部分组成的，依次可以划分为：建设项目、单项工程、单位工程、分部工程和分项工程。

1. 建设项目

建设项目又称基本建设项目，一般指符合国家总体建设规划，能独立发挥生产功能或满足生活需要，其项目建议书经批准立项和可行性研究报告经批准的建设任务。如工业建设中的一个工厂，一座矿山；民用建设中的一个居民区，一幢住宅，一所学校；交通基础设施中的一条公路，一座独立大、中型桥梁或一座隧道等均为一个建设项目。

2. 单项工程

单项工程又称为工程项目，它是建设项目的组成部分，是具有独立的设计文件，在竣工后能独立发挥设计规定的生产能力或效益的工程。如在工业建设工程中企业的各生产车间、办公楼、食堂、住宅等；民用建设工程中学校的教学楼、图书馆、食堂、学生宿舍、教职员工住宅等。工程项目划分的标准，由于工程专业性质的不同而不完全一样。

公路建设的单项工程一般指独立的桥梁工程、隧道工程，这些工程一般包括与已有公路的接线，建成后可以独立发挥交通功能。但一条路线中的桥梁或隧道，在整个路线未修通前，并不能发挥交通功能，也就不能作为一个单项工程。

3. 单位工程

单位工程是单项工程的组成部分，它是指单项工程中可单独进行设计，可以独立组织施工，并可单独作为成本计算对象的部分。如单项工程中的生产车间的厂房土建工程、机械设备安装工程等都是单位工程。

公路建设项目一条公路中把一段路线作为一个单项工程，其中各个路段的路基、路面、桥梁、隧道都可作为单位工程。

4. 分部工程

分部工程是单位工程的组成部分，一般是按单位工程中的主要结构、主要部位来划分的。如工业与民用建筑中将土建工程作为单位工程，而土石方工程、打桩工程、砌筑工程等则为分部工程。

在公路建设工程中，分部工程的确定是在工程项目界定的范围内，以工程部位、工程结构和施工工艺为依据，并考虑在工程建设实施过程中便于进行工程结算和经济核算的方便。如按工程部位划分为路基工程、路面工程、桥涵工程等，按工程结构和施工工艺划分为土石方工程、混凝土工程、砌筑工程等。

5. 分项工程

分项工程是分部工程的组成部分，是根据分部工程划分的原则，再进一步将分部工程分成若干个分项工程。各种分项工程，每一单位消耗的活劳动和物化劳动都是不等的，因为分项工程是按照不同的施工方法、不同的工程部位、不同的材料、不同的质量要求和工作难易程度来划分的,它是概预算定额的基本计量单位,故也称为工程定额子目或称工程细目。如路基土石方分为松土、软石等各类土石成分,基础砌石分为片石、块石等。有了表示活劳动和物化劳动的定额子目标准,就能根据设计资料确定建设工程造价的直接费和需要的人工、材料等数量。它也同分部工程一样,是以 1 000m^3 天然实体或 10m^3 砌体等定额单位来表示的。

在实际工作中,有了这种分部、分项工程的划分标准,无论是进行定额资料的测定,制定概、预算定额中的人工、材料、机械使用台班等消耗标准,还是编制建筑安装工程造价等,就有了一个统一的尺度。这样就可实现建设工程造价管理工作的科学化和标准化,起到了规范建设工程造价管理的行为,从而取得较好的经济效益和社会效益。

(二)建设工程项目分类

为了加强基本建设项目管理,正确反映建设的项目内容及规模,建设项目可按不同的标准分类。

1. 按建设性质分类

建设项目按其建设性质不同,可划分成基本建设项目和更新改造项目两大类。

(1)基本建设项目

基本建设项目是指投资建设用于进行以扩大生产能力或增加工程效益为主要目的的新建、扩建工程及有关工作。具体包括以下内容:

①新建项目。指以技术、经济和社会发展为目的,从无到有的建设项目。现有企业、事业和行政单位一般不应有新建项目,如新增加的固定资产价值超过原有全部固定资产价值(原值)三倍以上时,才可算新建项目。

②扩建项目。指企业为扩大生产能力或新增效益而增建的生产车间或工程项目,以及事业和行政单位增建业务用房等。

③迁建项目。指现有企、事业单位为改变生产布局或出于环境保护等其他特殊要求,搬迁到其他地点的建设项目。

④恢复项目。指原固定资产因自然灾害或人为灾害等原因已全部或部分报废,又投资重新建设的项目。

(2)更新改造项目

更新改造项目是指建设资金用于对企、事业单位原有设施进行技术改造或固定资产更新,以及相应配套的辅助性生产、生活福利等工程和有关工作。更新改造项目包括挖潜工程、节能工程、安全工程、环境工程。更新改造措施应掌握专款专用,少搞土建,不搞外延原则进行。

2. 按投资作用分类

基本建设项目按其投资在国民经济各部门中的作用,分为生产性建设项目和非生产性建设项目。

(1)生产性建设项目

生产性建设项目是指直接用于物质生产或直接为物质生产服务的建设项目,主要包括以下 4 类:

①工业建设项目。包括工业、国防和能源建设。

②农业建设项目。包括农、林、牧、渔、水利建设。

③基础设施项目。包括交通、邮电、通信建设,地质普查、勘探建设,建筑业建设等。

④商业建设项目。包括商业、饮食、营销、仓储、综合技术服务事业的建设。

(2)非生产性建设项目

非生产性建设项目(消费性建设)包括用于满足人民物质和文化、福利需要的建设和非物质生产部门的建设,主要包括以下4类:

①办公用房。各级国家党政机关、社会团体、企业管理机关的办公用房。

②居住建筑。住宅、公寓、别墅。

③公共建筑。科学、教育、文化艺术、广播电视、卫生、博览、体育、社会福利事业、公用事业、咨询服务、宗教、金融、保险等建设。

④其他建设。不属于上述各类的其他非生产性建设。

3. 按项目规模分类

按照国家规定的标准,基本建设项目划分为大型、中型、小型三类;更新改造项目划分为限额以上和限额以下两类。不同等级标准的建设项目,国家规定的审批机关和报建程序也不尽相同。

(1)划分项目等级的原则

①按批准的可行性研究报告(或初步设计)所确定的总设计能力或投资总额的大小,依照国家颁布的《基本建设项目大中小型划分标准》进行分类。

②凡生产单一产品的项目,一般以产品的设计生产能力划分;生产多种产品的项目,一般按其主要产品的设计生产能力划分;产品分类较多,不易分清主次,难以按产品的设计能力划分时,可按投资额划分。

③对国民经济和社会发展具有特殊意义的某些项目,虽然设计能力或全部投资够不上大、中型项目标准,经国家批准已列入大、中型计划或国家重点建设工程的项目,也按大、中型项目管理。

④更新改造项目一般只按投资额分为限额以上和限额以下项目,不再按生产能力或其他标准划分。

⑤基本建设项目的大、中、小型和更新改造项目限额的具体划分标准,根据各个时期经济发展水平和实际工作中的需要而有所变化。

(2)基本建设项目规模划分标准

基本建设项目按上级批准的建设总规模或计划总投资;按工业建设项目和非工业建设项目分别划分为大、中、小型。现行国家的有关规定如下:

①按投资额划分的基本建设项目,属于工业生产性项目中的能源、交通、原材料部门的工程项目,投资额达到5 000万元以上为大中型项目;其他部门和非工业建设项目,投资额达到3 000万元以上为大中型建设项目。

②按生产能力或使用效益划分的建设项目,以国家对各行各业的具体规定作为标准。

③更新改造项目只按投资额标准划分为限额以上(能源、交通、原材料工业项目为≥5 000万元,其他项目为≥3 000万元)和限额以下项目。

(3)不作为大中型的项目

一部分工业、非工业建设项目,在国家统一下达的计划工作中,不作为大中型项目安排:

①分散零星的江河治理、国营农场、植树造林、草原建设等;原有水库加固,并结合加高大坝、扩大溢洪道和增修灌区配套工程的项目,除国家指定者外,不作为大中型项目。

②分段整治,施工期长,年度安排有较大伸缩性的航道整治、疏浚工程。

③科研、文教、卫生、广播、体育、出版、计量、标准、设计等事业的建设(包括工业、交通和其他部门所属的同类事业单位),新建工程按大中型标准划分,改、扩建工程除国家指定者外,一律不作为大中型项目。

④城市的排水管网、污水处理、道路、立交桥梁、防洪、环保等工程;城市的一般民用建筑,包括统建和集资建设的住宅群、办公和生活用房等。

⑤名胜古迹、风景点、旅游区的恢复、修建工程。

⑥施工队伍以及地质勘探单位等独立的后方基地建设(包括工矿企业的农副业基地建设)。

⑦采取各种形式利用外资或国外资金兴建的旅游饭店、旅馆、贸易大楼、展览馆、科教馆等。

三、公路工程项目的建设程序

(一)工程项目的建设程序

1. 基本建设程序的概念

基本建设程序是指建设工程项目从立项、选址、评估、决策、设计、施工到竣工验收、投入使用整个建设过程中,各项工作必须遵循的先后次序的法则。这个法则是人们在认识客观规律的基础上制定出来的,是建设项目科学决策和顺利进行的重要保证。按照建设项目发展的内在联系和发展过程,建设程序分成若干个阶段,这些发展阶段有严格的先后顺序,可以交叉,但不能任意颠倒。基本建设程序反映了建设活动的客观规律性,由国家有关主管部门制定和颁布。严格遵循和坚持按建设程序办事是提高基本建设经济效果的必要保证。

在我国,按现行的规定,一般大中型和限额以上的建设工程项目从建设前期工作到建设、投入使用要经历以下几个阶段,见图4-1。

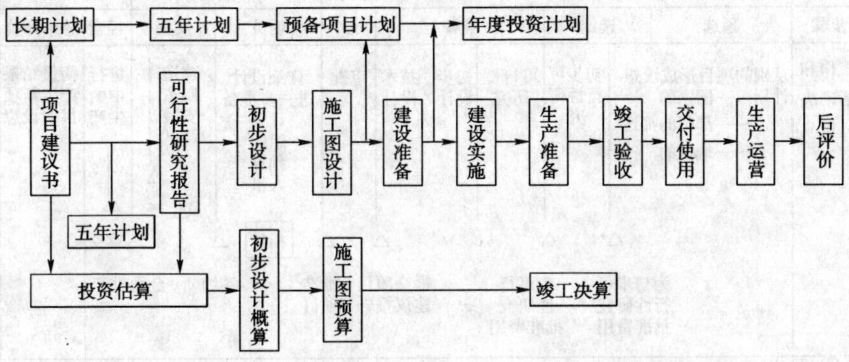

图4-1　大中型和限额以上项目基本建设程序示意图

2. 我国政府投资公路建设程序

(1)根据规划,编制项目建议书;

(2)根据批准的项目建议书,进行工程可行性研究,编制可行性研究报告;

(3)根据批准的可行性研究报告,编制初步设计文件;

(4)根据批准的初步设计文件,编制施工图设计文件;

(5)根据批准的施工图设计文件,组织项目招标;

(6)根据国家有关规定,进行征地拆迁等施工前准备工作,并向交通主管部门申报施工许可；

(7)根据批准的项目施工许可，组织项目实施；

(8)项目完工后，编制竣工图表、工程决算和竣工财务决算，办理项目交、竣工验收和财产移交手续；

(9)竣工验收合格后，组织项目后评价。

3. 我国企业投资公路建设程序

(1)根据规划，编制工程可行性研究报告；

(2)组织投资人招标工作，依法确定投资人；

(3)投资人编制项目申请报告，按规定报项目审批部门核准；

(4)根据核准的项目申请报告，编制初步设计文件，其中涉及公共利益、公众安全、工程建设强制标准内容，应当按项目隶属关系报交通主管部门审查；

(5)根据初步设计文件编制施工图设计文件；

(6)根据批准的施工图设计文件组织项目招标；

(7)根据国家有关规定，进行征地拆迁等施工前准备工作，并向交通主管部门申报施工许可；

(8)根据批准的项目施工许可，组织项目实施；

(9)项目完工后，编制竣工图表、工程决算和竣工财务决算，办理项目交、竣工验收；

(10)竣工验收合格后，组织项目后评价。

4. 国外建设程序

国外工程的建设程序基本与我国相似，大致可以划分为三个阶段：即项目计划阶段、执行阶段、生产阶段，见图4-2。

阶段	计划阶段				执行阶段		生产阶段	
步骤	预选	选定	准备	批准	动员	实施	经营	总结评价
工作和活动决策	从别的项目形成设想计划——国家的 ——部门的筛选 ——地区的	初步可行性研究	可行性研究　初步设计　技术设计	审查	详细设计 进一步准备 计划 组织 预算 人事	建造 制造 安装 调试	进行中的生产	衡量结果产生新项目的设想
		△为初步可行性研究批准费用	△为可行性研究批准费用　△提交项目建议报告	△批准项目	招标　△签约	△试生产	△移交　全面投产	
世界银行用语	巩固产生部门规划	项目选定 1	项目准备 2	评估 3　谈判 4	执行和监督 5		总结评价 6	
联合国工业组织用语	形成概念	确定定义和要求	形成项目	授权	具体活动开始		责任终止	总结评价

图4-2　国外基本建设程序与阶段划分图

各阶段基本内容如下：

(1)项目决策阶段。主要工作是进行投资机会研究、初步可行性研究和详细可行性研究，然后报请主管部门审批。

(2)项目组织、计划和设计阶段。主要工作是进行项目初步设计和施工图设计,项目招标及承包人的选定,签订承包合同,制订项目实施总体计划,项目征地及建设条件准备等。

(3)项目实施阶段。通过施工,在规定的工期、质量、造价范围内,按设计要求实现项目目标。

(4)项目试生产、竣工验收阶段。本阶段应完成项目的竣工验收、联动试车、试生产。项目试生产正常并经业主认可后,项目即告结束。

(二)公路工程项目基本建设程序

公路基本建设程序是:根据国民经济长远规划及布局所确定的公路路网规划,通过调查,进行可行性研究,编制项目建议书和可行性研究报告;批准后进行初测和初步设计;经批准后,在列入国家年度计划之后进行定测,编制施工图;组织施工;完工后,进行竣工验收;最后交付使用。一般来讲,这些程序必须循序渐进,不完成上一阶段的工作就不能进入下一个阶段。例如,没有勘察就不能设计;工程竣工未经验收合格,就不能交付使用等。

公路基本建设程序的具体内容如下。

1. 项目建议书阶段

项目建议书是要求建设某一具体建设项目的建议文件,是基本建设程序中的第一个阶段,是投资决策前对拟建设项目的轮廓设想。项目建议书的主要作用是为推荐一个拟进行建设的项目的初步说明,论述拟建项目建设的必要性、条件的可行性和获利的可能性,供有关部门选择并确定是否进行下一步的工作。项目建议书批准后,进入可行性研究报告阶段的工作。项目建议书的批准并不表明项目非上不可,项目建议书不是项目的最终决策。

项目建议书的内容,一般应包括:项目建设的必要性和依据;拟建设规模、建设地点和建设方案的初步设想;资源情况、建设条件和协作关系等的初步分析;投资估算和资金筹措的设想;建设进度设想;经济效果和社会效益的初步估计。

2. 可行性研究报告阶段

项目建议书批准后,即可着手进行可行性研究,对项目在技术上是否可行和经济上是否合理进行科学地分析和论证,以减少建设项目决策的盲目性。国务院[1981]3号文《关于加强基本建设设计规划管理、控制基本建设规模的若干规定》中明确指出:"所有新建、扩建的大、中型项目都必须有可行性研究报告"。交通部于1988年6月颁发了《水运、公路建设项目可行性研究报告编制办法》,其后进行了两次修订,交通部于1996年12月制定了《公路建设项目经济评价办法(讨论稿)》,2009年9月交通运输部编制了《公路建设项目可行性研究报告编制办法(征求意见稿)》,其中规定:各类公路建设项目(含长大桥梁、隧道等独立工程建设项目)均应进行可行性研究,小型公路建设项目可适当简化。

公路建设项目可行性研究,是对项目建设的必要性、技术可行性、经济合理性和实施可能性进行综合性研究论证的工作,是公路建设项目前期工作的重要组成部分,是建设项目立项、决策的主要依据。

可行性研究报告按其工作阶段和深度可分为预可行性研究和工程可行性研究。编制预可行性研究报告,应以项目所在地区域社会发展规划、交通发展规划和公路网规划为依据。编制可行性研究报告,原则上以批准的项目建议书为依据。可行性研究报告一经批准,即为初步设计必须遵循的依据。

公路建设项目可行性研究报告的主要内容包括:项目影响区域经济社会、交通运输现状及发展、交通量预测、建设的必要性、技术标准、建设条件、建设方案及规模、投资估算及资金筹措、经济评价、土地利用评价、工程环境影响分析、节能评价、社会评价、实施安排、问题及建议等。

3. 设计工作阶段

设计是对拟建工程的实施在技术上和经济上所进行的全面而详尽的安排,是基本建设计划的具体化,是组织施工的依据。可行性研究报告经批准的建设项目应通过招投标择优选择设计单位。

按照我国现行规定,公路工程基本建设项目一般采用两阶段设计,即初步设计和施工图设计。对于技术简单、方案明确的小型建设项目,可采用一阶段设计,即一阶段施工图设计;技术复杂、基础资料缺乏和不足的建设项目或建设项目中的特大桥、长隧道、大型地质灾害治理等,必要时采用三阶段设计,即初步设计、技术设计和施工图设计。高速公路、一级公路必须采用两阶段设计。

初步设计应根据批复的可行性研究报告、测设合同和初测、初勘资料编制。一阶段施工图设计应根据批复的可行性研究报告、测设合同和定测、详勘资料编制。两阶段设计时,施工图设计应根据批复的初步设计、测设合同和定测、详勘(含补充定测、详勘)资料编制。三阶段设计时,技术设计应根据批复的初步设计、测设合同和定测、详勘资料编制;施工图设计应根据批复的技术设计、测设合同和补充定测、补充详勘资料编制。

采用一阶段设计的建设项目,编制施工图预算。采用两阶段设计的建设项目,初步设计编制设计概算;施工图设计编制施工图预算。采用三阶段设计的建设项目,初步设计编制设计概算;技术设计编制修正概算;施工图设计编制施工图预算。

设计工作必须由具有相应资质等级的勘察设计单位来完成,设计文件的要求必须符合交公路发〔2007〕358 号《公路工程基本建设项目设计文件编制办法》的规定。

4. 建设前准备工作阶段

为了保证施工顺利进行,项目在开工之前应切实做好各项建设准备工作,并取得建设项目施工许可。其主要包括以下内容。

(1)项目已列入公路建设年度计划;

(2)施工图设计文件已经完成并经审批同意;

(3)建设资金已经落实,并经交通主管部门审计;

(4)征地手续已办理,拆迁基本完成;

(5)施工、监理单位已依法确定;

(6)已办理质量监督手续,已落实保证质量和安全的措施;

(7)报批开工报告。

5. 编制年度基本建设投资计划阶段

建设项目要根据批准的总概算和工期,合理地安排分配年度投资。年度计划投资的安排,要与长远规划的要求相适应,保证按期建成。年度计划安排的建设内容,要和当年分配的投资、材料、设备相适应。配套项目同时安排,相互衔接。

年度基本建设投资是建设项目当年实际完成的工作量的投资额,包括用当年资金完成的工作量和动用库存的材料、设备等内部资源完成的工作量;而财务拨款是当年基本建设项目实际货币支出。两者的计算标准不同，投资额是以构成工程实体为准，财务拨款是以资金拨付为准。在正常情况下，投资额与财务支出之间保持一定的比例关系，如果财务支出过大而投资额较小，说明建设单位可能尚未用到工程上的材料、设备积压过多或浪费严重。

6. 建设实施阶段

在具备开工条件并经主管部门批准后，方可开工建设，组织实施。项目开工时间是指建设项目设计文件中规定的任何一项永久性工程（无论生产性或非生产性）第一次正式破土开槽开始实施的日期；不需要开槽的工程，以建筑物组成的正式打桩作为正式开工；需要进行大量土、石方工程的，以开始进行土、石方工程作为正式开工。工程地质勘察、平整土地、旧有建筑物的拆除、临时建筑、施工用临时道路和水、电等施工不算正式开工。

施工是实现建设蓝图的物质生产活动和决定性环节，需要在较长的时间内耗费大量的资源，但却不产生直接的投资效益。因此，管理的重点是工程进度、工程质量和工程成本。

7. 竣工验收阶段

竣工验收是工程建设过程的最后一环，是全面考核基本建设成果、检验设计和工程质量的重要步骤，也是基本建设转入生产或使用的标志，是保证竣工工程顺利投入生产或交付使用的一个法定手续，对促进建设项目及时投产、发挥投资效益及总结建设经验具有重要作用。

工程竣工验收是一项十分细致而又严肃的工作，必须从党和人民的利益出发，按照国家有关标准、规范、规程的要求，认真负责地对全部基本建设项目进行验收。

8. 后评价阶段

建设项目后评价是工程项目竣工投产、生产运营一段时间后（一般为两年），再对项目的立项决策、设计施工、竣工投产、生产运营等全过程进行系统评价的一种技术经济活动，是固定资产投资管理的一项重要内容，也是固定资产投资管理的最后一个环节。通过建设项目后评价以达到肯定成绩、总结经验、研究问题、吸取教训、提出建议、改进工作、不断提高项目决策水平和投资效果的目的。

第二节　工程项目组织

一、组织的基本原理

1. 组织的概念

所谓组织，就是为了使系统达到它的特定的目标，使全体参加者经分工与协作以及设置不同层次的权力和责任制度而构成的一种人的组合体。

组织有两种含义。第一种含义是指组织机构，即按一定的领导体制、部门设置、层次划分、职责分工等构成的有机整体，其目的是处理人和人、人和事、人和物的关系；第二种含义是指组织行为，即通过一定权力和影响力，为达到一定目标，对所需要资源进行合理配置，目的是处理人和人、人和事、人和物关系的行为。

2. 项目管理组织的职能

项目管理组织职能是项目管理的基本职能，项目管理组织具有以下几个职能：

(1)计划。即为实现所设定的目标而制定出所要做的事情的安排,并对资源进行配置。

(2)组织。即为实现所设定目标,必须建立必要的权力机构、组织层次和组织体系,并规定职责范围和协作关系。

(3)控制。即采用一定方法、手段使组织按一定的目标和要求运行。

(4)指挥。即上级对下级领导、监督和激励。

(5)协调。使各层次各体系之间步调一致,共同实现所设定的目标。

3. 组织构成因素

组织构成一般是上小下大的形式,由管理层次、管理跨度、管理部门、管理职责四大因素组成。各因素密切相关、相互制约。在组织结构设计时,必须考虑各因素间的平衡衔接。

(1)合理的管理层次。管理层次是指从最高管理者到实际工作人员的等级层次的数量。管理层次通常分为决策层、协调层和执行层、操作层。决策层的任务是确定管理组织的目标和大政方针,它必须精干、高效;协调层主要行使参谋、咨询职能,其人员应有较高的业务工作能力,通过执行层直接调动和组织人力、财力、物力等具体活动内容,其人员应有实干精神并能坚决贯彻管理指令;操作层是从事操作和完成具体任务的,其人员应有熟练的作业技能。这三个层次的职能和要求不同,标志着不同的职责和权限,同时也反映出组织系统中的人数变化规律。它有如一个三角形,从上至下权责递减,人数递增。管理层次不宜过多,否则是一种浪费,也会使信息传递慢、指令走样、协调困难。

(2)合理的管理跨度。管理跨度是指一名上级管理人员所直接管理的下级人数。这是由于每一个人的能力和精力都是有限的,所以一个上级领导人能够直接、有效地指挥下级的数目是有一定限度的。

管理跨度大小取决于需要协调的工作量。下级数目按算术级数增长的话,其直接的领导者需要协调的关系数目则按几何级数增长。管理跨度的大小弹性较大,影响因素很多。它受管理人员性格、才能、个人精力、授权程度以及被管理者的素质等影响很大。此外,还与职能的难易程度、工作地点远近、工作的相似程度、工作制度和程序等客观因素有关。确定适当的管理跨度,需积累经验,并在实践中进行必要的调整。

(3)合理划分部门。组织中各部门的合理划分对发挥组织效应是十分重要的。如果部门划分不合理,会造成控制、协调的困难,也会造成人浮于事,浪费人力、物力和财力。部门的划分要根据组织目标与工作内容确定,形成既有相互分工又有相互配合的组织系统。

(4)合理确定职能。组织设计中确定各部门的职能,应使纵向的领导、检查、指挥灵活,达到指令传递快、信息反馈及时。要使横向各部门之间相互联系、协调一致,使各部门能够有职有责、尽职尽责。

二、建立项目组织的步骤

项目在建立组织班子时,不论项目规模及任务范围,都应遵循以下步骤:

1. 确定组织目标

项目目标是项目组织设立的前提,应根据确定的项目目标,明确划分为分解目标,列出所要进行的工作的内容。

2. 确定项目工作内容

根据项目目标和规定任务,明确列出项目工作内容,并进行分类归并及组合是一项重要组织工作。对各项工作进行归并及组合并考虑项目的规模、性质、工程复杂程度以及单位自身技术业务水平、人员数量、组织管理水平等。如进行实施阶段全过程项目管理，工作划分可按设计阶段和施工阶段分别归并和组合。

3. 组织结构设计

(1)确定组织结构形式。由于项目规模、性质、建设阶段等的不同，可以选择不同的组织结构形式以适应项目工作需要。结构形式的选择应考虑有利于项目合同管理，有利于控制目标，有利于决策指挥，有利于信息沟通。

(2)合理确定管理层次。管理组织结构中一般应有三个层次：一是决策层。由项目经理和其助手组成，要根据工程项目的活动特点与内容进行科学化、程序化决策；二是中间控制层(协调层和执行层)。由专业工程师和子项目工程师组成，具体负责规划的落实，目标控制及合同实施管理，属承上启下管理层次；三是作业层(操作层)。由现场人员组成，负责具体的操作工作。

4. 配置工作岗位及人员

人员配置要体现“职能要落实，人员要精干”，任务以满负荷工作为原则。

5. 制定岗位职责标准与考核要求

岗位人员职责标准要规定各类人员的工作职责和考核要求。

6. 制定工作流程与考核标准

为使管理工作科学、有序进行，应按管理工作的客观规律性制定工作流程，规范化地开展管理工作，并应确定考核标准，对管理人员的工作进行定期考核，包括考核内容、考核标准及考核时间。

三、项目管理的组织机构形式

项目组织形式应根据工程项目的特点、工程项目的承包模式、业主委托的任务以及单位自身情况而确定。常用的组织形式有以下几种：

1. 直线制组织(图4-3)

直线制组织中的各种职位均按直线排列，项目经理直接进行单线垂直领导，人员相对稳定，接受任务快，信息传递简单迅速，人事关系容易协调。这种组织形式的主要优点是机构简单、权力集中、命令统一、职责分明、决策迅速、隶属关系明确。缺点是实行没有职能机构的“个人管理”，这就要求决策者懂得各种业务，懂得多种知识技能，成为“全能”式人物。缺点是专业分工差，横向联系困难。该组织适用于中小型项目。

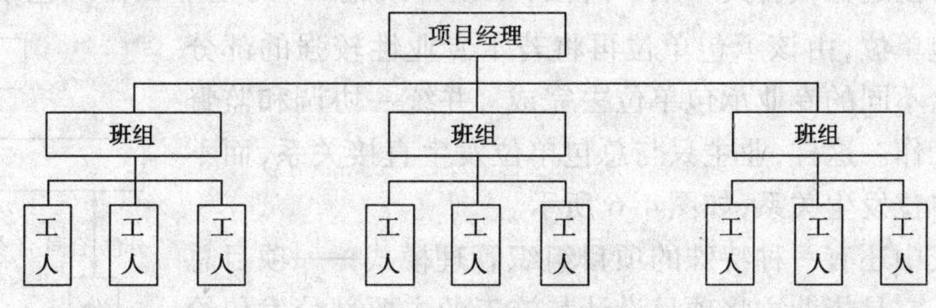

图4-3　直线制组织图

2. 职能制项目组织(图4-4)

职能制项目组织，是项目经理下设的一些职能机构，分别从职能角度对基层进行业务管理，这些职能机构可以在项目经理授权范围内，就其主要管理的业务范围，向下下达命令和指示。此种形式适用于项目地理位置上相对集中的项目。

职能制项目组织机构的主要优点是强调管理业务的专业化，注意发挥各类专家在项目管理中的作用。由于管理人员工作单一，易于提高工作质量，同时可以减轻领导者的负担。但是这种机构没有处理好管理层次和管理部门之间的关系，形成多头领导，下级执行者接受多人指令，容易造成职责不清。

3. 矩阵式项目组织(图 4-5)

矩阵式组织是将项目组织机构与职能部门按矩阵方式组成的机构组织。矩阵中每个成员都受项目经理和职能部门的双重领导，项目经理、职能部门经理对项目成员都有权控制和使用。职能部门负责人在安排人员时，要保证项目的职能服务，根据项目不同的职能需要配置人员。该组织适用于大型复杂的项目，或多个同时进行的项目。

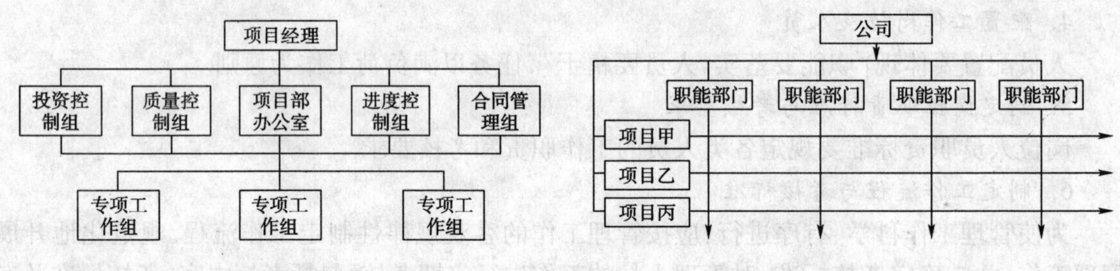

图 4-4 直线制项目组织图　　图 4-5 矩阵式项目组织图

矩阵式组织机构形式的优点是根据工程任务的实际情况灵活地组建与之相适应的管理机构，具有较大的机动性和灵活性。它体现了集权与分权的最优组合，有利于调动各种人员的积极性，使得项目管理工作顺利进行。但是矩阵式组织机构经常变动，稳定性差，业务人员工作调动频繁。此外，组织中任何一个成员都受两个领导指挥，如果处理不当，会造成矛盾，产生扯皮现象。

四、工程项目组织的管理模式

在工程项目实施过程中，往往不止一个承包单位，由于承包单位之间以及承包单位与业主之间的关系不同，因而形成了不同的工程项目组织管理模式。

1. 总分包模式

将工程项目全过程或者其中某个阶段(如设计或施工)的全部工作发包给一家资质条件符合要求的承包单位，由该承包单位再将若干专业性较强的部分工程任务发包给不同的专业承包单位去完成，并统一协调和监督各分包单位的工作。这样，业主只与总包单位发生直接关系，而不与各专业分包单位发生关系，如图 4-6 所示。

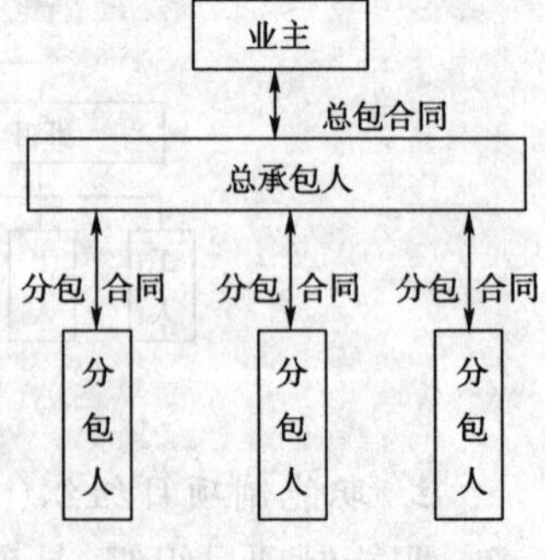

图 4-6 总分包合同结构

总分包模式中还有一种特殊的项目组织管理模式——项目总承包管理模式。它是指业主将项目设计与施工的主要部分发包给专门从事设计与施工组织管理的项目管理公司，该公司自己既没有设计力量，也没有施工队伍，而是将其所承接的设计和施工任务全部分包给其他设计单位和施工单位，项目管理公司则专心致力于工程项目管理工作。采用总分包模式的特点如下：

(1)有利于项目的组织管理。由于业主只与总承包人签订合同，合同结构简单，有利于合同管理。同时，由于合同数量少，使得业主的组织管理和协调工作量小，可发挥总承包人多层次协调的积极性。

(2)有利于控制工程造价。由于总包合同价格可以较早确定，业主可以承担较少风险。

(3)有利于控制工程质量。由于总承包人与分包人之间通过分包合同建立了责、权、利关系，在承包人内部，工程质量既有分包人的自控，又有总包商的监督管理，从而增加了工程质量监控环节。

(4)有利于缩短建设工期。总承包人具有控制的积极性，分包人之间也有相互制约的作用。此外，在工程设计与施工总承包的情况下，由于设计与施工由一个单位统筹安排，使两个阶段能够有机地融合，一般均能做到设计阶段与施工阶段的相互搭接。

(5)招标发包工作难度大。由于合同条款不易准确确定，容易造成较多的合同纠纷。对业主而言，尽管合同量最少，但合同管理的难度一般较大。

(6)对总承包人而言，责任重、风险大，需要具有较高的管理水平和丰富的实践经验。当然，获得高额利润的潜力也比较大。

2. 平行承包模式

业主将工程项目的设计、施工以及设备和材料采购的任务分别发包给多个设计单位、施工单位和设备材料供应厂商，并分别与各承包人签订合同。这时，各承包人之间的关系是平行的，如图4-7所示。采用平行承包模式的特点如下：

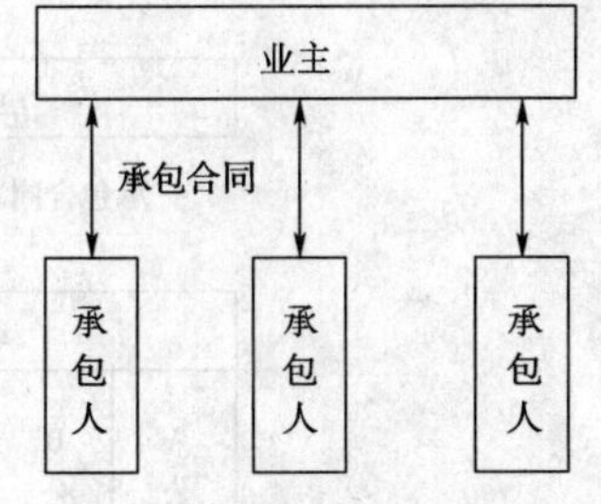

图 4-7 平行承包合同结构

(1)有利于业主择优选择承包人。由于合同内容比较单一，合同价值小，风险小，对不具备总承包管理能力的中小承包人较为有利，使他们有可能参与竞争。业主可以在更大的范围内进行选择，为择优选择承包人创造了条件。

(2)有利于控制工程质量。整个工程经过分解分别发包给各承包人，合同约束与相互制约使每一部分能够较好地实现质量要求。如主体工程与装修工程分别由两个施工单位承包，当主体工程不合格时，装修单位不会同意在不合格的主体工程上进行装修，这相当于有了后续工作的控制，比自己控制更有约束力。

(3)有利于缩短建设工期。由于设计和施工任务经过分解分别发包，设计与施工阶段有可能形成搭接关系，从而缩短整个项目的建设工期。

(4)组织管理和协调工作量大。由于合同数量多，使项目系统内结合部位数量增加，要求业主及其委托的监理单位具有较强的组织协调能力。

(5)工程造价控制难度大。一是由于总合同价不易短期确定，从而影响工程造价控制的实施；二是由于工程招标任务量大，需控制多项合同价格，从而增加了工程造价控制的难度。

相对于总承包模式而言，平行承包模式不利于发挥那些技术水平高、综合管理能力强的承包人的综合优势。

3. 联合体承包模式

当工程项目规模巨大或技术复杂，以及承包市场竞争激烈，由一家公司总承包有困难时，可以由几家公司联合起来成立联合体(Joint Venture,简称JV)去竞争承揽工程建设任务,以发挥各公司的特长和优势。联合体通常由一家或几家公司发起,经过协商确定各自投入联合体的资金份额、机械设备等固定资产及人员数量等,签署联合体章程,建立联合体组织机构,产生联合体代表,以联合体的名义与业主签订工程承包合同。其合同结构如图4-8所示。采用联合体承包的特点如下:

(1)对业主而言,与总分包模式相同,合同结构简单,组织协调工作量小,而且有利于工程造价和建设工期的控制。

(2)对联合体而言,可以集中各成员单位在资金、技术和管理等方面的优势,克服单一公司力不能及的困难,不仅增强了竞争力,同时也增强了抗风险能力。

4. 合作体承包模式

当工程项目包含工程类型多、数量大,或专业配套需要时,一家公司无力实行总承包,而业主又希望承包方有一个统一的协调组织时,就可能产生几家公司自愿结成合作伙伴,形成一个合作体,以合作体的名义与业主签订工程承包意向合同(也称基本合同)。达成协议后,各公司再分别与业主签订工程承包合同,并在合作体的统一计划、指挥的协调下完成承包任务。其合同结构如图4-9所示。

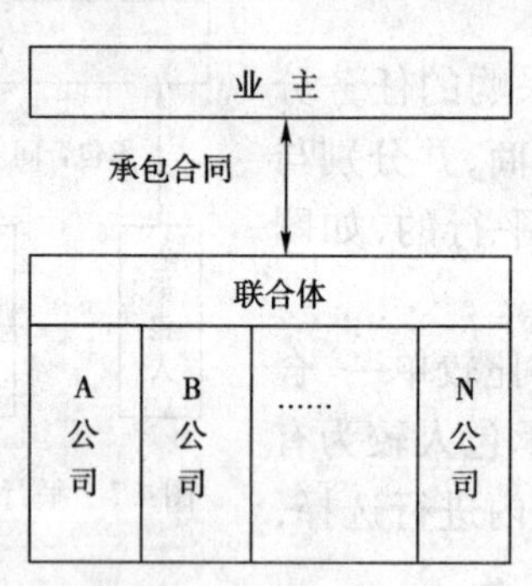

图4-8 联合体承包结构

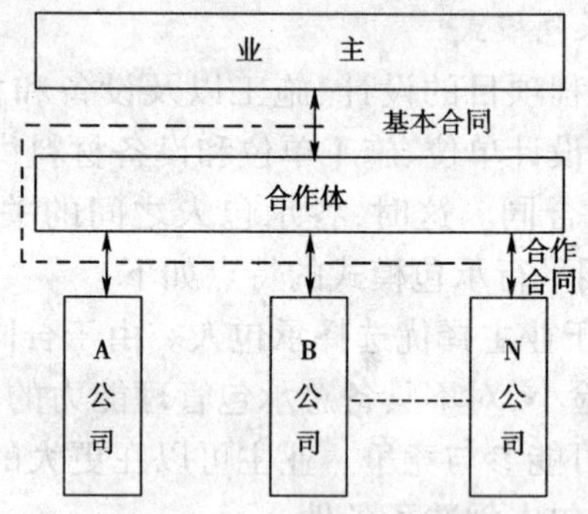

图4-9 合作承包合同结构

采用合作体承包模式的特点如下:

(1)业主的组织协调工作量小,但风险较大。由于承包单位是一个合作体,各公司之间能相互协调,从而减少了业主的组织协调工作量。但当合作体内某一家公司倒闭破产时,其他成员单位及合作机构不承揽项目合同的经济责任,这一风险将由业主承担。

(2)各承包人之间既有合作的愿望,又不愿意组成联合体。参加合作体的各成员单位都没有与建设任务相适应的力量,都想利用合作体增强总体实力。他们之间既有合作的愿望,但又出于自主性的要求,或彼此之间信任度不够,不采取联合体的捆绑式经营方式。

5. EPC承包模式

EPC承包也可称为项目总承包,是指一家总承包人或承包人联合体对整个工程的设计(Engineering)、材料设备采购(Procurement)、工程施工(Construction)实行全面、全过程的"交钥匙"承包。

由于工程项目本身具有实施时间长、合同各方关系复杂及一次性等特点,使得业主需要获得全面服务,业主更多的是要求承包人提供工程项目的一揽子解决方案。从另一角度看,绝大多数的业主投资某一项目的目的是为了获得经济效益(虽然有时也考虑政治影响),其投资的前提是基于项目的一个固定投资额和开始投资的确定时间。只要在预计的投资金额和投产时间内,业主就会盈利。对业主来说,该项目就是可行的。因此,业主希望承包人的投标价格是固定不变的包干总价,并将工程实施过程中的绝大部分风险让承包人来承担。于是在实践中就逐渐出现了 EPC 承包模式。采用 EPC 模式的特点如下:

(1)业主的组织协调工作量少,但合同管理难度大。由于业主只与总承包人签订合同,合同数量少,使得业主的组织管理和协调工作量小。但由于合同条款不易准确确定,容易造成较多的合同纠纷,因而合同管理的难度一般较大。

(2)有利于控制工程造价。由于总包合同价格可以较早确定,业主可以承担较少风险。

(3)有利于缩短建设工期。由于设计与施工由一个单位统筹安排,使两个阶段能够有机地融合,一般均能做到设计阶段与施工阶段的相互搭接。

(4)对总承包人而言,责任重、风险大,需要具有较高的管理水平和丰富的实践经验。当然,获得高额利润的潜力也较大。

6. CM 承包模式

CM 承包模式是美国人 Charles B. Thomsen 于 1986 年首选提出并开始实施的,其全称为 Fast-Track-Construction anagement。它是由业主委托一家 CM 单位承担项目管理工作,该 CM 单位以承包人的身份进行施工管理,并在一定程度上影响工程设计活动,组织快速路径(Fast-Track)的生产方式,使工程项目实现有条件的"边设计、边施工"。

1)CM 承包模式的特点

(1)采用快速路径法施工。即在工程设计尚未结束之前,当工程某些部分的施工图设计已经完成时,就开始进行该部分工程的施工招标,从而使这部分工程的施工提前到工程项目的设计阶段。

(2)CM 单位有代理型(Agency)和非代理型(Non-Agency)两种。代理型的 CM 单位不负责工程分包的发包,与分包人的合同由业主直接签订。而非代理型的 CM 单位直接与分包人签订分包合同。

(3)CM 合同采用成本加酬金方式。代理型和非代理型的 CM 合同是有区别的。由于代理型合同是业主与分包人直接签订,所以采用简单的成本加酬金合同形式。而非代理型合同则采用保证最大工程费用加酬金的合同形式。这是因为 CM 合同总价是在 CM 合同签订之后,随着 CM 单位与各分包人签约而逐步形成的。只有采用保证最大工程费用,业主才能控制工程总费用。

2)实施 CM 承包模式的价值

CM 承包模式特别适用于那些实施周期长、工期要求紧迫的大型复杂建设工程。采用 CM 承包模式的基本指导思想是缩短工程项目的建设周期,但其价值远不止于此,它在工程质量、进度和造价控制方面都有很大的价值。

(1)工程质量控制方面的价值。

①设计与施工的结合,有利于提高工程质量。采用 CM 承包模式,实现了工程设计与施工的结合和协调,从而使工程项目采用新的施工工艺和方法,尽量提高工程项目的施工质量成为可能。CM 单位根据以往的施工经验,在材料和设备的选择方面提出合理化建议,也为保证和提高工程质量提供了可能。

②严格的工程质量控制程序,为控制工程质量提供了保证。按照 CM 合同规定,CM 单位

在施工阶段要设立专门的现场控制及质量监督班子,建立质量控制和检查程序,编制质量保证计划,监督分包人的施工质量,检查设备材料供应商的产品质量,严格按质量标准和合同进行检查、验收,这一系列措施为控制工程项目的施工质量提供了保证。

(2)工程进度方面的价值。

①由于采取分阶段发包,集中管理,实现了有条件的“边设计,边施工”,使设计与施工能够充分地搭接,有利于缩短建设工期。

②尽管工程建设总承包也是在工程设计前期或设计早期进行发包,但由于 CM 承包模式的招标不需要编制项目功能描述书,因而缩短了招标准备工作时间。因此,采用 CM 承包模式,比工程建设总承包的招标时间更短。

③CM 单位在工程项目设计早期即可参与项目的实施,并对工程设计提出合理化建议,使设计方案的施工可行性和合理性在设计阶段就得到考虑和证实,从而可以减少施工阶段因修改设计而造成的实际进度拖后。

④为了实现设计与施工以及施工与施工的合理搭接,CM 承包模式将项目的进度安排看作一个完整的系统工程,一般在项目实施早期即编制供货期长的设备采购计划,并提前安排设备招标、提前组织设备采购,从而可以避免因设备供应工作的组织和管理不当而造成的工程延期

⑤CM 单位一般都拥有一套先进的计算机进度控制系统,充分利用现代化管理方法和手段,卓有成效地进行工程项目的进度安排和控制。

(3)工程造价控制方面的价值。

①与施工总承包相比,采用 CM 承包模式合同价更具合理性。采用 CM 承包模式时,施工任务要进行多次分包,施工合同总价不是一次确定,而是有一部分完整施工图纸,就分包一部分,将施工合同总价化整为零。而且每次分包都通过招标展开竞争,每个分包合同价格都通过谈判进行详细的讨论,从而使各个分包合同价格汇总后形成的合同总价更具合理性。

②CM 单位不赚取总包与分包之间的差价。与总分包模式相比 CM 单位与分包人或供货商之间的合同价是公开的,业主可以参与所有分包工程或设备材料采购招标及分包合同或供货合同的谈判。CM 单位不赚取总包与分包之间的差价,他在进行分包谈判时,会努力降低分包合同价。经谈判而降低合同价的节约部分全部归业主所有,CM 单位可获得部分奖励,这样有利于降低工程费用。

③应用价值工程方法挖掘节约投资的潜力。CM 承包模式不同于普通承包模式的“按图施工”,CM 单位早在工程设计阶段就可凭借其在施工成本控制方面的实践经验,应用价值工程方法对工程设计提出合理化建议,以进一步挖掘节省工程投资的可能性。此外,由于工程设计与施工的早期结合,使得设计变更在很大程度上得到减少,从而减少了分包人因设计变更而提出的索赔。

④CM 大大减少了业主在工程造价控制方面的风险。当采用非代理型 CM 承包模式时,CM 单位将对工程费用的控制承担更直接的经济责任,他必须承担最大保证工程费用 GMP (Guaranteed Maximum Price)的风险。如果实际工程费用超过 GMP,超出部分将由 CM 单位承担;如果实际工程费用低于 GMP,节约部分全部归业主所有。由此可见,业主在工程造价控制方面的风险将大大减少。

⑤采用现代化管理方法和手段控制工程费用。与普通承包人相比，CM 单位不是单"为自己控制成本"，还要承担"为业主控制工程费用"的任务。CM 单位要制定和实施完整的工程费用计划和控制工作流程，并不断向业主报告工程费用情况。在国外，许多成功的 CM 承包人都拥有一套先进的计算机费用控制系统，以在项目实施过程中编制和调整不同版本的费用预算，进行费用计划值与实际值的动态跟踪比较，发现实际费用超过计划值时，及时采取纠偏措施。

7. Partnering 模式

Partnering 模式于 20 世纪 80 年代中期首先在美国出现，到 20 世纪 90 年代中后期，其应用范围逐步扩大到英国、澳大利亚、新加坡和中国香港等国家和地区。近年来日益受到建设工程管理界的重视。

Partnering 一词看似简单，但要准确地译成中文却比较困难。我国大陆有的学者将其译为伙伴关系，台湾学者则将其译为合作管理。

1) Partnering 模式的主要特征

Partnering 模式的主要特征表现在以下几个方面：

(1) 出于自愿。Partnering 协议并不仅仅是业主与承包人双方之间的协议，而需要工程项目建设参与各方共同签署，包括业主、总包人或主包人、主要的分包人、设计单位、咨询单位、主要的材料设备供应单位等。参与 Partnering 模式的有关各方必须是完全自愿，而非出于任何原因的强迫。Partnering 模式的参与各方要充分认识到，这种模式的出发点是实现工程项目建设的共同目标以使参与各方都能获益。只有在认识上达到统一，才能在行动上采取合作和信任的态度，才能愿意共同承担风险和有关费用，共同解决问题和争议。

(2) 高层管理的参与。Partnering 模式的实施需要突破传统的观念和组织界限，因而工程项目建设参与各方高层管理者的参与以及在高层管理者之间达成共识，对于该模式的顺利实施是非常重要的。由于 Partnering 模式需要参与各方共同组成工作小组，要分担风险、共享资源，因此，高层管理者的认同、支持和决策是关键因素。

(3) Partnering 协议不是法律意义上的合同。Partnering 协议与工程合同是两个完全不同的文件。在工程合同签订后，工程建设参与各方经过讨论协商后才会签署 Partnering 协议。该协议并不改变参与各方在有关合同中规定的权利和义务。Partnering 协议主要用来确定参与各方在工程建设过程中的共同目标、任务分工和行为规范，它是工作小组的纲领性文件。当然，该协议的内容不是一成不变的，当有新的参与者加入时，或某些参与者对协议的某些内容有意见时，都可以召开会议，经过讨论对协议内容进行修改。

(4) 信息的开放性。Partnering 模式强调资源共享，信息作为一种重要的资源，对于参与各方必须公开。同时，参与各方要保持及时、经常和开诚布公的沟通，在相互信任的基础上，要保证工程投资、进度、质量等方面的信息能为参与各方及时、便利的获取。

2) Partnering 模式的组成要素

Partnering 模式的成功运作所不可缺少的元素包括以下几个方面：

(1) 长期协议。虽然 Partnering 模式也经常用于单个工程项目，但从各国实践情况看，在多个工程项目上持续运用 Partnering 模式可以取得更好的效果。这也是 Partnering 模式的发展方向。通过与业主达成长期协议、进行长期合作，承包人能够更加准确地了解业主的需求；同时能保证承包人不断地获取工程任务，从而使承包人将主要精力放在工程项目的具体实施上，充分发挥其积极性和创造性。这样既有利于工程投资、进度、质量的控制，同时也降低了承包人的经营成本。对业主而言一般只有通过与某一承包人的成功合作，才会与其达成长期协议，这样不仅使业主避免了在选择承包人方面的风险，而且可以大大降低“交易成本”，缩短建设周期，取得更好的投资效益。

(2)资源共享、风险共担。工程建设参与各方共享有形资源(如人力、机械设备等)和无形资源(如信息、知识等)。共享工程实施所产生的有形效益(如费用降低、质量提高等)和无形效益(如避免争议和诉讼的产生、工作积极性提高、承包人社会信誉提高等)；同时，参与各方共同分担工程的风险和采用Partnering模式所产生的相应费用。

(3)相互信任。相互信任是确定工程建设参与各方共同目标和建立良好合作关系的前提，是Partnering模式的基础和关键。只有对参与各方的目标和风险进行分析和沟通，并建立良好的关系，彼此间信任才能更好地理解；只有相互理解，才能产生信任。而只有相互信任，才能产生整体性的效果。Partnering模式所达成的长期协议本身就是相互信任的结果。其中每一方的承诺都是基于其他参与方的信任。只有相互信任，才能将工程项目组织管理其他模式中常见的参与各方之间相互对立的关系转化为相互合作的关系，才能够实现参与各方的资源和效益共享。

(4)共同的目标。在一个确定的工程项目中，参与各方都有其各自不同的目标利益，在某些方面甚至还有矛盾和冲突。尽管如此，工程建设参与各方还是有许多共同利益的。例如，通过设计、施工、业主三方的配合，可以降低工程的风险，对参与各方均有利；还可以提高工程的使用功能和使用价值，这样不仅提高了业主的投资效益，而且也提高了设计单位和施工承包单位的社会声誉，等等。工程建设参与各方要充分认识到，只有工程建设项目实施结果本身是成功的，才能实现他们各自的目标和利益，从而取得双赢或多赢的结果。

(5)合作。工程建设参与各方要有合作精神，并在相互之间建立良好的合作关系。但这只是基本原则，要做到这一点，还需要有组织保证。Partnering模式需要突破传统的组织界限，建立一个由工程建设参与各方人员共同组成的工作小组。同时，要明确各方的职责，建立相互之间的信息流程和指令关系，并建立一套规范的操作程序。

值得指出的是，Partnering模式不是一种独立存在的模式，它通常需要与工程项目其他组织模式中的某一种结合使用，如总分包模式、平行承包模式、CM承包模式等。

第三节　工程项目计划

一、项目计划的基本内容

计划作为一个阶段，它位于项目批准之后、项目施工之前；而计划作为项目管理的一项职能，它贯穿于工程项目生命期的全过程。

1. 按照建设程序分类的计划内容

(1)工程项目的目标设计和项目定义就已是一个总体的计划。它包括总的项目规模、生产能力、建设期和运行期的预计，总投资及其相应的资金来源的安排等。尽管它是一个大的轮廓，但它是一个初步计划。

(2)可行性研究中包含着较为详细的全面的计划。它是研究计划，是项目定义的细化。

可行性研究本身是对计划的论证。它包括产品的销售计划、生产计划、项目建设计划、投资计划、筹资方案等。这里不仅有总投资的估算,而且有各个子项投资估算。不仅有总工期安排,而且有主要活动和重大事件的时间安排(以横道图形式);有费用—时间计划、现金流量计划等。对可行性研究的批准实质上是对一套计划的认可。

(3)项目批准作为一个控制计划。在项目批准后,设计和计划是平行进行的。国内外的工程项目都有多阶段设计,如初步设计、扩大初步设计、施工图设计。计划随着技术设计而不断深入、细化、具体化。每一步设计之后就有一个相应的计划,它作为项目设计过程中阶段决策的依据。同时结构分解不断细化,项目组织形式也逐渐完备,这样就形成了一个多层次的控制和保证体系。

(4)在项目实施中一方面随着情况不断地变化,每一个阶段(一个月、一周)都必须研究修改、调整原则;另一方面由于计划期做的计划较粗,在实施中必须不断地采用滚动的方法详细地安排近期计划。

2. 按照项目控制目标分类的计划内容

(1)工期计划。包括项目结构多层次单元的持续时间的确定,以及各个工程活动开始和结束时间的安排,时差的分析。

(2)成本(投资)计划。包括:各层次项目单元的计划成本;项目"时间—计划成本"曲线和项目成本模型;项目现金流量(包括支付计划和收入计划);项目资金筹措(贷款)计划。

(3)质量标准计划。包括:力学与物理性能;寿命期内使用性能的稳定性;适用于安装机械设备的操作与维修;具有规定的生产能力或效率的产品的经济性;保证使用维修过程的安全性;外观及与环境的协调性。

3. 按照资源范围分类的计划内容

(1)劳动力的使用计划、招聘计划、培训计划。

(2)机械使用计划、采购计划、租赁计划、维修计划。

(3)物资供应计划、采购订货计划、运输计划等。

4. 其他计划

如现场平面布置、后勤管理计划(如临时设施、水电供应、道路和通信等)、项目的运营准备计划等。

二、工程项目进度控制计划系统

工程项目计划是为实现工程项目的既定目标,对工程项目实施过程进行谋划与安排的过程。具体内容包括工程项目目标的确定和项目目标实现方法及具体措施的制订。项目计划是实施项目控制的前提条件。项目管理人员实施项目控制的目的就是使体现该项目目标的计划得以实现。

工程项目的进度控制计划体系包括工程项目前期工作计划、工程项目建设总进度计划和工程项目年度计划。

1. 工程项目前期工作计划

工程项目前期工作计划是指对可行性研究及初步设计的工作进度安排,通过这个计划,使建设前期决策阶段的各项工作相互衔接,时间得到控制。前期工作计划由建设单位在预测的基础上进行编制。计划表格如表4-1所示。其中“建设性质”指新建、扩建或改建；“建设规模”指生产能力、使用规模或建设面积等。

工程项目前期工作进度计划表 表4-1

项目名称	建设性质	建设规模	可行性研究		项目评估	
			进度要求	负责单位负责人	进度要求	负责单位负责人

2. 工程项目建设总进度计划

工程项目建设总进度计划指初步设计被批准后，编制上报年度计划以前，根据初步设计对工程项目从开始建设（设计、施工）准备至竣工投产（动用）全过程的统一部署，以安排各单项工程和单位工程的建设进度，合理分配年度投资，组织各方面的协作，它由以下几个部分组成。

(1)文字部分。包括工程项目的概况和特点；安排建设总进度的原则和依据；投资资金来源和年度安排情况；技术设计、施工图设计、设备交付和施工力量进场时间的安排；道路、供电、供水等方面的协作配合；进度的衔接；计划中存在的主要问题及采取的措施；需要上级及有关部门解决的重大问题等。

(2)工程项目一览表。该表把初步设计中确定的建设内容，按照单项工程、单位工程归类并编号，明确其建设内容和投资额，以便各部门按统一的口径确定工程项目控制投资和进行管理，工程项目一览表的格式如表4-2所示。

工程项目一览表 表4-2

工程编号	单项（或单位）工程名称	工程内容	概算金额（元）						备注
			合计	建筑工程费	安装工程费	设备购置费	工器具购置费	工程建设其他费用	

(3)工程项目总进度计划。工程项目总进度计划是根据初步设计中确定的建设工期和工艺流程，具体安排单项工程和单位工程的进度，一般用横道图编制。其格式如表4-3所示。

工程项目总进度计划表 表4-3

工程编号	单项（或单位）工程名称	工程量		××××年				××××年				…
		单位	数量	一季度	二季度	三季度	四季度	一季度	二季度	三季度	四季度	…

(4)投资计划年度分配表。该表根据工程项目总进度计划，安排各个年度的投资，以便预测各个年度的投资规模，筹集建设资金或与银行签订借款合同，规定年度用款计划。其格式如表4-4所示。

(5)工程项目进度平衡表。工程项目进度平衡表用以明确各种设计文件交付日期；主要设备交货日期；施工单位进场日期和竣工日期；水、电、道路接通日期等；借以保证建设中各个环节相互衔接，确保工程项目按期投产。其格式如表4-5所示。

投资计划年度分配表 表4-4

<table>
<tr><th rowspan="2">工程编号</th><th rowspan="2">单项工程名称</th><th rowspan="2">投资额</th><th colspan="5">投资分配(元)</th></tr>
<tr><th>××××年</th><th>××××年</th><th>××××年</th><th>××××年</th><th>××××年</th></tr>
<tr><td></td><td></td><td></td><td></td><td></td><td></td><td></td><td></td></tr>
<tr><td></td><td>合计:
其中:建安工程投资
设备投资
工器具投资
其他投资</td><td></td><td></td><td></td><td></td><td></td><td></td></tr>
</table>

在此基础上,分别编制综合进度控制计划、设计工作进度计划、采购工作进度计划、施工进度计划、验收和投资进度计划等。

工程项目进度平衡表 表4-5

<table>
<tr><th rowspan="3">工程编号</th><th rowspan="3">单项工程或单位工程名称</th><th rowspan="3">开工日期</th><th rowspan="3">竣工日期</th><th colspan="4">要求设计进度</th><th colspan="3">要求设备进度</th><th colspan="3">要求施工进度</th><th colspan="5">道路、水、电接通日期</th></tr>
<tr><th colspan="3">交付日期</th><th rowspan="2">设计单位</th><th rowspan="2">数量</th><th rowspan="2">交货日期</th><th rowspan="2">供应单位</th><th rowspan="2">进场日期</th><th rowspan="2">竣工日期</th><th rowspan="2">施工单位</th><th rowspan="2">道路通行日期</th><th colspan="2">供电</th><th colspan="2">供水</th></tr>
<tr><th>技术设计</th><th>施工图</th><th>设备清单</th><th>数量</th><th>日期</th><th>数量</th><th>日期</th></tr>
<tr><td></td><td></td><td></td><td></td><td></td><td></td><td></td><td></td><td></td><td></td><td></td><td></td><td></td><td></td><td></td><td></td><td></td><td></td><td></td></tr>
</table>

3. 工程项目年度计划

工程项目年度计划依据工程项目总进度计划由建设单位进行编制。该计划既要有项目总进度要求,又要与当年可能获得的资金、设备、材料、施工力量相适应。根据分批配套投产或交付使用的要求,合理安排年度建设工程项目。工程项目年度计划的内容如下。

(1)文字部分。说明编制年度计划的依据和原则:建设进度,本年计划投资额,本年计划完成工作量,施工图、设备、材料、施工力量等建设条件落实情况,动力资源情况,对外部协作配合项目建设进度的安排或要求,需要上级主管部门协助解决的问题,计划中存在的其他问题,为完成计划采取的各项措施等。

(2)表格部分。包括年度计划项目表、年度竣工投产交付使用计划表、年度建设资金平衡表和年度设备平衡表。

①年度计划项目表。该计划对年度施工的项目确定投资额、年末形象进度、建设条件(图纸、设备、材料、施工力量)的落实情况等进行说明。其格式如表4-6所示。

年度计划项目表 表4-6

<table>
<tr><th rowspan="3">工程编号</th><th rowspan="3">单项工程名称</th><th rowspan="3">开工日期</th><th rowspan="3">竣工日期</th><th rowspan="3">投资额</th><th rowspan="3">投资来源</th><th colspan="3">年初已完</th><th colspan="7">本年计划</th><th colspan="4">建设条件落实情况</th></tr>
<tr><th rowspan="2">投资额</th><th rowspan="2">其中建安工程投资</th><th rowspan="2">其中设备投资</th><th colspan="3">投资</th><th colspan="3">工作量</th><th rowspan="2">年末形象进度</th><th rowspan="2">施工图</th><th rowspan="2">材料</th><th rowspan="2">设备</th><th rowspan="2">施工力量</th></tr>
<tr><th>合计</th><th>其中建安工程</th><th>其中设备投资</th><th>新开工</th><th>续建</th><th>竣工</th></tr>
<tr><td></td><td></td><td></td><td></td><td></td><td></td><td></td><td></td><td></td><td></td><td></td><td></td><td></td><td></td><td></td><td></td><td></td><td></td><td></td><td></td></tr>
</table>

②年度竣工投产交付使用计划表。该计划阐明单项工程的规模、投资额、新增固定资产、新增生产能力等的总规模及本年计划完成数,并阐明竣工日期。其格式如表4-7所示。

年度竣工投产交付使用计划表 表4-7

工程编号	单位工程名称	总规模					年度计划完成			
		建筑面积	投资	新增固定资产	新增生产能力	竣工日期	建筑面积	投资	新增固定资产	新增生产能力

③年度建设资金平衡表。其格式如表4-8所示。

年度建设资金平衡表 表4-8

工程编号	单位工程名称	年度计划投资	动用内部资金	储备资金	年度计划需要资金	资金来源				
						预算拨款	自筹资金	基建贷款	国外贷款	…

④年度设备平衡表。其格式如表4-9所示。

年度设备平衡表 表4-9

工程编号	单位工程名称	设备名称规格	要求到货		利用库存	自制		已到货		采购数量
			数量	时间		数量	完成时间	数量	到货时间	

三、工程项目成本(投资)计划

1. 工程项目建设各阶段的成本计划

在项目实施进程中，成本计划有许多形式，他们分别在项目建议书、可行性研究、设计、实施、竣工结算中产生，形成一个不断修改、补充、调整、控制和反馈过程。成本计划工作与项目各阶段的其他管理工作融为一体，它不仅是一项管理工作，而且是专业性很强的技术工作。

(1)项目建议书阶段的投资匡算。在项目建议书阶段，业主期望能及早地、准确地给出投资范围，但这时对项目的工程技术要求，项目方案尚不清楚，所以无法精确计算，一般只能按照以往同类工程资料或估算指标大致确定。

(2)可行性研究阶段投资估算。由于这时工程主要技术方案确定，调查进一步深入，有了进一步详细的资料，则可以按总工期划分的几个阶段和总工程划分的几个部分分别估算投资，然后汇总。可行性研究经过批准后即作为项目确定的投资计划。

(3)预算成本。伴随着每一步设计，一般都有一套计划，都有一个预算成本。随着设计精度的深入和计划工作的细化，预算不断细化，计划成本的作用就越大，它对设计和计划的任何变更的反应就越灵敏。

业主在招标阶段的预算成本对于招标工作即为标底，而承包人相应的详细的预算成本即为报价的基础。

(4)合同价。这是业主在分析许多投标书的基础上最终与一家承包人确定的工程价格，最终在双方签订的合同文件中确认，它作为工程结算的依据。对承包人来说，是通过报价竞争获得承包资格而确定的工程价格。

(5)在工程实施中一般包括以下几个方面。

①已完成或已支付成本。这是在实际工程上的成本消耗,它表示工程实际完成的进度。

②追加成本(费用)。这是由于工程变更、环境变化、合同条件变化所应追加的部分。

③剩余成本计划。即按当时的环境,要完成余下的工程还要投入的成本量。这样可以对工程结束时成本状态、收益状态进行预测和控制。

(6)最终实际成本和结算价格。施工结束后必须按照统一成本分解规则(一般按建筑要素)对工程项目的成本状况进行统计分析,储存资料,作为以后工程成本计划的依据。

2. 成本计划的内容和表达方式

通常一个完整的项目成本计划包括以下几个方面内容。

(1)各个成本对象的计划成本值。

(2)成本—时间关系曲线,即成本的强度计划曲线。

(3)成本—时间累计曲线,又称为项目的成本模型。

(4)相关的其他计划。如,工程款收支计划、现金流量计划、融资计划等。

计划的表达形式有如下几种:

(1)表格形式。如,成本项目—时间表和各成本项目不同值之间的对比表等。

(2)曲线形式。有两种:即直方图形式(如"成本—时间"图),表达任一时间段中工程成本的完成量;累计曲线(如"累计成本—时间"曲线)。

(3)其他形式,如,表达各要素份额的圆(柱)形图等。

3. 成本计划的对象

为了便于从各个方面、各个角度对项目成本进行精确的全面的计划和有效的控制,必须多方位、多角度地划分成本项目,形成一个多维的严密体系。

(1)项目结构图中各层次项目单元。它们首先必须作为成本的估算对象,这对后面项目成本模型的建立、成本责任的落实和成本控制,有至关重要的作用。所以项目结构分解是成本计划不可缺少的前提条件。

(2)项目成本要素。将项目按成本要素进行分解,则能得到项目的成本(投资或费用)结构。如建筑工程成本要素,即建筑工程成本可分为人工费、材料费、机械费、其他直接费、现场管理费、总部管理费等。

第四节　工程项目控制

一、项目目标控制的概念

要完成目标必须对其实施有效的控制。控制是项目管理的重要职能之一,所谓控制是指行为主体为保证在变化的条件下实现其目标,按照事先拟定的计划和标准,通过采用各种方法,对被控对象实施中发生的各种实际值与计划值进行对比、检查、监督、引导和纠正,以保证计划目标得以实现的管理活动。所以,控制首先必须确立合理目标,然后制定计划,继而进行组织和人员配备,并实施有效地领导,一旦计划运行,就必须进行控制,以检查计划实施情况,找出偏离计划的误差,确定应采取的纠正措施,并采取纠正行动。

图 4-10 表示了动态控制流程,这种反复循环的过程称为动态控制。

二、工程项目目标控制的程序和内容

(一)目标控制的程序

在控制过程中,都要经过投入、转换、反馈、纠正等基本环节。如果缺少这些基本环节中的某一个,动态控制过程就不健全,就会降低控制的有效性。

1. 投入

控制过程首先从投入开始。一项计划能否顺利地实现,基本条件是能否按计划所要求的人力、材料、设备、工具、方法和信息等进行投入。计划确定的资源数量、质量和投入的时间是保证计划实施的基本条件,也是实现计划目标的基本保障。因此,要使计划能够正常实施并达到预定目标,就应当保证将质量、数量符合计划要求的资源按规定时间和地点投入到工程建设中。项目管理人员如果能把握住对"投入"的控制,也就把握住了控制的起点要素。

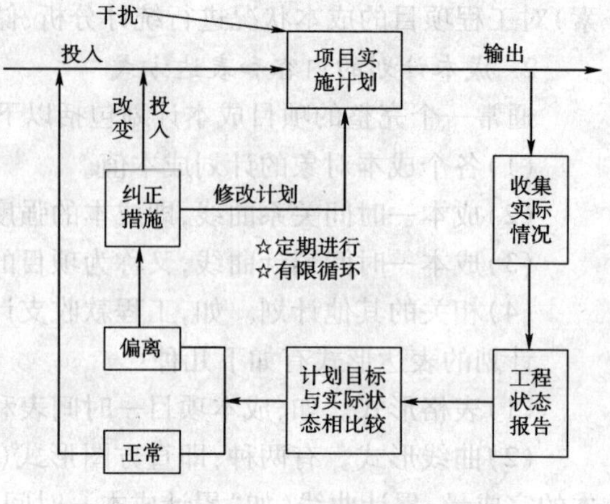

图 4-10 动态控制流程图

2. 转换

工程项目的实现总是要经由投入到产出的转换过程。正是由于这样的转换,才使投入的人、财、物、方法、信息转变为产出品,如设计图纸、分项(分部)工程、单位工程,最终输出完整的工程项目。在转换过程中,计划的执行往往会受到来自外部环境和内部系统多因素的干扰,造成实际进展情况偏离计划轨道。而这类干扰往往也是潜在的,未被人们所预料或人们无法预料的。同时,由于计划本身不可避免地存在着程度不同的问题,因而过程的控制应包括跟踪了解工程实际进展情况、掌握工程转换的第一手资料等工作,为今后分析偏差原因、确定纠正措施提供可靠依据。同时,对于那些可以及时解决的问题,采取"即时控制"措施,及时纠正偏差,避免"积重难返"。

3. 反馈

反馈是控制的基础工作。对于一项即使认为制定得相当完善的计划,项目管理人员也难以对其运行的结果有百分之百的把握。因为在计划的实施过程中,实际情况的变化是绝对的,不变是相对的。每个变化都会对预定目标的实现带来一定的影响。因此,项目管理人员必须在计划与执行之间建立密切的联系,及时捕捉工程进展信息并传递给控制部门。

4. 对比

对比是将实际目标成果与计划目标相比较,以确定是否有偏离。对比工作的第一步是收集工程实施成果并加以分类、归纳,形成与计划目标相对应的目标值,以便进行比较。对比工作的第二步是对比较结果进行分析,判断实际目标成果是否出现偏离。如果发生的偏离超出允许范围,就需要采取措施予以纠正。

5. 纠正

当出现实际目标成果偏离计划目标的情况时,就需要采取措施加以纠正。如果是轻度偏离,通常可采用较简单的措施进行纠偏。如果目标有较大的偏离时,则需要改变局部计划才能使计划目标得以实现。如果已经确定的计划目标不能实现,那就需要重新确定目标,然后根据新目标制定新计划，使工程在新的计划状态下运行。当然，最好的纠正措施是把管理的各项职能结合起来，采取系统的办法。这不仅需要在计划上做文章，还要在组织、人员配备、领导方面下工夫。

总之，每一次控制循环结束都有可能使工程呈现出一种新的状态，或者是重新修订计划，或者是重新调整目标，使其在这种新状态下继续发展。

(二)目标控制的类型

由于控制的方式和方法的不同，控制可分为多种类型。例如，按事物发展过程，可将控制分为事前控制、事中控制、事后控制；按照是否形成闭合回路，控制可分成开环控制和闭环控制；按照纠正措施或控制信息的来源，控制可分成前馈控制和反馈控制。归纳起来，控制可分为两大类，即主动控制和被动控制。

1．主动控制

(1)主动控制的含义

所谓主动控制就是预先分析目标偏离的可能性，并拟订和采取各项预防性措施，以保证计划目标得以实现。

主动是一种前馈控制。它可以尽最大可能改变偏差已经成为事实的被动局面，从而使控制更有效。当它根据已掌握的可靠信息分析预测得出系统将要输出偏离计划的目标时，就制定纠正措施并向系统输入，以使系统因此而不发生目标的偏离。它是在事情发生之前就采取了措施的控制。

(2)主动控制的措施

①详细调查并分析研究外部环境条件，以确定那些影响目标实现和计划运行的各种有利和不利因素，并将它们考虑到计划和其他管理职能当中。

②识别风险，努力将各种影响目标实现和计划执行的潜在因素揭示出来，为风险分析和管理提供依据，并在计划实施过程中做好风险管理工作。

③用科学的方法制定计划，做好计划可行性分析，消除那些造成资源不可行、技术不可行、经济不可行、财务不可行的各种错误和缺陷，保障工程的实施能够有足够的时间、空间、人力、物力、财力，并在此基础上力求计划优化。

④高质量地做好组织工作，使组织与目标和计划高度一致，把目标控制的任务与管理职能落实到适当的机构和人员，做到职权与职责明确，使全体成员能够通力协作，为共同实现目标而努力。

⑤制定必要的应急备用方案，以对付可能出现的影响目标或计划实现的情况。一旦发生这些情况，则有应急措施做保障，从而减少偏离量，或避免发生偏离。

⑥计划应有适当的松弛度，即“计划应留有余地”。这样，可以避免那些经常发生、又不可避免地干扰对计划的不断影响，减少“例外”情况发生的数量，使管理人员处于主动地位。

⑦沟通信息流通渠道，加强信息收集、整理和研究工作，为预测工程未来发展状况提供全面、及时、可靠的信息。

2．被动控制

(1)被动控制的含义

所谓被动控制就是控制者从计划的实际输出中发现偏差，对偏差采取及时纠正的控制方式。因此要求管理人员对计划的实施进行跟踪，把它输出的工程信息进行加工、整理，再传递给控制部门,使控制人员从中发现问题,找出偏差,寻求并确定解决问题和纠正偏差的方案,然后再送回给计划实施系统付诸实施,使得计划目标一旦出现偏离就能得以纠正。被动控制实际上是在项目实施过程中,事后检查过程中发现问题及时处理的一种控制,因此仍为一种积极的控制,并且是十分重要的控制方式。

(2)被动控制措施

①应用现代化方法、手段、仪器跟踪、测试、检查项目实施过程的数据,发现异常情况及时提出并采取措施。

②建立项目实施过程中人员控制组织,明确控制责任。检查发现问题及时处理。

③建立有效的信息反馈系统,及时将偏离计划目标值进行反馈,以使其及时采取措施。

(3)主动控制与被动控制的关系

两种控制,即主动控制和被动控制,对项目管理而言缺一不可,它们都是实现项目目标所必须采用的控制方法。有效地控制是将主动控制与被动控制紧密地结合起来,力求加大主动控制在控制过程中的比例,同时进行定期、连续的被动控制。只有如此,方能完成项目目标控制的根本任务。

(三)项目控制的内容

1. 工程项目进度控制

工程项目进度控制是项目控制的重要内容,其任务是通过完善以事前控制为主的进度工作体系,来实现项目的工期或进度目标。同时,阶段性的检查实际进度与计划进度的差别,并分析、找出原因,纠正偏差,使实际进度接近计划进度。进度控制包括事前控制、事中控制、事后控制。

①事前控制。主要内容是编制或审核项目实施总进度计划,审核项目的阶段性进度计划,制定或审核材料供应采购计划,寻找出进度控制点,确定完成日期。

②事中控制。主要是建立反映工程进展情况的日记,进行工程进度检查对比,对有关进度及时计量并进行签证,召开现场进度协调会等。

③事后控制。当实际进度与计划发生差异时,必须及时制定对策。包括制定保证不突破总工期的对策措施以及组织措施、技术措施、经济措施等;制定总工期突破后的补救措施,然后调整其他计划,建立新的平衡。

2. 工程项目质量控制

工程项目质量控制是项目管理三大职能的重点,其任务是通过建立健全有效的质量监督工作体系,认真贯彻检查各种规章制度的执行,随时检查质量目标与实际目标的一致性,来确保项目质量达到预期的标准和等级要求。质量控制也包括事前控制、事中控制、事后控制。

①事前控制。首先掌握质量控制的技术标准和依据,制定保证质量的各种措施,对承揽项目任务的单位进行资质审查,对涉及项目质量的材料进行验收和控制,对设备进行预检控制,对有关的计划和方案进行审查。

②事中控制。首先对工艺质量进行控制,然后对工序交接、隐蔽工程检查、设计的变更审核、质量事故的处理、质量和技术签证等进行控制,对出现违反质量规定的事件、容易形成质量隐患的做法立即采取措施予以制止。建立实施质量日记、现场质量协调会、质量汇报会等制度,以了解和掌握质量动态,及时处理质量问题。

③事后控制。一般通过项目的阶段验收和竣工验收、技术资料整理、文件档案的建立来

实现。

3．工程项目投资控制

项目投资费用是由项目合同界定的，因此应在保证项目使用功能、质量要求和工期要求的前提下，阶段性检查费用的支付状况，控制费用支付不超过规定值，并严格审核设计的修改，工程的变更，控制费用的支付。

①事前控制。主要进行风险预测，采取相应的防范措施。熟悉项目设计图纸与设计要求，分析项目价格构成因素，事前分析费用最易突破的环节，从而明确投资控制的重点。

②事中控制。定期检查和对照费用支付情况，定期或不定期对项目费用超支或节约情况作出分析，并提出改进方案，完善信息制度，掌握国家调价范围和幅度。

③事后控制。审核项目结算书，公正地处理索赔。

三、工程项目目标控制措施

为了取得目标控制的理想效果，应当从多方面采取措施实施控制。通常可以将这些措施归纳为若干方面，如组织方面的措施、技术方面的措施、经济方面的措施和合同方面的措施等。

1．组织措施是目标控制的必要措施

控制是由人来执行的，监督按计划要求投入劳动力、机具、设备、材料，巡视、检查工程运行情况，对工程信息的收集、加工、整理、反馈，发现和预测目标偏离，采取纠正行动等都需要事先委任执行人员，授予相应职权，确定职责，制定工作考核标准，并力求使之一体化运行。除此之外，如何充实控制机构，挑选与其工作相称的人员；对工作进行考评，以便评估工作、改进工作、挖掘潜在工作能力、加强相互沟通；在控制过程中激励人们以调动和发挥他们实现目标的积极性、创造性；培训人员等都是在控制中需要考虑采取的措施。采取适当的组织措施，保证目标控制的组织工作明确、完善，才能使目标控制有效发挥作用。

2．技术措施是目标控制的必要措施

控制在很大程度上要通过技术来解决问题。实施有效控制，如果不对多个可能的主要技术方案作技术可行性分析，不对各种技术数据进行审核、比较，不对设计方案评选事先确定原则，不通过科学试验确定新材料、新工艺、新方法的适用性，不对各投标文件中的主要施工技术方案做必要的论证，不对施工组织设计进行审查，不想方设法在整个项目实施阶段寻求节约投资、保障工期和质量的技术措施等，那么目标控制也就毫无效果可言。使计划能够输出期望的目标正是依靠掌握特定技术的人，并应用工程技术，采取一系列有效的技术措施以实现目标控制。

3．经济措施是目标控制的必要措施

一项工程的建成使用，归根结底是一项投资的实现。从项目的提出到项目的实现，始终贯穿着资金的筹集和使用工作。无论是对投资实施控制，还是对进度、质量实施控制，都离不开经济措施。为了理想地实现工程项目，项目管理者要收集、加工、整理工程经济信息和数据，要对各种实现目标的计划进行资源、经济、财务诸方面的可行性分析，要对经常出现的各种设计变更和其他工程变更方案进行技术经济分析，以力求减少对计划目标实现的影响，要对工程概（预）算进行审核，要编制资金使用计划，要对工程付款进行审查等。如果项目管理者在目标控制时忽视了经济措施，那么不但投资目标难以实现，而且进度目标和质量目标也同样难以实现。

4．合同措施也是目标控制的必要措施

工程项目建设需要设计单位、施工单位、材料设备供应单位和监理单位分别承担设计、施工材料设备供应和监理工作。没有这些工程建设行为,项目就无法建成使用。在市场经济条件下,这些承包人是根据分别与业主签订的合同来参与项目建设的,他们与业主构成了工程承发包关系。设计单位应根据合同保障工程项目设计的安全可靠性,提高项目的适用性和经济性,并保证设计工期的要求。施工单位根据合同要求保证实现规定的施工质量和工期。材料设备供应单位应根据合同保证按质、按量、按时供应工程所需的材料和设备。项目管理者实施目标控制也是紧紧依靠工程建设合同来进行的。因此,协助业主确定对目标控制有利的承发包模式和合同结构,拟订合同条款,参加合同谈判,处理合同执行过程中的问题,做好防止和处理索赔工作等,都是重要的目标控制措施。所以,目标控制离不开合同措施。

四、控制的方法

控制的方法随控制目标的不同而不同,对建设项目进行控制可以采用现代的管理方法和手段,常用的方法有如下几种。

1. 网络计划法

网络计划技术采用下述程序对进度进行控制。

(1)根据项目具体要求编制网络计划图。

(2)定期或阶段性地对网络图进行检查,主要检查实际进度与计划进度的差异。

(3)对出现差异的工序或工作,分析原因,采取措施,计算出新的工序或工作时间。

(4)调整项目网络图,重新进行时间参数计算,绘制调整后的网络图。

上述步骤循环进行,即可达到控制目的。

2. 香蕉曲线控制图

香蕉曲线图可以用作投资控制和进度控制,横坐标为时间,纵坐标为工程数量或投资额(见图4-11)。

控制程序如下:

(1)根据项目需要画出纵、横坐标。

(2)编制网络图,计算工序(工作)网络时间参数。

(3)画出最早开始时间曲线 A 和最迟结束时间曲线 B,形成香蕉图形。

(4)画出实际进度曲线 C,若 C 线处在香蕉曲线圆形之内,则投资或进度在控制范围内;若 C 线处在香蕉曲线之外,则要分析情况,采取措施进行调整,使其满足要求。

3. S形曲线控制法

S形曲线可以用作投资控制和进度控制,横坐标为时间,纵坐标为工程数量或投资(成本)(见图4-12)。

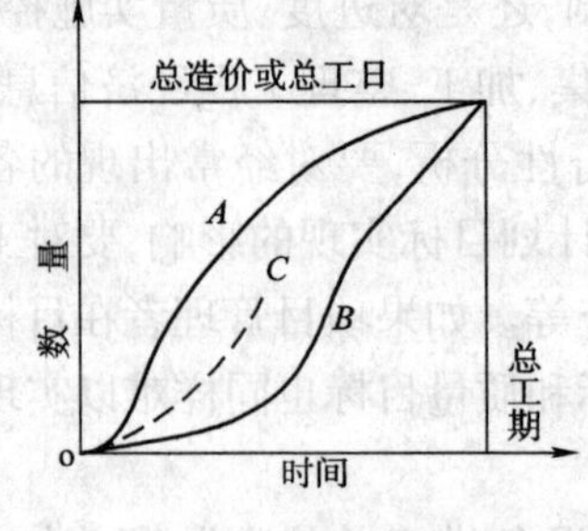

图4-11　香蕉控制图

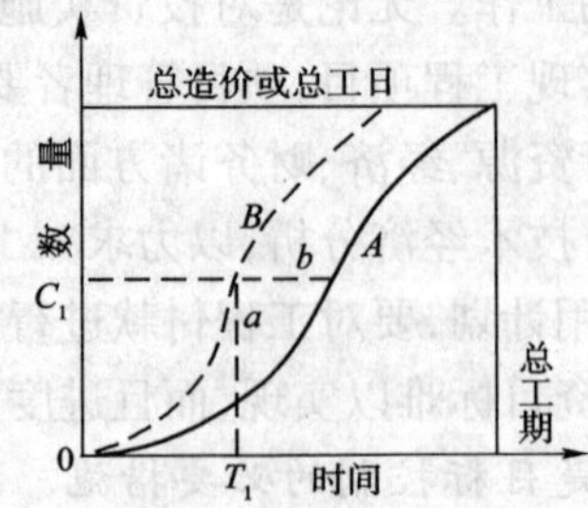

图4-12　S形曲线控制图

控制程序如下：

(1)根据项目需要画出纵、横坐标。

(2)根据计划完成的工程数量或投资额画出 S 形曲线 A。

(3)根据实际完成工程数量或投资额画出 S 形曲线 B。

(4)实际曲线值 B 与计划曲线值 A 进行比较，若两曲线接近，说明实际值 a 在控制范围内；若出现较大偏差，则要分析原因，采取措施进行调整。

(5)调整后绘制新的 B 曲线，再进行比较。

上述步骤重复进行，使实际值受到有效控制。

4. 项目责任控制图(图 4-13)

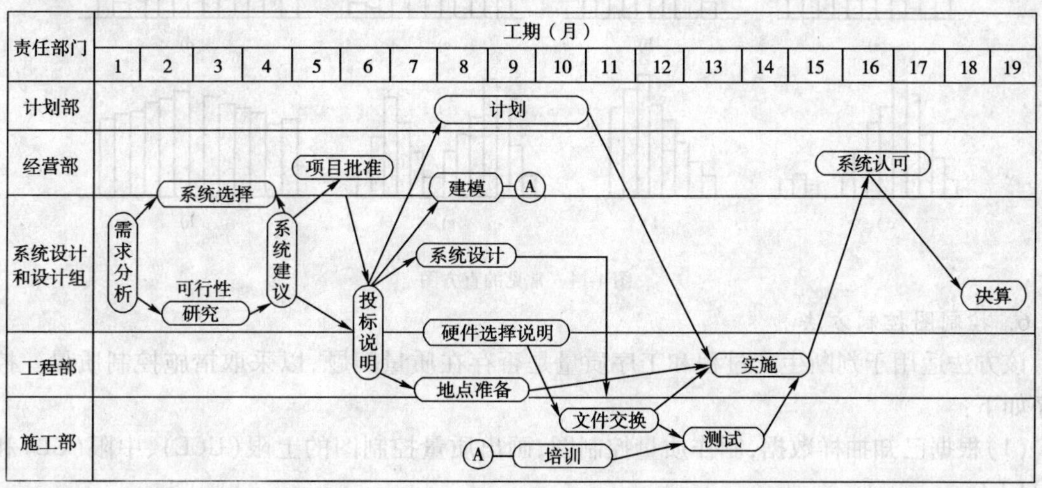

图 4-13　某系统开发项目责任图

该方法是将横道图与网络图相结合建立反映工作责任的新方法。编制步骤如下：

(1)画出纵横坐标图，横坐标为时间，纵坐标为负责一项或多项工作的部门或单位。

(2)项目各工作环节节点、环节长短用完成工作时间表示。

(3)用箭线表示各工作环节先后顺序及逻辑关系。

5. 直方图控制法

用直方图可以判断工序和生产过程质量是否存在问题。其控制程序如下：

(1)根据频数分布表中的统计数据，画出直方控制图。

(2)通过对直方图分布状态的分析，可以判断生产过程是否正常，下面就一些常见的直方图形加以分析，如图 4-14 所示。

①对称分布(正态分布)，如图 4-14a)。说明生产过程正常，质量稳定。

②偏态分布，如图 4-14b)、图 4-14c)。一般形位公差分布是偏态分布，此时，应属于正常生产情况。但是，由于技术上、习惯上的原因所出现的偏态分布，则应属于异常生产情况。

③锯齿分布，如图 4-14d)。造成这种状态的原因可能是分组的组数不当、组距不是测量单位的整倍数，或测试时使用的方法和读数有问题。

④孤岛分布，如图 4-14e)。造成这种状态的原因往往是短期内不熟练的工人替班所造

成的。

⑤陡壁分布,如图4-14f)。往往是剔除不合格品、等外品或超差返修后造成的。

⑥双峰分布,如图4-14g)。它是两种不同的分布混在一起检查的结果,如把由两台设备或两个班组的数据混在一起就会出现这种情况。

⑦平峰分布,如图4-14h)。生产过程中有缓慢变化的因素起主导作用的结果。

(3)进一步用排列图、因果分析图、相关图、鱼骨刺图等寻找存在质量问题的原因。

(4)分析质量原因,采取措施,保证质量控制在有效范围内。

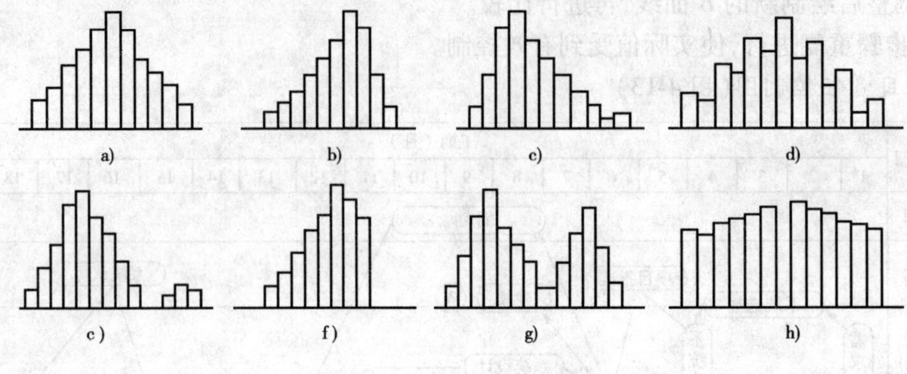

图4-14 常见的直方图

6. 控制图控制方法

该方法适用于判断生产过程和工序质量是否存在质量问题,以采取措施控制质量。控制程序如下:

(1)根据已知抽样数据,制作质量控制图,画出质量控制图的上限(UCL)、中限(CL)和下限(LCL)。

(2)分析控制图。分析控制图上的点子同时满足下述条件时,认为生产过程处于统计控制状态:

①连续25点中没有一点在限外或连续35点中最多一点在限外或连续100点中最多2点在限外。

②控制界限内的点子的排列无下述异常现象:

——连续7点或更多点在中线一侧;

——连续7点或更多点呈上升或下降趋势;

——连续11点中至少有10点在中心线同一侧;

——连续14点中至少有12点在中心线同一侧;

——连续17点中至少有14点在中心线同一侧;

——连续20点中至少有16点在中心线同一侧;

——连续3点中至少有2点和连续7点中至少有3点落在2倍标准偏差与3倍标准偏差控制界限之内;

——点子呈周期性变化。

(3)若控制图出现异常,说明工序或生产过程存在质量问题。

(4)用排列图、因果分析图、相关图等进一步寻找质量原因。

(5)找出质量原因后采取措施,重新再画控制图,使质量控制在有效范围内。

项目控制根据控制目标的不同还可以有很多方法，如PDCA管理循环法、量本利法、价值工程法、目标管理法、偏差估计法、检查对比法、看板管理法、责任承担法、进度报告法、会议审查法、定额管理法等。

第五节 工程项目风险管理

工程项目风险是指在项目决策和实施过程中，造成实际结果与预期目标的差异性及其发生的概率。项目风险的差异性包括损失的不确定性和收益的不确定性。这里的工程风险是指损失的不确定性。项目管理人员必须充分重视工程项目的风险管理，并将其年纳入工程项目管理中。

一、风险的分类

风险可根据不同的角度进行分类，常见的风险分类方式有下列三种。

1. 按风险的后果分

按风险所造成的不同后果可将风险分为纯风险和投机风险。

纯风险是指只会造成损失而不会带来收益的风险。如，自然灾害，一旦发生，将会导致重大损失，甚至人员伤亡；如果不发生，只是不造成损失而已，但不会带来额外的收益。此外，政治、社会方面的风险一般也都表现为纯风险。

投机风险则是指既可能造成损失也可能创造额外收益的风险。如，一项重大投资活动可能因决策错误或因遇到不测事件而使投资者蒙受灾难性的损失；但如果决策正确，经营有方或赶上大好机遇，则有可能给投资人带来巨额利润。投机风险具有极大的诱惑力，人们常常注意其有利可图的一面，而忽视其带来厄运的可能。

纯风险和投机风险两者往往同时存在。如，房产所有人就同时面临纯风险（如财产损坏）和投机风险（如经济形势变化所引起的房产价值的升降）。纯风险与投机风险还有一个重要区别。在相同的条件下，纯风险重复出现的概率较大，表现出某种规律性，因而人们可能较成功地预测其发生的概率，从而相对地容易采取防范措施。而投机风险则不然，其重复出现的概率较小，所谓“机不可失，时不再来”，因而预测的准确性相对较差，也就较难防范。

2. 按风险产生的原因分

按风险产生的不同原因可将风险分为政治风险、社会风险、经济风险、自然风险、技术风险等。其中，经济风险的界定可能会有一定的差异，如，有的学者将金融风险作为独立的一类风险来考虑。另外，需要注意的是，除了自然风险和技术风险是相对独立的之外，政治风险、社会风险和经济风险之间存在一定的联系，有时表现为相互影响，有时表现为因果关系，难以截然分开。

3. 按风险的影响范围分

按风险的影响范围大小可将风险分为基本风险和特殊风险。

基本风险是指作用于整个经济或大多数人群的风险，具有普遍性，如，战争、自然灾害、高通胀率等。显然，基本风险的影响范围大，其后果严重。特殊风险是指仅作用于某一特定单体（如个人或企业）的风险，不具有普遍性，如，偷车、抢银行、房屋失火等。特殊风险的影响范围小，虽然就个体而言，其损失有时亦相当大，但相对于整个经济而言，其后果不严重。

在某些情况下，特殊风险与基本风险很难严格加以区分，最典型的莫过于“9.11事件”。仅就撞机这个行为而言，属于特殊风险应当说是顺理成章的，但就其对美国和世界航空业、对美国人的心理乃至对美国整个经济的影响却远远超过某些基本风险。而如果从恐怖主义的角度来分析，则“9.11”事件应当说是属于基本风险的。由此可见，基本风险与特殊风险的界定有时需要考虑具体的出发点。

当然，风险还可以按照其他方式分类，例如，按风险分析依据可将风险分为客观风险和主观风险，按风险分布情况可将风险分为国别（地区）风险、行业风险，按风险潜在损失形态可将风险分为财产风险、人身风险和责任风险等。

二、建设工程风险与风险管理

1. 建设工程风险

对建设工程风险的认识，要明确两个基本点。

(1)建设工程风险大。建设工程建设周期持续时间长，所涉及到的风险因素多。对建设工程的风险因素，最常用的是按风险产生的原因进行分类，即将建设工程的风险因素分为政治、社会、经济、自然、技术等因素。这些风险因素都会不同程度地作用于建设工程，产生错综复杂的影响。同时，每一种风险因素又都会产生许多不同的风险事件。这些风险事件虽然不会都发生，但总会有风险事件发生。总之，建设工程风险因素和风险事件发生的概率均较大，这些风险因素和风险事件一旦发生，往往造成比较严重的后果。

(2)参与工程建设的各方均有风险，但各方的风险不尽相同。工程建设各方所遇到的风险事件有较大的差异，即使是同一风险事件，给建设工程不同参与方带来的后果，有时也迥然不同。例如，同样是通货膨胀风险事件，在可调价格合同条件下，对业主来说是相当大的风险，而对承包人来说则风险很小（其风险主要表现在调价公式是否合理）；但是，在固定总价合同条件下，对业主来说就不是风险，而对承包人来说是相当大的风险（其风险大小还与承包人在报价中所考虑的风险费或不可预见费的数额或比例有关）。

明确这一点，有利于准确把握建设工程风险。在对建设工程风险作具体分析时，首先要明确出发点，即从哪一方的角度进行分析。分析的出发点不同，分析的结果自然也就不同。本章以下关于建设工程风险的内容，主要是从业主的角度进行阐述。还需指出，对于业主来说，建设工程决策阶段的风险主要表现为投机风险，而在实施阶段的风险主要表现为纯风险。

2. 风险管理过程

风险管理就是一个识别、确定和度量风险，并制定、选择和实施风险处理方案的过程。建设工程风险管理在这一点上并无特殊性。风险管理应是一个系统的、完整的过程，一般也是一个循环过程。风险管理过程包括风险识别、风险评价、风险对策决策、实施决策、检查五方面内容。

(1)风险识别

风险识别是风险管理中的首要步骤，是指通过一定的方式，系统而全面地识别出影响建设工程目标实现的风险事件并加以适当归类的过程，必要时，还需对风险事件的后果作出定性的估计。

(2)风险评价

风险评价是将建设工程风险事件的发生可能性和损失后果进行定量化的过程。这个过程在系统地识别建设工程风险与合理地作出风险对策决策之间起着重要的桥梁作用。风险评价的结果主要在于确定各种风险事件发生的概率及其对建设工程目标影响的严重程度,如投资增加的数额、工期延误的天数等。

(3)风险对策决策

风险对策决策是确定建设工程风险事件最佳对策组合的过程。一般来说,风险管理中所运用的对策有以下四种:风险回避、损失控制、风险自留和风险转移。这些风险对策的适用对象各不相同,需要根据风险评价的结果,对不同的风险事件选择最适宜的风险对策,从而形成最佳的风险对策组合。

(4)实施决策

对风险对策所作出的决策还需要进一步制定具体的计划和措施,例如,制订预防计划、灾难计划、应急计划等;又如,在决定购买工程保险时,要选择保险公司,确定恰当的保险范围、免赔额、保险费等。这些都是实施风险对策决策的重要内容。

(5)检查与监控

在建设工程实施过程中,要对各项风险对策的执行情况不断地进行检查,并评价各项风险对策的执行效果;在工程实施条件发生变化时,要确定是否需要提出不同的风险处理方案。除此之外,还需要检查是否有被遗漏的工程风险或者发现新的工程风险,也就是进入新一轮的风险识别,开始新一轮的风险管理过程。

3. 风险管理的目标

风险管理是一项有目的的管理活动,只有目标明确,才能起到有效的作用。否则,风险管理就会流于形式,没有实际意义,也无法评价其效果。风险管理目标的确定一般要满足以下几个基本要求:

①风险管理目标与风险管理主体(如企业或建设工程的业主)总体目标的一致性;

②目标的现实性,即确定目标要充分考虑其实现的客观可能性;

③目标的明确性,以便于正确选择和实施各种方案,并对其效果进行客观的评价;

④目标的层次性,从总体目标出发,根据目标的重要程度,区分风险管理目标的主次,以利于提高风险管理的综合效果。

风险管理的具体目标还需要与风险事件的发生联系起来。就建设工程而言,在风险事件发生前,风险管理的首要目标是使潜在损失最小,这一目标要通过最佳的风险对策组合来实现。其次,是减少忧虑及相应的忧虑价值。忧虑价值是比较难以定量化的,但由于对风险的忧虑,分散和耗用建设工程决策者的精力和时间,却是不争的事实。再次,是满足外部的附加义务,例如,政府明令禁止的某些行为、法律规定的强制性保险等。在风险事件发生后,风险管理的首要目标是使实际损失减少到最低程度。要实现这一目标,不仅取决于风险对策的最佳组合,而且取决于具体的风险对策计划和措施。其次,是保证建设工程实施的正常进行,按原定计划建成工程。同时,在必要时还要承担社会责任。

从风险管理目标与风险管理主体总体目标一致性的角度,建设工程风险管理的目标通常更具体地表述为:

①实际投资不超过计划投资;

②实际工期不超过计划工期;

③实际质量满足预期的质量要求;

④建设过程安全。

因此,从风险管理目标的角度分析,建设工程风险可分为投资风险、进度风险、质量风险和安全风险。

4. 建设工程项目管理与风险管理的关系

风险管理是项目管理理论体系的一个部分。但是,在项目管理理论体系中,风险管理并不是与投资控制、进度控制、质量控制、合同管理、信息管理、组织协调并列的一个独立的部分,而是将以上六方面与风险有关的内容综合而成的一个独立的部分。

建设工程项目管理的目标即目标控制的目标,与风险管理的目标是一致的,这一点已如前述。从某种意义上讲,可以认为风险管理是为目标控制服务的。

建设工程目标规划和计划都是着眼于未来,而未来充满着不确定因素,即充满着风险因素和风险事件。通过风险管理的一系列过程,可以定量分析和评价各种风险因素和风险事件对建设工程预期目标和计划的影响,从而使目标规划更合理,使计划更可行。可以毫不夸张地说,对于大型、复杂的建设工程,如果不从早期开始就进行风险管理的话,则很难保证其目标规划的合理性和计划的可行性。

风险对策都是为风险管理目标服务的,也就是为目标控制服务的。从这个角度看,风险对策是目标控制措施的重要内容。风险对策的具体内容体现了主动控制与被动控制相结合的要求,而且相对于一般的目标控制措施而言,风险对策更强调主动控制,这不仅表现在预防计划和措施,而且表现在预先准备好但等到风险事件发生才及时采取的应对措施。因此,如果不从风险管理的角度选择适当的风险对策,目标控制的效果就将大大降低。

三、建设工程风险识别

1. 风险识别的特点

(1)个别性。任何风险都有与其他风险不同之处,没有两个风险是完全一致的。不同类型建设工程的风险不同自不必说,而同一建设工程如果建造地点不同,其风险也不同;即使是建造地点确定的建设工程,如果由不同的承包人承建,其风险也不同。因此,虽然不同建设工程风险有不少共同之处,但一定存在不同之处,在风险识别时尤其要注意这些不同之处,突出风险识别的个别性。

(2)主观性。风险识别都是由人来完成的,由于个人的专业知识水平(包括风险管理方面的知识)、实践经验等方面的差异,同一风险由不同的人识别的结果就会有较大的差异。风险本身是客观存在,但风险识别是主观行为。在风险识别时,要尽可能减少主观性对风险识别结果的影响。要做到这一点,关键在于提高风险识别的水平。

(3)复杂性。建设工程所涉及的风险因素和风险事件均很多,而且关系复杂、相互影响,这给风险识别带来很强的复杂性。因此,建设工程风险识别对风险管理人员要求很高。并且需要准确、详细的依据,尤其是定量的资料和数据。

(4)不确定性。这一特点可以说是主观性和复杂性的结果。在实践中,可能因为风险识别的结果与实际不符而造成损失,这往往是由于风险识别结论错误导致风险对策决策错误而造成的。由风险的定义可知,风险识别本身也是风险。因而避免和减少风险识别的风险也是风险管理的内容。

2. 风险识别的原则

(1)由粗及细,由细及粗。由粗及细是指对风险因素进行全面分析,并通过多种途径对工程风险进行分解,逐渐细化,获得对工程风险的广泛认识,从而得到工程初始风险清单。而由细及粗是指从工程初始风险清单的众多风险中,根据同类建设工程的经验以及对拟建建设工程具体情况的分析和风险调查,确定那些对建设工程目标实现有较大影响的工程风险,作为主要风险,即作为风险评价以及风险对策决策的主要对象。

(2)严格界定风险内涵并考虑风险因素之间的相关性。对各种风险的内涵要严格加以界定,不要出现重复和交叉现象。另外,还要尽可能考虑各种风险因素之间的相关性,如主次关系、因果关系、互斥关系、正相关关系、负相关关系等。应当说,在风险识别阶段考虑风险因素之间的相关性有一定的难度,但至少要做到严格界定风险内涵。

(3)先怀疑,后排除。对于所遇到的问题都要考虑其是否存在不确定性,不要轻易否定或排除某些风险,要通过认真的分析进行确认或排除。

(4)排除与确认并重。对于肯定可以排除和肯定可以确认的风险应尽早予以排除和确认;对于一时既不能排除又不能确认的风险再作进一步的分析,予以排除或确认。最后,对于肯定不能排除但又不能肯定予以确认的风险按确认考虑。

(5)必要时,可做试验论证。对于某些按常规方式难以判定其是否存在,也难以确定其对建设工程目标影响程度的风险,尤其是技术方面的风险,必要时可做试验论证,如抗震实验、风洞试验等。这样做的结论可靠,但要以付出费用为代价。

3. 风险识别的方法

(1)专家调查法

这种方法又有两种方式:一种是召集有关专家开会,让专家各抒己见,充分发表意见,起到集思广益的作用;另一种是采用问卷式调查,各专家不知道其他专家的意见。采用专家调查法时,所提出的问题应具有指导性和代表性,并具有一定的深度,还应尽可能具体些。专家所涉及的面应尽可能广泛些,有一定的代表性。对专家发表的意见要由风险管理人员加以归纳分类、整理分析,有时可能要排除个别专家的个别意见。

(2)财务报表法

财务报表有助于确定一个特定企业或特定的建设工程可能遭受哪些损失以及在何种情况下遭受这些损失。通过分析资产负债表、现金流量表、营业报表及有关补充资料,可以识别企业当前的所有资产、责任及人身损失风险。将这些报表与财务预测、预算结合起来,可以发现企业或建设工程未来的风险。采用财务报表法进行风险识别,要对财务报表中所列的各项会计科目作深入的分析研究,并提出分析研究报告,以确定可能产生的损失,还应通过一些实地调查以及其他信息资料来补充财务记录。由于工程财务报表与企业财务报表不尽相同,因而需要结合工程财务报表的特点来识别建设工程风险。

(3)流程图法

将一项特定的生产或经营活动按步骤或阶段顺序以若干个模块形式组成一个流程图系列,在每个模块中都标出各种潜在的风险因素或风险事件,从而给决策者一个清晰的总体印象。一般来说,对流程图中各步骤或阶段的划分比较容易,关键在于找出各步骤或各阶段不同的风险因素或风险事件。由于流程图的篇幅限制,采用这种方法所得到的风险识别结果较粗。

(4)初始清单法

如果对每一个建设工程风险的识别都从头做起,至少有以下三方面缺陷:一是耗费时间和精力多,风险识别工作的效率低;二是由于风险识别的主观性,可能导致风险识别的随意性,其结果缺乏规范性;三是风险识别成果资料不便积累,对今后的风险识别工作缺乏指导作用。因此,为了避免以上缺陷,有必要建立初始风险清单。建立建设工程的初始风险清单有两种途径:

常规途径是采用保险公司或风险管理学会(或协会)公布的潜在损失一览表,即任何企业或工程都可能发生的所有损失一览表。以此为基础,风险管理人员再结合本企业或某项工程所面临的潜在损失对一览表中的损失予以具体化,从而建立特定工程的风险一览表。

通过适当的风险分解方式来识别风险是建立建设工程初始风险清单的有效途径。对于大型、复杂的建设工程,首先将其按单项工程、单位工程分解,再对各单项工程、单位工程分别从时间维、目标维和因素维进行分解,可以较容易地识别出建设工程主要的、常见的风险。

初始风险清单只是为了便于人们较全面地认识风险的存在,而不至于遗漏重要的工程风险,但并不是风险识别的最终结论。在初始风险清单建立后,还需要结合特定建设工程的具体情况进一步识别风险,从而对初始风险清单作一些必要的补充和修正。为此,需要参照同类建设工程风险的经验数据,或针对具体建设工程的特点进行风险调查。

(5)经验数据法

经验数据法也称为统计资料法,即根据已建各类建设工程与风险有关的统计资料来识别拟建建设工程的风险。不同的风险管理主体都应有自己关于建设工程风险的经验数据或统计资料。在工程建设领域,可能有工程风险经验数据或统计资料的风险管理主体包括咨询公司(含设计单位)、承包人以及长期有工程项目的业主(如房地产开发商)。由于这些不同的风险管理主体的角度不同、数据或资料来源不同,其各自的初始风险清单一般多少有些差异。但是,建设工程风险本身是客观事实,有客观的规律性,当经验数据或统计资料足够多时,这种差异性就会大大减小。何况,风险识别只是对建设工程风险的初步认识,还是一种定性分析,因此,这种基于经验数据或统计资料的初始风险清单可以满足对建设工程风险识别的需要。

四、建设工程风险评价

风险评价的任务包括:确定单一风险因素发生的概率,分析单一风险因素的影响范围大小;分析各风险因素的风险后果,探讨这些风险因素对项目目标的影响程度;在单一风险因素量化分析的基础上,考虑多种因素对项目目标的综合影响、评估风险的程度并提出可能的措施作为管理决策的依据。

1. 风险的度量

风险的度量就是定量确定风险事件发生的概率和风险事件造成损失的大小。

(1)风险概率的衡量

衡量建设工程风险概率的方法常用概率分布法。一般而言,概率分布法的结果则接近于客观概率。概率分布法可以较为全面地衡量建设工程风险。因为通过潜在损失的概率分布,有助于确定在一定情况下哪种风险对策或对策组合最佳。

概率分布法的常见表现形式是建立概率分布表。为此,需参考外界资料和本企业历史资料。外界资料主要是保险公司、行业协会、统计部门等的资料。但是,这些资料通常反映的是平均数字，且综合了众多企业或众多建设工程的损失经历，因而在许多方面不一定与本企业或本建设工程的情况相吻合，运用时需作客观分析。本企业的历史资料虽然更有针对性，更能反映建设工程风险的个别性，但往往数量不够多，有时还缺乏连续性，不能满足概率分析的基本要求。另外，即使本企业历史资料的数量、连续性均满足要求，其反映的也只是本企业的平均水平，在运用时还应当充分考虑资料的背景和拟建建设工程的特点。由此可见，概率分布表中的数字可能是因工程而异的。

理论概率分布也是风险衡量中所经常采用的一种估计方法。即根据建设工程风险的性质分析大量的统计数据，当损失值符合一定的理论概率分布或与其近似吻合时，可由特定的几个参数来确定损失值的概率分布。

实际工作中根据风险事件发生的频繁程度，将风险事件发生概率分为 0 ~ 4 五个等级，即经常、很可能、偶然、极小、不可能，见表 4-10。等级的划分反映了一种主观判断。

风险事件发生概率的指数　　表 4-10

说明	简 单 描 述	等级指数
经常	很可能频繁地出现，在所关注的期间多次出现	4
很可能	在所关注的期间出现几次	3
偶然	在所关注的期间偶尔出现	2
极小	不太可能但还有可能在所关注的期间出现	1
不可能	由于不太可能所以假设它不会出现或不可能出现	0

(2)风险后果的衡量

为了在采取控制措施时能分清轻重缓急，常常给风险划一个等级。通常按照风险事故发生后果的严重程度划分为 5 级，即灾难性的、关键的、严重的、次要的、可忽略的。风险后果的等级可以用表 4-11 表示。

风险事件后果的等级划分　　表 4-11

划分	简 单 描 述	等级
灾难性的	人员死亡、项目失败、犯罪行为、破产	4
关键的	人员严重受伤、目标无法完全达到、超过风险准备费用	3
严重的	时间损失，耗费的以外费用，需要保险索赔	2
次要的	需要处理的损伤或疾病，能接受的工期拖延，需要部分以外费用或保险费过多	1
可忽略的	损失很小，或认为没有损失后果	0

2. 风险评价

在风险衡量过程中，建设工程风险被量化为关于风险发生概率和损失严重性的函数，但在选择对策之前，还需要对建设工程风险量作出相对比较，以确定建设工程风险的相对重要性。实际中常常将风险事件发生的概率指数和风险后果的等级相乘，根据相乘所得的数字对风险的重要性进行判断，如表 4-12 所示。

根据项目风险重要性评定结果，可以进行项目风险可接受评定。一般情况下，项目风险重要性评分值在 8 分以上的风险因素表示风险重要性较高，是不可以接受的风险，需要给予重点关注。

项目风险重要性评定 表 4-12

可能性（等级）＼后果（等级）		灾难性的	关键的	严重的	次重要的	可忽略的
		4	3	2	1	0
经常	4	16	12	8	4	0
很可能	3	12	3	6	3	0
偶然的	2	8	6	4	2	0
极小	1	4	3	2	1	0
不可能	0	0	0	0	0	0

五、建设工程风险对策

工程项目风险的应对策略包括风险回避、风险控制、风险自留、风险转移。

1. 风险回避

风险回避就是以一定的方式中断风险源，使其不发生或不再发展，从而避免可能产生的潜在损失。例如，某建设工程的可行性研究报告表明，虽然从净现值、内部收益率指标来看是可行的，但敏感性分析的结论是对投资额、产品价格、经营成本均很敏感，这意味着该建设工程的风险很大，因而决定不投资建造该工程。

采用风险回避这一对策时，有时需要作出一些牺牲，但较之承担风险，这些牺牲比风险真正发生时可能造成的损失要小得多。例如，某投资人因选址不慎，原决定在河谷建造某工厂，而保险公司又不愿为其承担保险责任。当投资人意识到在河谷建厂将不可避免地受到洪水威胁，且又别无防范措施时，只好决定放弃该计划。虽然他在建厂准备阶段耗费了不少投资，但与其厂房建成后被洪水冲毁，不如及早改弦易辙，另谋理想的厂址。又如，某承包人参与某建设工程的投标，开标后发现自己的报价远远低于其他承包人的报价，经仔细分析发现，自己的报价存在严重的误算和漏算，因而拒绝与业主签订施工合同。虽然这样做将被没收投标保证金或投标保函，但比承包后严重亏损的损失要小得多。所以，在某些情况下，风险回避是最佳对策。在采用风险回避对策时需要注意以下三个问题。

(1)回避一种风险可能产生另一种新的风险。在建设工程实施过程中，绝对没有风险的情况几乎不存在。就技术风险而言，即使是相当成熟的技术也存在一定的风险。例如，在隧道工程建设中，采用明挖法施工有支撑失败、顶板坍塌等风险。如果为回避这种风险而采用新的施工方案的话，又会产生其他新的风险。

(2)回避风险的同时也失去了从风险中获益的可能性。由投机风险的特征可知，它具有损失和获益的两重性。例如，在涉外工程中，由于缺乏有关外国市场的知识和信息，为避免承担由此而带来的经济风险，决策者决定选择本国货币作为结算货币，从而也就失去了从汇率变化中获益的可能性。

(3)回避风险可能不实际或不可能。这一点与建设工程风险的定义或分解有关。建设工程风险定义的范围越广或分解得越粗，回避风险就越不可能。例如，如果将建设工程的风险仅分解到风险因素这个层次，那么任何建设工程都必然会发生经济风险、自然风险和技术风险，根本无法回避。又如,从承包人的角度,投标总是有风险的,但决不会为了回避投标风险而不参加任何建设工程的投标。建设工程几乎每一个活动都存在大小不一的风险,过多地回避风险就等于不采取行动,而这可能是最大的风险所在。由此,可以得出结论:不可能回避所有的风险。正因为如此,才需要其他不同的风险对策。

总之,虽然风险回避是一种必要的、有时甚至是最佳的风险对策,但应该承认这是种消极的风险对策。如果处处回避,事事回避,其结果只能是停止发展,直至停止生存。因此,应当勇敢地面对风险,这就需要适当运用风险回避以外的其他风险对策。

2. 损失控制

1)损失控制的概念

损失控制是一种主动、积极的风险对策。损失控制可分为预防损失和减少损失两方面工作。预防损失措施的主要作用在于降低或消除损失发生的概率,而减少损失措施的作用在于降低损失的严重性或遏制损失的进一步发展,使损失最小化。一般来说,损失控制方案都应当是预防损失措施和减少损失措施的有机结合。

2)制定损失控制措施的依据和代价

制定损失控制措施必须以定量风险评价的结果为依据,才能确保损失控制措施具有针对性,取得预期的控制效果。风险评价时特别要注意间接损失和隐蔽损失。

制定损失控制措施还必须考虑其付出的代价,包括费用和时间两方面的代价,而时间方面的代价往往还会引起费用方面的代价。损失控制措施的最终确定,需要综合考虑损失控制措施的效果及其相应的代价。由此可见,损失控制措施的选择也应当进行多方案的技术经济分析和比较。

3)损失控制计划系统

在采用损失控制这一风险对策时,所制定的损失控制措施应当形成一个周密的、完整的损失控制计划系统。就施工阶段而言,该计划系统一般应由预防计划、灾难计划和应急计划三部分组成。

(1)预防计划

预防计划的目的在于有针对性地预防损失的发生,其主要作用是降低损失发生的概率,在许多情况下也能在一定程度上降低损失的严重性。在损失控制计划系统中,预防计划的内容最广泛,具体措施最多,包括组织措施、管理措施、合同措施、技术措施。

组织措施的首要任务是明确各部门和人员在损失控制方面的职责分工,以使各方人员都能为实施预防计划而有效地配合;还需要建立相应的工作制度和会议制度;必要时,还应对有关人员(尤其是现场工人)进行安全培训等。

采取管理措施,既可采取风险分隔措施,将不同的风险单位分离间隔开来,将风险局限在尽可能小的范围内,以避免在某一风险发生时,产生连锁反应或互相牵连,如在施工现场将易发生火灾的木工加工场尽可能设在远离现场办公用房的位置;也可采取风险分散措施,通过增加风险单位以减轻总体风险的压力,达到共同分摊总体风险的目的,如在涉外工程结算中采用多种货币组合的方式付款,从而分散汇率风险。

合同措施除了要保证整个建设工程总体合同结构合理、不同合同之间不出现矛盾之外,要注意合同具体条款的严密性,并作出与特定风险相应的规定,如要求承包人提供履约保证和预付款保证等。

技术措施是在建设工程施工过程中常用的预防损失措施,如地基加固、周围建筑物防护、材料检测等。与其他几方面措施相比,技术措施的显著特征是必须付出费用和时间两方面的代价。应当慎重比较后选择。

(2)灾难计划

灾难计划是一组事先编制好的、目的明确的工作程序和具体措施。它为现场人员提供明确的行动指南,使其在各种严重的,恶性的紧急事件发生后,不至于惊慌失措,也不需要临时讨论研究应对措施,而可以做到从容不迫、及时、妥善地处理,从而减少人员伤亡以及财产和经济损失。灾难计划是针对严重风险事件制定的,其内容应满足以下要求:

①安全撤离现场人员;

②援救及处理伤亡人员;

③控制事故的进一步发展,最大限度地减少资产和环境损害;

④保证受影响区域的安全尽快恢复正常。

灾难计划在严重风险事件发生或即将发生时付诸实施。

(3)应急计划

应急计划是在风险损失基本确定后的处理计划,其宗旨是使因严重风险事件而中断的工程实施过程尽快全面恢复,并减少进一步的损失,使其影响程度减至最小。应急计划不仅要制定所要采取的相应措施,而且要规定不同工作部门相应的职责。

应急计划应包括的内容有:调整整个建设工程的施工进度计划,并要求各承包人相应调整各自的施工进度计划;调整材料、设备的采购计划,并及时与材料、设备供应商联系,必要时,可能要签订补充协议;准备保险索赔依据,确定保险索赔的额度,起草保险索赔报告;全面审查可使用的资金情况,必要时需调整筹资计划等。

3. 风险自留

顾名思义,风险自留就是将风险留给自己承担,是从企业内部财务的角度应对风险。风险自留与其他风险对策的根本区别在于,它不改变建设工程风险的客观性质,即,既不改变工程风险的发生概率,也不改变工程风险潜在损失的严重性。

1)风险自留的类型

风险自留可分为非计划性风险自留和计划性风险自留两种类型。

(1)非计划性风险自留

由于风险管理人员没意识到建设工程某些风险的存在,或者不曾有意识地采取有效措施,以致风险发生后只好由自己承担。这样的风险自留就是非计划性的和被动的。导致非计划性风险自留的主要原因如下:

①缺乏风险意识。这往往是由于建设资金来源与建设工程业主的直接利益无关所造成的,这是我国过去和现在许多由政府提供建设资金的建设工程不自觉地采用非计划性风险自留的主要原因。此外,也可能是由于缺乏风险管理理论的基本知识而造成的。

②风险识别失误。由于所采用的风险识别方法过于简单和一般化,没有针对建设工程风险的特点,或者缺乏建设工程风险的经验数据或统计资料,或者没有针对特定建设工程进行风险调查等,都可能导致风险识别失误,从而使风险管理人员未能意识到建设工程某些风险的存在,而这些风险一旦发生就成为自留风险。

③风险评价失误。在风险识别正确的情况下,风险评价的方法不当可能导致风险评价结

论错误,如仅采用定性风险评价方法。即使是采用定量风险评价方法,也可能由于风险衡量的结果出现严重误差而导致风险评价失误,结果将不该忽略的风险忽略了。

④风险决策延误。在风险识别和风险评价均正确的情况下,可能由于迟迟没有作出相应的风险对策决策,而某些风险已经发生,使得根据风险评价结果本不会作出风险自留选择的那些风险成为自留风险。

⑤风险决策实施延误。风险决策实施延误包括两种情况:一种是主观原因,即行动迟缓,对已作出的风险对策迟迟不付诸实施或实施工作进展缓慢;另一种是客观原因,某些风险对策的实施需要时间,如损失控制的技术措施需要较长时间才能完成,保险合同的谈判也需要较长时间等等,而在这些风险对策实施尚未完成之前却已发生了相应的风险,成为事实上的自留风险。

事实上对于大型、复杂的建设工程来说,风险管理人员几乎不可能识别出所有的工程风险。从这个意义上讲,非计划性风险自留有时是无可厚非的,因而也是一种适用的风险处理策略。但是,风险管理人员应当尽量减少风险识别和风险评价的失误,要及时作出风险对策决策,并及时实施决策,从而避免被迫承担重大和较大的工程风险。总之,虽然非计划产生风险自留不可能不用,但应尽可能少用。

(2)计划性风险自留

计划性风险自留是主动的、有意识的、有计划的选择,是风险管理人员在经过正确的风险识别和风险评价后作出的风险对策决策,是整个建设工程风险对策计划的一个组成部分。也就是说,风险自留绝不可能单独运用,而应与其他风险对策结合使用。在实行风险自留时,应保证重大和较大的建设工程风险已经进行了工程保险或实施了损失控制计划。

计划性风险自留的计划性,主要体现在风险自留水平和损失支付方式两方面。所谓风险自留水平,是指选择哪些风险事件作为风险自留的对象。确定风险自留水平可以从风险量数值大小的角度考虑,一般应选择风险量小或较小的风险事件作为风险自留的对象。计划性风险自留还应从费用、期望损失、机会成本、服务质量和税收等方面与工程保险比较后才能得出结论。损失支付方式的含义比较明确,即在风险事件发生后,对所造成的损失通过什么方式或渠道来支付。

2)损失支付方式

计划性风险自留应预先制定损失支付计划,常见的损失支付方式有以下几种:

(1)从现金净收入中支出。采用这种方式时,在财务上并不对自留风险作特别的安排,在损失发生后从现金净收入中支出,或将损失费用记入当期成本。实际上,非计划性风险自留通常都是采用这种方式。因此,这种方式不能体现计划性风险自留的"计划性"。

(2)建立非基金储备。这种方式是设立了一定数量的备用金,但其用途并不是专门针对自留的风险,其他原因引起的额外费用也在其中支出。

(3)自我保险。这种方式是设立一项专项基金(亦称为自我基金),专门用于自留风险所造成的损失。该基金的设立不是一次性的,而是每期支出,相当于定期支付保险费。因而称为自我保险。这种方式若用于建设工程风险自留,需作适当的变通,如将自我基金(或风险费)在施工前一次性设立。

(4)母公司保险。这种方式只适用于存在总公司与子公司关系的集团公司,往往是在难以投保或自保较为有利的情况下运用。从子公司的角度来看,与一般的投保无异,收支较为稳定，税赋可能得益（是否按保险处理，取决于该国的规定）；从母公司的角度，可采用适当的方式进行资金运作，使这笔基金增值，也可再以母公司的名义向保险公司投保。对于建设工程风险自留来说，这种方式可用于特大型建设工程（有众多的单项工程和单位工程），或长期有较多建设工程的业主，如房地产开发（集团）公司。

3）风险自留的适用条件

计划性风险自留至少要符合以下条件之一才应予以考虑：

（1）别无选择。有些风险既不能回避，又不可能预防，且没有转移的可能性，只能自留，这是一种无奈的选择。

（2）期望损失不严重。风险管理人员对期望损失的估计低于保险公司的估计，而且根据自己多年的经验和有关资料，风险管理人员确信自己的估计正确。

（3）损失可准确预测。在此，仅考虑风险的客观性。这一点实际上是要求建设工程有较多的单项工程和单位工程，满足概率分布的基本条件。

（4）企业有短期内承受最大潜在损失的能力。由于风险的不确定性，可能在短期内发生最大的潜在损失，这时，即使设立了自我基金或向母公司保险，已有的专项基金仍不足以弥补损失，需要企业从现金收入中支付。如果企业没有这种能力，可能因此而摧毁企业。对于建设工程的业主来说，与此相应的是要具有短期内筹措大笔资金的能力。

（5）投资机会很好（或机会成本很大）。如果市场投资前景很好，则保险费的机会成本就显得很大，不如采取风险自留，将保险费作为投资，以取得较多的投资回报。即使今后自留风险事件发生，也足以弥补其造成的损失。

（6）内部服务优良。如果保险公司所能提供的多数服务完全可以由风险管理人员在内部完成，且由于他们直接参与工程的建设和管理活动，从而使服务更方便，质量在某些方面也更高，在这种情况下，风险自留是合理的选择。

4．风险转移

风险转移是建设工程风险管理中非常重要而且广泛应用的一项对策，分为非保险转移和保险转移两种形式。根据风险管理的基本理论，建设工程的风险应由有关各方分担，而风险分担的原则是：任何一种风险都应由最适宜承担该风险或最有能力进行损失控制的一方承担。符合这一原则的风险转移是合理的，可以取得双赢或多赢的结果。例如，项目决策风险应由业主承担，设计风险应由设计方承担，而施工技术风险应由承包人承担等。否则，风险转移就可能付出较高的代价。

1）非保险转移

非保险转移又称为合同转移，因为这种风险转移一般是通过签订合同的方式将工程风险转移给非保险人的对方当事人。建设工程风险最常见的非保险转移有以下三种情况。

（1）业主将公司责任和风险转移给对方当事人。在这种情况下，被转移者多数是承包人。例如，在合同条款中规定，业主对场地条件不承担责任；又如，采用固定总价合同将涨价风险转移给承包人等。

（2）承包人进行合同转让或工程分包。承包人中标承接某工程后，可能由于资源安排出现困难而将合同转让给其他承包人，以避免由于自己无力按合同规定时间建成工程而遭受违约罚款；或将该工程中专业技术要求很强而自己缺乏相应技术的工程内容分包给专业分包人，从而更好地保证工程质量。

(3)第三方担保。合同当事人的一方要求另一方为其履约行为提供第三方担保。担保方所承担的风险仅限于合同责任,即由于委托方不履行或不适当履行合同以及违约所产生的责任。第三方担保的主要表现是业主要求承包人提供履约保证和预付款保证(在投标阶段还有投标保证)。我国施工合同(示范文本)有发包人和承包人互相提供履约担保的规定。

与其他的风险对策相比,非保险转移的优点主要体现在:一是可以转移某些不可保的潜在损失,如物价上涨、法规变化、设计变更等引起的投资增加;二是被转移者往往能较好地进行损失控制,如承包人相对于业主能更好地把握施工技术风险,专业分包人相对于总包人能更好地完成专业性强的工程内容。但是,非保险转移的媒介是合同,这就可能因为双方当事人对合同条款的理解发生分歧而导致转移失效。另外,在某些情况下,可能因被转移者无力承担实际发生的重大损失而导致仍然由转移者来承担损失。例如,在采用固定总价合同的条件下,如果承包人报价中所考虑涨价风险费很低,而实际的通货膨胀率很高,从而导致承包人亏损破产,最终只得由业主自己来承担涨价造成的损失。还需指出的是,非保险转移一般都要付出一定的代价,有时转移代价可能超过实际发生的损失,从而对转移者不利。仍以固定总价合同为例,在这种情况下,如果实际涨价所造成的损失小于承包人报价中的涨价风险费,这两者的差额就成为承包人的额外利润,业主则因此遭受损失。

2)保险转移

保险转移通常直接称为保险,对于建设工程风险来说,则为工程保险。通过购买保险,建设工程业主或承包人作为投保人将本应由自己承担的工程风险(包括第三方责任)转移给保险公司,从而使自己免受风险损失。保险这种风险转移形式之所以能得到越来越广泛的运用,原因在于其符合风险分担的基本原则,即保险人较投保人更适宜承担有关的风险。对于投保人来说,某些风险的不确定性很大(即风险很大),但是对于保险人来说,这种风险的发生则趋近于客观概率,不确定性降低,即风险降低。

在进行工程保险的情况下,建设工程在发生重大损失后可以从保险公司及时得到赔偿,使建设工程实施能不中断地、稳定地进行,从而最终保证建设工程的进度和质量,也不致因重大损失而增加投资。通过保险还可以使决策者和风险管理人员对建设工程风险的担忧减少,从而可以集中精力研究和处理建设工程实施中的其他问题,提高目标控制的效果。而且,保险公司可向业主和承包人提供较为全面的风险管理服务,从而提高整个建设工程风险管理的水平。

保险这一风险对策的缺点首先表现在机会成本增加,这一点已如前述。其次,工程保险合同的内容较为复杂,保险费没有统一固定的费率,需根据特定建设工程的类型、建设地点的自然条件(包括气候、地质、水文等条件)、保险范围、免赔额的大小等加以综合考虑,因而保险合同谈判常常耗费较多的时间和精力。在进行工程保险后,投保人可能产生心理麻痹而疏于损失控制计划,以致增加实际损失和未投保损失。

需要说明的是,工程保险并不能转移建设工程的所有风险,一方面是因为存在不可保风险,另一方面则是因为有些风险不宜保险。因此,对于建设工程风险,应将工程保险与风险回避、损失控制和风险自留结合起来运用。对于不可保风险,必须采取损失控制措施。即使对于可保风险,也应当采取一定的损失控制措施,这有利于改变风险性质,达到降低风险量的目的,从而改善工程保险条件,节省保险费。

第六节　工程建设监理

一、我国工程建设监理的产生与发展

从新中国成立直至20世纪80年代,我国固定资产投资基本上是由国家统一安排计划(包括具体的项目计划),由国家统一财政拨款。在我国当时经济基础薄弱、建设投资和物资短缺的条件下,这种方式对于国家集中有限的财力、物力、人力进行经济建设,迅速建立我国的工业体系和国民经济体系起到了积极作用。

当时,我国建设工程的管理基本上采用两种形式:对于一般建设工程,由建设单位自己组成筹建机构,自行管理;对于重大建设工程,则从与该工程相关的单位抽调人员组成工程建设指挥部,由指挥部进行管理,因而建设单位无须承担经济风险。这两种管理形式得以长期存在,但其弊端是不言而喻的。由于这两种形式都是针对一个特定的建设工程临时组建的管理机构,相当一部分人员不具有建设工程管理的知识和经验,因此,他们只能在工作实践中摸索,而一旦工程建成投入使用,原有的工程管理机构和人员就解散,当有新的建设工程时再重新组建。这样,建设工程管理的经验不能承袭升华,用来指导今后的工程建设,而教训却不断重复发生,使我国建设工程管理水平长期在低水平徘徊,难以提高。投资"三超"(概算超估算、预算超概算、结算超预算)、工期延长的现象较为普遍。工程建设领域存在的上述问题受到政府和有关单位的关注。

通过对我国几十年建设工程管理实践的反思和总结,并对国外工程管理制度与管理方法进行了考察,认识到建设单位的工程项目管理是一项专门的学问,应当走专业化、社会化的道路。建设部于1988年发布了"关于开展建设监理工作的通知",明确提出要建立建设监理制度。建设监理制度作为工程建设领域的一项改革举措,旨在改变陈旧的工程管理模式,建立专业化、社会化的建设监理机构,协助建设单位做好项目管理工作,以提高建设水平和投资效益。建设工程监理制于1988年开始试点,5年后逐步推开,1997年《中华人民共和国建筑法》(以下简称《建筑法》)以法律制度的形式作出规定,国家推行建设工程监理制度,从而使建设工程监理在全国范围内进入全面推行阶段。

二、建设工程监理的概念

我国的建设工程监理发展很快,在许多方面取得了成功,但仍有不成熟的地方,目前难以准确地定义。如果从其主要属性来说,大体上可作如下表述:所谓建设工程监理,是指具有相应资质的工程监理企业,接受建设单位的委托,承担其项目管理工作,并代表建设单位对承建单位的建设行为进行监控的专业化服务活动。

建设单位,也称为业主、项目法人,是委托监理的一方。建设单位在工程建设中拥有确定建设工程规模、标准、功能以及选择勘察、设计、施工、监理单位等工程建设中重大问题的决定权。工程监理企业是指取得企业法人营业执照,具有监理资质证书的依法从事建设工程监理业务活动的经济组织。

工程建设监理是以工程建设活动为对象的,它包括工程项目活动的全过程监理,也可以是工程项目活动的某一阶段的监理,如设计阶段监理、施工阶段监理。建设工程监理范围可以分

为监理的工程范围和监理的建设阶段范围。

(1)工程范围

为有效发挥建设工程监理的作用,加大推行监理的力度,根据《建筑法》,国务院公布的《建设工程质量管理条例》对实行强制性监理的工程范围作了原则性的规定,建设部又进一步在《建设工程监理范围和规模标准规定》中对实行强制性监理的工程范围作了具体规定。下列建设工程必须实行监理:

①国家重点建设工程。依据《国家重点建设项目管理办法》所确定的对国民经济和社会发展有重大影响的骨干项目。

②中型公用事业工程:项目总投资额在3000万元以上的供水、供电、供气、供热等市政工程项目;科技、教育、文化等项目;体育、旅游、商业等项目;社会福利等项目;其他公用事业项目。

③成片开发建设的住宅小区工程:建筑面积在5万平方米以上的住宅建设工程。

④利用外国政府或者国际组织贷款、援助资金的工程:包括使用世界银行、亚洲开发银行等国际组织贷款资金的项目;使用国外政府及其机构贷款资金的项目;使用国际组织或者圈外政府援助资金的项目。

⑤国家规定必须实行监理的其他工程:项目总投资额在3000万元以上关系社会公共利益、公众安全的交通运输、水利建设、城市基础设施、生态环境保护、信息产业、能源等基础设施项目,以及学校、影剧院、体育场馆项目。

(2)阶段范围

建设工程监理可以适用于工程建设投资决策阶段和实施阶段,但目前主要是建设工程施工阶段。

在建设工程施工阶段,建设单位、勘察单位、设计单位、施工单位和工程监理企业等工程建设的各类行为主体均出现在建设工程当中,形成了一个完整的建设工程组织体系。在这个阶段,建筑市场的发包体系、承包体系、管理服务体系的各主体在建设工程中会合,由建设单位、勘察单位、设计单位、施工单位和工程监理企业各自承担工程建设的责任和义务,最终将建设工程建成投入使用。在施工阶段委托监理,其目的是更有效地发挥监理的规划、控制、协调作用,为在计划目标内建成工程提供最好的管理。

三、建设工程监理的性质

1. 服务性

建设工程监理具有服务性,是从它的业务性质方面定性的。建设工程监理的主要方法是规划、控制、协调,主要任务是控制建设工程的投资、进度和质量,最终应当达到的基本目的是协助建设单位在计划的目标内将建设工程建成投入使用。这就是建设工程监理的管理服务的内涵。

工程监理企业既不直接进行设计,也不直接进行施工;既不向建设单位承包造价,也不参与承包人的利益分成。在工程建设中,监理人员利用自己的知识、技能和经验、信息以及必要的试验、检测手段,为建设单位提供管理服务。

工程监理企业不能完全取代建设单位的管理活动。它不具有工程建设重大问题的决策权,它只能在授权范围内代表建设单位进行管理。

建设工程监理的服务对象是建设单位。监理服务是按照委托监理合同的规定进行的,是受法律约束和保护的。

2. 科学性

科学性是由建设工程监理要达到的基本目的决定的。建设工程监理以协助建设单位实现其投资目的为己任,力求在计划的目标内建成工程。面对工程规模日趋庞大,环境日益复杂,功能、标准要求越来越高,新技术、新工艺、新材料、新设备不断涌现;参加建设的单位越来越多,市场竞争日益激烈,风险日渐增加的情况,只有采用科学的思想理论、方法和手段才能驾驭工程建设。

科学性主要表现在:工程监理企业应当由组织管理能力强、工程建设经验丰富的人员担任领导;应当有足够数量的、有丰富的管理经验和应变能力的监理工程师组成的骨干队伍;要有一套健全的管理制度;要掌握先进的管理理论和方法;运用现代化的管理手段;要积累足够的技术、经济资料和数据;要有科学的工作态度和严谨的工作作风;要实事求是、创造性地开展工作。

3. 独立性

《建筑法》明确指出,工程监理企业应当根据建设单位的委托,客观、公正地执行监理任务。《工程建设监理规定》和《建设工程监理规范》要求工程监理企业按照“公正、独立、自主”原则开展监理工作。

按照独立性要求,工程监理单位应当严格地按照有关法律、法规、规章、工程建设文件、工程建设技术标准、建设工程委托监理合同、有关的建设工程合同等的规定实施监理;在委托监理的工程中,与承建单位不得有隶属关系和其他利害关系;在开展工程监理的过程中,必须建立自己的组织,按照自己的工作计划、程序、流程、方法、手段,根据自己的判断,独立地开展工作。

4. 公正性

公正性是社会公认的职业道德准则,是监理行业能够长期生存和发展的基本职业道德准则。在开展建设工程监理的过程中,工程监理企业应当排除各种干扰,客观、公正地对待监理的委托单位和承建单位。特别是当这两方发生利益冲突或者矛盾时,工程监理企业应以事实为依据,以法律和有关合同为准绳,在维护建设单位的合法权益时,不损害承建单位的合法权益。例如,在调解建设单位和承建单位之间的争议,处理工程索赔和工程延期,进行工程款支付控制以及竣工结算时,应当尽量客观、公正地对待建设单位和承建单位。

四、工程项目监理实施

对项目可以全过程实施监理,也可以分阶段实施监理,一般应遵循下述程序进行。

1. 签订建设监理合同

建设监理合同指建设单位委托监理单位承担监理任务,依法签订的合同。该合同签订后对双方均有法律约束力,因此必须全面履行合同中规定的义务。国外一些政府和著名咨询公司都有标准合同范本,如国际咨询工程师联合会(FIDIC)颁布的“雇主与咨询工程师项目管理协议国际范本与国际通用规则”(IGRA1990PM)就是标准监理合同。我国也于1996年制定了标准监理合同范本,即“工程建设监理合同示范文本”,对建设监理合同进行了统一规定和要求。其内容包括:标准条件、词语定义、适用语言法规、业主的义务、监理单位的权力、业主的权力、监理单位责任、业主责任、合同生效、变更和终止、监理酬金、风险处理等。

工程建设监理有关规定指出，“工程建设监理是有偿的服务活动。酬金及计提办法，由监理单位与建设单位依据所委托的监理内容和工作深度协商确定，并写入监理委托合同。”监理服务费用是监理单位在完成任务时得到的报酬。

2. 确定项目总监理工程师、监理人员，建立监理组织

项目总监理工程师是监理单位派驻项目的全权负责人，对内向监理单位负责，对外向项目法人负责，因此应由业务水平高、管理经验丰富、有良好职业道德，并已取得监理工程师执业资格证书和注册证书的监理工程师担任。总监理工程师有如下职责：

(1)保持与业主的密切联系，搞清建设意图和对监理的要求。

(2)主持制定项目的“监理规划”。

(3)负责组建项目的监理班子，明确相应的职责分工，主持制定监理工作运行制度。

(4)审查各专业监理工程师编制的监理实施细则。

(5)审核并签署工程开工令、停工令、复工令以及工程款的支付申请。

(6)主持处理工程中发生的重大质量事故、责任事故、安全事故。

(7)主持处理合同履行中的重大争议与纠纷，组织处理重大索赔。

(8)组织单项工程、分期交工工程项目的验收，并签署相应的质检报告和验收报告。

(9)主持审核工程的结算书。

(10)定期、不定期地向业主提交项目实施情况报告。

(11)主持项目组织的工作例会。

(12)审核并签署项目竣工资料。

(13)主持编写项目监理工作总结报告。

根据工程规模、复杂程度和专业需要，在监理项目中应配置相应的专业监理工程师或管理人员，包括结构、测量、材料、给排水、采暖通风、电气安装、预算等专业人员，其职责根据工作情况由总监理工程师确定。建立监理组织通常有以下几种形式：

(1)按项目组成分解监理组织形式。

(2)按建设阶段分解监理组织形式。

(3)按监理职能分解监理组织形式。

(4)按矩阵制组成监理组织形式。

3. 制定监理规划、监理实施细则

建设监理单位在确定了项目总监理工程师后，由总监理工程师制定项目监理规划，并由专业监理工程师针对项目具体情况制定监理实施细则。

监理规划由项目总监理工程师主持，根据业主对项目监理的要求，在详细阅读并掌握监理项目有关资料的基础上，结合监理条件编制开展项目监理工作的指导性文件。文件内容包括：工程概况、监理范围和目标、主要监理措施、监理组织、监理工作制度等。

监理实施细则指在监理规划指导下，落实各专业监理责任，并由专业监理工程师针对项目具体情况制定的可具体实施和操作的业务文件。其内容可根据不同的监理阶段制定，要求具体、详细，以利于监理工作的开展、实施和检查。

4. 监理工作规范化

应根据监理规划和监理实施细则的要求，规范化地开展监理工作，具体体现在下列方面。

(1)按一定顺序开展监理工作。

(2)监理工作职责分工明确,每个人都按严格的职责要求开展工作。

(3)监理工作有明确的工作目标,每个目标都有明确具体的要求。

5. 监理工作总结

监理工作完成后应进行总结,一般包括以下内容:

(1)向项目法人提交的总结。包括监理合同履行情况陈述、监理任务或监理目标完成情况评价、监理工作总结说明等。

(2)向监理公司提交的总结。包括监理工作经验、监理工作建议等。

五、工程项目监理的投资控制

监理投资控制是项目管理三大控制之一,在不同的监理阶段具有不同的内容。工程项目的造价监理主要是围绕项目投资控制进行的,造价工程师所讲的对项目的造价监理应视为项目的投资控制。

1. 投资控制的目标

投资控制是为了有效地利用资金,使之充分发挥资金效益。投资控制是要在规定的投资范围内进行有效的控制,一般不得任意扩大。

建设工程投资控制的目标,就是通过有效的投资控制工作和具体的投资控制措施,在满足进度和质量要求的前提下。力求使工程实际投资不超过计划投资。

"实际投资不超过计划投资"可能表现为以下几种情况:①在投资目标分解的各个层次上。实际投资均不超过计划投资。②在投资目标分解的较低层次上。实际投资在有些情况下超过计划投资,在大多数情况下不超过计划投资,因而在投资目标分解的较高层次上,实际投资不超过计划投资。③实际总投资未超过计划总投资,在投资目标分解的各个层次上,都出现实际投资超过计划投资的情况。但在大多数情况下实际投资未超过计划投资。

2. 投资控制的方法

控制方法是在项目进展全过程中以控制循环理论为指导,用计划值与实际值进行比较,发现问题及时纠偏,纠偏的方法主要采取组织措施、技术措施、经济措施、合同措施。并采用计算机辅助手段提高控制水平。由于项目投资是"全部费用",所以要从多方面对它实施控制。

(1)监理工程师进行投资控制时要针对项目费用组成实施控制,防止只控制建筑安装工程费而忽视甚至不去控制设备和工器具购置费及其他费的现象发生;

(2)要针对项目结构的所有子项目的费用实施控制,防止只重视主体工程或红线内工程投资控制而忽视其他子项目投资控制;

(3)要针对所有合同的付款实施控制,控制住整个合同价;

(4)投资控制不能只在施工阶段,还要在项目实施的其他阶段进行控制,它是全过程的控制;

(5)不仅要对投资的质量进行控制,还要对费用发生的时间进行控制,要满足资金使用计划的要求。

3. 投资控制的任务

作为投资控制,其目标应该明确,在工程实施阶段进行控制,使该项目的实际总投资小于或等于该项目的计划投资。应重视设计阶段的投资控制任务，因它直接关系到工程项目总投资数额，而施工阶段在投资挖潜上远不如设计阶段。因此应特别重视设计方案的竞赛、评审等工作，这些都是有效控制途径。

为了控制项目计划投资，监理工程师要从每个投资切块开始，从工程的每个分项分部工程开始，一步一步地控制，一个循环一个循环地控制，从“小”处着手，放眼整个项目，从多方面着手，实施全面控制。投资控制方法要点是不断将计划值与实际值进行比较；采取控制措施以确保目标实现。

4. 控制措施（见表4-13）。

各阶段投资控制措施　表4-13

阶段＼措施	组织措施	经济措施	技术措施	合同措施
设计准备阶段	1. 明确监理组织机构采用的组织形式； 2. 落实监理班子中投资控制人员、任务、职能分工； 3. 编制本阶段投资控制流程图； 4. 参与组织设计方案竞赛做设计招标组织准备	1. 编制投资控制规划，对投资目标进行论证，对总投资目标进行分解； 2. 投资目标的风险分析； 3. 收集信息、建数据库； 4. 编制准备阶段的详细费用，支出计划，并控制执行	1. 对可能的技术方案进行技术经济比较与论证； 2. 对设计任务书中的技术问题、技术数据，作技术分析审核； 3. 确定设计方案评选原则，参与方案评选	1. 分析比较各种承发包可能模式与投资控制关系； 2. 从投资控制角度考虑合同结构； 3. 设计委托合同中给定投资范围
设计阶段	1. 编制本阶段投资控制的详细工作流程； 2. 在监理班子内落实管理设计阶段控制人员并明确具体任务； 3. 聘请专家进行咨询、评审，从设计中挖潜	1. 编制详细投资计划，控制各子项目、各设计工种在规定的投资计划值范围内设计； 2. 对设计进行动态跟踪及时纠偏； 3. 编制设计阶段费用支出计划，并控制执行； 4. 定期向业主提供投资控制报表	1. 设计进展中进行技术经济比较，寻找挖潜可能性； 2. 必要时组织专家论证，并进行科学试验，以使设计优化	
施工招标阶段	1. 编制招标、评标、发包阶段投资控制详细工作流程图； 2. 在监理班子中落实投资方面参加招标、评标工作及合同谈判的工作人员，并落实具体任务	1. 编制、审核标底与投资计划值进行比较； 2. 审核招标文件中与投资有关的部分； 3. 做评标准备工作，参与评标	对各投标文件中主要施工技术方案做必要的技术经济比较论证	1. 参与合同谈判； 2. 掌握合同价的计算、调整、付款方式等； 3. 注意合同条款的内容

续上表

阶段＼措施	组织措施	经济措施	技术措施	合同措施
施工阶段	1. 编制施工阶段投资控制详细的工作流程图； 2. 在项目监理班子中落实本阶段投资控制人员	1. 进行工程量复核； 2. 复核计量支付证书； 3. 在施工过程中进行动态跟踪； 4. 定期向业主提供投资报表； 5. 编制该阶段详细费用支出计划，并控制执行； 6. 审核竣工决算	1. 对设计变更进行技术经济比较； 2. 继续寻求通过设计挖潜的节约投资的可能性	1. 参与处理索赔事宜； 2. 参与合同修改、补充工作，着重考虑其对投资的影响

思考题

1. 什么叫项目？项目有哪些特性？什么叫项目管理？项目管理具有哪些特点？

2. 什么叫建设项目？建设项目除了具备一般项目特征外，还具有哪些特征？

3. 公路建设项目包括哪些组成？按建设性质、投资作用及项目规模等划分标准，可分为哪几类？

4. 长度为 1 000m 以上的独立公路大桥按项目规模划分属于哪一类项目？道路及立交桥梁按项目规模划分标准有什么规定？

5. 简述公路基本建设程序。

6. 我国推行项目管理的意义、作用有哪些？我国实行项目管理具有哪些特点？

7. 项目管理具有哪些职能？

8. 项目组织的形式有哪些？

9. 建设项目管理方式有几种类型？简述建设项目的三角管理方式与 BOT 建设方式。

10. 什么是项目目标？项目的核心目标有哪些？这些核心目标是由什么来界定的？这些核心目标的相互关系怎样？制定项目目标的依据是什么？

11. 项目控制分为哪两类控制？各类控制的含义是什么？两类控制的相互关系是什么？

12. 做好项目的控制应采取哪些有效措施？

13. 进度控制、质量控制和投资控制分别包括哪几类控制？怎样才能将进度、质量、投资三大控制工作做好？

14. 常用的控制方法有哪些？这些控制方法分别适用于进度、质量、投资控制中的哪一类控制？

15. 什么叫做工程建设监理？工程建设监理的性质有哪些？

16. 怎样才能做好工程项目监理的造价监理工作？

17. 简述项目不同阶段投资控制措施。

第五章　相关法律法规

第一节　概　　述

一、经济法律关系

经济法律关系是指社会关系为经济法律规范调整时所形成的权利义务关系。它是由经济法律关系的主体、经济法律客体、经济法律内容三要素构成。

1. 经济法律关系主体

经济法律关系主体,是指经济法律关系的参加者或当事人,即参与经济法律关系,依法享有经济权利、承担经济义务的当事人。包括国家机关、法人、其他社会组织、个体工商户、农村承包经营户和自然人等。

(1)国家机关。国家机关包括国家权力机关和国家行政管理机关。它们依照法律规定,代表国家行使管理社会经济的职能,在通过采用行政的、经济的和法律的手段来调节和控制社会经济的活动。它们是同各种社会组织之间形成的一种调控、监督和管理的经济法律关系。

(2)法人。法人是具有民事权利能力和民事行为能力,依法独立享有民事权利和承担民事义务的组织。法人应当具备以下条件:

①依法成立。尽管由于法人的性质、业务范围不同,法人的设立程序也有区别,但都必须依法定程序设立,社会组织只有依法成立,才能取得法人资格。这有别于有些法律关系主体如公民,无须经过法定程序即可取得主体资格。

②有必要的财产或者经费。法人必须具有的财产或独立经营管理的活动经费,这是法人参与经济活动、完成法人任务从事经营管理活动的物质基础,也是法人独立承担经济责任的前提。

③有自己的名称、组织机构和场所。法人的名称或字号是代表法人的符号,是使法人特定化、区别于其他法人的标志。法人只有以自己名义进行经济活动才能为自己取得经济权利、设定经济义务。法人应当有健全的组织机构,如法人应有自己的组织章程;有产生法人意志的机关;有实现法人意志的机构等。这些机构相互配合,相互制约,组成一个有机的整体。场所是指法人从事生产、经营活动的固定地点,法人要有固定的场所作为其享有权利和承担业务的法定住所地,也有利于开展生产经营和服务活动。

④能够独立承担民事责任。这要求法人以自己拥有的全部财产对债务负责。除法律有特别规定外,法人的发起人、股东对法人的债务不承担无限连带责任。

法人可以分为企业法人、机关法人、事业单位法人和社会团体法人等。企业法人经主管机关核准登记,取得法人资格。有独立经费的机关从成立之日起,具有法人资格。具备法人条件的事业单位、社会团体,依法不需要办理法人登记的,从成立之日起,具有法人资格;依法需要办理法人登记的，经核准登记，取得法人资格。

(3)其他社会组织。其他社会组织是指依据有关法律规定能够独立从事一定范围生产经营或服务活动、但不具备法人条件的社会组织。

(4)个体工商户和农村承包经营户。公民在法律允许的范围内，依法经核准登记，从事工商业经营的，为个体工商户。个体工商户经国家主管机关核准登记，领取营业执照后，便可在核准的业务范围内进行工商业经营活动，他们可以签订经济合同，参与经济法律关系，成为经济法律关系主体。农村集体经济组织的成员，在法律允许的范围内，按照承包合同规定从事经营的为农村承包经营户。农村承包经营户可以以自己名义进行商品生产和经营，成为经济法律关系主体。

(5)自然人。在一般情况下，自然人只是民事法律关系的主体，但在一定范围内，如在税收关系、投资关系中，自然人也可以成为经济法律关系的主体。

2. 经济法律关系客体

经济法律关系客体是指经济法律关系主体的权利义务共同指向的事物。包括财和物、行为、智力成果等。

(1)物。作为经济法律关系客体的物，是指为人们所控制和支配的、具有经济价值的、以物质形态表现出来的物体。物所涉及的范围很广，具体形态很多。按照不同的标准，可将物划分为：生产资料和生活资料，固定资产和流动资产，种类物和特定物，可分物和不可分物，流通物、限制流通物和禁止流通物，主物和从物，原物和孳息等。

(2)财。包括货币资金和有价证券有价证券。货币是充当一般等价物的特殊商品。在生产流通过程中，货币是以价值形态表现的资金。有价证券是指具有一定的票面金额、代表某种财产权的凭证，如，股票、债券、汇票和支票。

(3)行为。行为是指法律关系主体有意识的活动，包括完成一定工作和提供一定劳务等。例如建筑安装、勘察设计、加工承揽、货物运输、仓储保管、咨询服务等。通过完成一定工作和提供一定劳务，可以保证经济权利和经济义务的实现。

(4)智力成果。智力成果指人们脑力劳动所产生的成果。如，专利、专有技术、商标和创作成果等。它们虽不呈物质形态，但具有重要的经济价值和社会价值，一旦同社会生产相结合，便可以创造出巨大的物质财富。

3. 经济法律关系内容

经济法律关系内容，是指经济法律关系主体间的经济权利和经济义务。

(1)经济权利。经济权利是指法律赋予法律关系主体的某种经济权益，表现为享有权利的主体，有权作出一定的行为和要求他人作出相应的行为，在必要时可请求有关国家机关用强制力协助实现其权益。

(2)经济义务。经济义务是指负有义务的人必须作出一定的行为或不得作出一定行为，以保证权利人的权利得以实现。

二、经济法律事实

1. 经济法律事实的概念

经济法律事实，是指能够引起经济法律关系产生、变更或消灭的客观现象。它包括行为和事件。只有一定的法律事实存在，才能在当事人之间发生一定的经济法律关系，或使原来的经济法律关系发生变更或消灭。

2. 经济法律事实的内容

经济法律事实包括行为和事件。

(1)行为

行为是指依当事人的意志而作出的、能够引起经济法律关系发生、变更和终止的活动，它包括作为和不作为两种表现形式。

行为可以分为合法行为和违法行为。凡符合国家法律规定或为国家法律所认可的行为是合法行为，凡违反国家法律规定的行为是违法行为。

(2)事件

事件是指不以经济法律关系主体的主观意志为转移而发生的，能够引起经济法律关系产生、变更、终止的客观事实。这些客观事实的出现与否，是当事人无法预见和控制的。

事件可分为自然事件和社会事件两种。自然事件是指由于自然现象引起的客观事实。社会事件是指由于社会上发生了不以个人意志为转移的、难以预料的重大事变所形成的客观事实。无论自然事件还是社会事件，它们的发生都能引起一定的法律后果，即导致经济法律关系的产生或者迫使已经存在的经济法律关系发生变化。

行政行为和发生法律效力的法院判决、裁定以及仲裁机关发生法律效力的裁决等，也是一种法律事实，也能引起法律关系的发生、变更和终止。

三、代理

1. 代理的概念和特征

代理是代理人在代理权限内，以被代理人的名义实施的、其民事责任由被代理人承担的法律行为。代理具有以下特征：

(1)代理人必须在代理权限范围内实施代理行为。无论代理权的产生是基于何种法律事实，代理人都不得擅自变更或扩大代理权限，代理人超越代理权限的行为，被代理人对此不承担责任。在代理关系中，委托代理中的代理人应根据被代理人的授权范围进行代理，法定代理和指定代理中的代理人也应在法律规定或指定的权限范围内实施代理行为。

(2)代理人以被代理人的名义实施民事法律行为。代理人只有以被代理人的名义实施具有法律意义的代理行为，才能为被代理人取得权利和设定义务。如果代理人是以自己的名义实施法律行为，这种行为是代理人自己的行为而非代理行为。凡不与第三人产生权利义务关系的行为，如代人抄写等，不属于民事上的代理。

(3)代理人在被代理人的授权范围内独立地表现自己的意志。在被代理人的授权范围内，代理人以自己的意志去积极地为实现被代理人的利益和意愿进行具有法律意义的活动。它具体表现为代理人有权自行解决他如何向第三人作出意思表示，或者是否接受第三人的意思表示。

(4)被代理人对代理行为承担民事责任。代理是代理人以被代理人的名义实施的法律行为，所以在代理关系中所设定的权利义务，当然应当直接归属被代理人享有和承担。被代理人对代理人的代理行为承担民事责任，既包括对代理人在执行代理任务时的合法行为承担民事责任，也包括对代理人不当代理行为承担民事责任。

2. 代理的种类

根据代理权产生的依据不同,可将代理分为委托代理、法定代理和指定代理。

(1)委托代理。委托代理,是基于被代理人对代理人的委托授权行为而产生的代理。委托代理是在一定的法律关系基础上产生的,在委托代理中,被代理人所作出的授权行为属于单方的法律行为,仅凭被代理人一方的意思表示,即可以发生授权的法律效力。被代理人有权随时撤销其授权委托,代理人也有权随时辞去所受委托。但代理人辞去委托时,不能给被代理人和善意第三人造成损失,否则应负赔偿责任。

委托代理的授权,可以用书面形式,也可以用口头形式。法律规定用书面形式的,应当用书面形式。书面委托代理的授权委托书应当载明代理人的姓名或名称、代理事项、权限和期间,并由委托人签名或盖章。委托书授权不明的,被代理人应当向第三人承担民事责任,代理人负连带责任。

(2)法定代理。法定代理是根据法律的直接规定而产生的代理。法定代理主要是为维护无行为能力或限制行为能力人的利益而设立的代理方式。这种代理无需被代理人授权。

(3)指定代理。指定代理是根据人民法院和有关单位的指定而产生的代理。指定代理只在没有委托代理人和法定代理人的情况下适用。在指定代理中,被指定的人称为指定代理人,依法被指定为代理人的,如无特殊原因不得拒绝担任代理人。

3. 无权代理

无权代理是指行为人没有代理权而以他人名义进行民事、经济活动。无权代理包括以下几种情况:

(1)没有代理权的代理行为;

(2)超越代理权限的代理行为;

(3)代理权终止后的代理行为。

对于无权代理行为,“被代理人”当然可以不承担法律责任。《民法通则》规定,无权代理行为“只有经过被代理人的追认,被代理人才承担民事责任。未经追认的行为,由无权代理的行为人承担民事责任”,但“本人知道他人以自己的名义实施民事行为而不作否认表示的,视为同意”。

4. 代理关系的终止

(1)委托代理关系的终止

委托代理关系可因下列原因终止:

①代理期间届满或者代理事项完成;

②被代理人取消委托或代理人辞去委托;

③代理人死亡或代理人丧失民事行为能力;

④作为被代理人或者代理人的法人终止。

(2)指定代理或法定代理关系的终止

指定代理或法定代理可因下列原因终止:

①被代理人取得或者恢复民事行为能力;

②被代理人或代理人死亡;

③代理人丧失民事行为能力;

④指定代理人的人民法院或指定单位撤销指定；

⑤监护关系消灭。

四、财产所有权和债权

财产所有权与债权是两项基本民事权利，也是大多数经济活动的基础和目的。

1. 财产所有权

(1)财产所有权的概念。财产所有权是指财产的所有人依照法律对其财产享有占有、使用、收益和处分的权利。所有权具有绝对性，所有人无须其他人的积极协助就可以实现其所有权，其权利可以对抗其他任何人。所有权是一种最全面、最充分的物权，其他物权，如抵押权、经营权等，只能享有所有权中的部分权能。财产权还是一种排他性的权利。

(2)财产所有权的权能。财产所有权的权能是指所有人对其所有的财产依法享有的权利，包括占有权、使用权、收益权、处分权。占有权是指对财产实际掌握、控制的权能。占有权可以根据所有人的意志和利益分离出去，由非所有人享有。如，根据货物运输合同，承运人对托运人的财产享有占有权。使用权是指对财产的实际利用和运用的权能。通过对财产实际利用和运用满足所有人的需要，是实现财产使用价值的基本渠道。收益权是指取由原物产生出来的新增经济价值的权能。原物新增的经济价值包括由原物直接派生出来的果实、由原物所产生出来的租金和利息、对原物直接利用而产生的利润等。处分权是指依法对财产进行处置，决定财产在事实上或法律上命运的权能。处分权的行使决定着物的归属。处分权是所有人的最基本的权利，它是所有权内容的核心。

(3)所有权的取得。

所有权的取得可以分为原始取得和继受取得两类。

①原始取得，是指根据法律的规定直接取得财产所有权，是财产所有权第一次产生或者不依靠原所有人的权利而取得所有权。如通过生产活动创造的新财产，由财产所有人和生产者享有所有权；国家可以依法强制将某些财产没收归国有，不承认原所有人的权利不考虑原所有人的意志；通过收取物的孳息收益而获得所有权，包括天然孳息和法定孳息。

②继受取得，是指根据原所有人的意志，接受原所有人转移的所有权，即所有人通过法律行为从原所有人那里取得财产所有权。如通过买卖，买方取得卖方的财产所有权；继承人通过继承取得遗产的所有权；通过遗赠或赠与取得财产所有权。

(4)所有权的消灭。所有权的消灭是指通过某种法律事实，使所有人丧失所有权。所有权消灭的原因有以下几种：

①所有权转让；

②所有权客体消灭；

③所有权主体的消灭；

④因强制手段而消灭；

⑤所有权主体的消灭。

2. 债权

(1)债的概念。债是按照合同的约定或者按照法律规定，在特定的当事人之间产生的权利和义务关系。在这种法律关系中，享有权利的人是债权人，负有义务的人是债务人。

(2)债的产生。债的产生是指特定当事人之间债权债务关系的产生。引起债产生的一定的法律事实,就是债产生的根据。债产生的根据有以下几点。

①合同。在当事人之间因产生了合同法律关系,也就是产生了权利义务关系,设立了债的关系。任何合同关系的设立,都会在当事人之间发生债权债务的关系。合同引起债的关系是债发生的最主要、最普遍的依据。因合同产生的债称为合同之债。

②侵权。侵权是指公民或法人没有法律依据而侵害他人的财产权利或人身权利的行为。侵权行为一经发生,即在侵权行为人和被侵权人之间形成债的关系,受害人可以要求侵害人赔偿损失。因侵权行为产生的债称为侵权之债。

③无因管理。无因管理是指没有法定或约定的义务,为避免他人利益受到损失,自觉为他人管理事物或提供服务。无因管理在管理人员或服务人员与受益人之间形成了债的关系。管理人或服务人可以要求受益人偿付必要的费用。因无因管理产生的债被称为无因管理之债。

④不当得利。不当得利是指没有法律上或者合同上的依据,有损于他人利益而自身取得利益的行为。由于不当得利造成他人利益的损害,因此在得利者与受害者之间形成债的关系。得利者应当将所得的不当利益返还给受损失的人。因不当得利产生的债称为不当得利之债。

五、诉讼时效

1. 诉讼时效的概念

诉讼时效是指权利人在法定期间内不行使权利就丧失请求人民法院保护其民事权益的权利的制度。即公民或者法人在其民事权利受到侵害的时候,在诉讼时效期间内不行使权利,就丧失了请求法院依照诉讼程序强制义务方履行义务的权利。

2. 诉讼时效期间

我国《民法通则》规定,我国的诉讼时效期间为两年。下列的诉讼时效期间为一年。

(1)身体受到伤害要求赔偿的;

(2)出售质量不合格的商品未声明的;

(3)延付或者拒付租金的;

(4)寄存财物被丢失或者损毁的。

我国《合同法》规定,因国际货物买卖合同和技术进口合同争议提起起诉的期限为四年。

诉讼时效期间从权利人知道或者应当知道其权利受到侵害之日起开始计算。但是,从权利被侵害之日起超过20年的,人民法院不予保护。超过诉讼时效期间,当事人自愿履行的,不受诉讼时效期间限制。

3. 诉讼时效的中止和中断

(1)诉讼时效的中止。诉讼时效的中止是指在诉讼期间的最后六个月内,由于不可抗拒力或其他障碍,权利人不能行使请求权,诉讼时效期暂停计算,从障碍消除之日起,诉讼时效继续计算。

(2)诉讼时效中断。诉讼时效中断是指因提起诉讼、当事人一方提出要求或者同意履行义务,原来经过的时效期间统归无效,诉讼时效重新计算。诉讼时效因提起诉讼、当事人一方提出权利主张或者另一方同意履行义务而中断。

第二节　合　同　法

一、合同法概述

1. 合同的概念

合同是平等主体的、自然人、法人、其他组织之间设立、变更、终止民事权利义务关系的协议。合同作为一种协议，其本质是一种合意，必须是两个以上意思表示一致的民事法律行为。

2. 合同法的概念

合同法是调整平等主体的自然人、法人、其他组织之间在设立、变更、终止合同时所发生的社会关系的法律规范总称。我国实行改革开放以来，一直十分重视合同法的立法工作。为了满足我国发展社会主义市场经济的需要，1999 年 3 月 15 日，第九届全国人大第二次会议通过了《中华人民共和国合同法》，于 1999 年 10 月 1 日起施行，原有的三部合同法（《经济合同法》、《技术合同法》、《涉外经济合同法》）同时废止。

3. 合同的分类

从不同的角度可以对合同作出不同的分类。

(1)合同法的基本分类。《合同法》分则部分将合同分为 15 类：买卖合同，供用电、水、气、热力合同，赠与合同，借款合同，租赁合同，融资租赁合同，承揽合同，建设工程合同，运输合同，技术合同，保管合同，仓储合同，委托合同，行纪合同，居间合同。

(2)其他分类。合同的其他分类主要有以下几种：

①计划与非计划合同。计划合同是依据国家有关计划签订的合同；非计划合同则是当事人根据市场需求和自己的意愿订立的合同。

②双务合同与单务合同。双务合同是当事人双方相互享有权利和相互负有义务的合同；单务合同是指合同当事人双方并不相互享有权利、负有义务的合同。

③诺成合同与实践合同。诺成合同是当事人意思表示一致即可成立的合同；实践合同则要求在当事人意思表示一致的基础上，还必须交付标的物或者其他给付义务的合同。

④主合同与从合同。主合同是指不依赖其他合同而独立存在的合同；从合同是以主合同的存在为存在前提的合同。主合同的无效、终止将导致从合同的无效、终止，但从合同的无效、终止不能影响主合同的存在。担保合同是典型的从合同。

⑤有偿合同与无偿合同。有偿合同是指合同当事人双方任何一方均需给予另一方相应的权益方能取得自己利益的合同。而无偿合同的当事人一方无需给予相应权益即可从另一方取得利益。在市场经济中，绝大部分合同都是有偿合同。

⑥要式合同与不要式合同。法律要求必须具备一定形式和手续的合同，称为要式合同；反之，法律不要求具备一定形式和手续的合同，称为不要式合同。

4. 合同法的基本原则

(1)合同当事人的法律地位平等，一方不得将自己的意志强加给另一方。合同当事人不论自然人，还是法人，也不论其经济实力和经济成分如何，其法律地位无高低之分，即享有民事权利和承担民事义务的资格是平等的。当事人只有在平等的基础上，才有可能经过协商，达成意思表示一致的协议。

(2)当事人依法享有自愿订立合同的权利,任何单位和个人不得非法干预。当事人有订立合同或不订立合同的权利,以及选择合同相对人、确定合同内容和合同形式的权利。一方不得将自己的意志强加给对方,其他民事主体乃至国家机关不得对当事人订立合同进行非法干预。

(3)当事人应当遵循公平原则确定各方的权利和义务。当事人订立和履行合同时,应根据公平的要求约定各自的权利和义务,正当行使合同权利和履行合同义务,兼顾他人利益。对于显失公平的合同,当事人一方有权请求人民法院或仲裁机构变更或撤销。

(4)当事人行使权力、履行义务应当遵循诚实信用原则。当事人在订立合同时要诚实,真实地向对方当事人介绍与合同有关的情况,不得有欺诈行为;合同生效后,要守信用,积极履行合同义务,不得擅自变更和解除合同,也不能任意违约。

(5)当事人订立合同、履行合同,应当遵守法律、行政法规,尊重社会公德,不得扰乱社会经济秩序,损害社会公共利益。

二、合同的订立

1. 合同的形式

合同的形式可分为书面形式、口头形式和其他形式。书面形式是指合同书、信件和数据电文(包括电报、电传、传真、电子数据交换和电子邮件)等可以有形地表现所载内容的形式。在下列两种情况下应当采用书面形式:第一,法律、行政法规规定采用书面形式的;第二,当事人约定采用书面形式的。

2. 要约与承诺

合同的成立需要经过要约和承诺两个阶段。

(1)要约

要约是希望和他人订立合同的意思表示。提出要约的一方为要约人,接受要约的一方为被要约人。要约应当符合以下规定:第一,内容具体确定;第二,表明经受要约人承诺,要约人即受该意思表示约束。具体地讲,要约必须是特定人的意思表示,必须是以缔结合同为目的,要约必须具备合同的主要条款。要约必须是对相对人发出的行为,必须由相对人承诺,虽然相对人的人数可能为不特定的多数人。

有些合同在要约之前还会有要约邀请行为。要约邀请是希望他人向自己发出要约的意思表示。要约邀请并不是合同成立过程中的必经过程,它是当事人订立合同的预备行为。这种意思表示的内容往往不确定,不含有合同得以成立的主要内容,也不含相对人同意后受其约束的表示,在法律上无需承担责任。比如价目表的寄送、招标公告、商业广告(如果商业广告的内容符合要约规定的,视为要约)、招标说明书等,即是要约邀请。

①要约的生效

要约到达受要约人时生效。如果采用数据电文形式订立合同,若收件人指定特定系统接收数据电文,则该数据电文进入该特定系统的时间,视为到达时间;若未指定特定系统,则该数据数据电文进入收件人的任何系统的首次时间,视为到达时间。

②要约撤回和撤销

要约撤回是指要约在发生法律效力之前,欲使其不发生法律效力而取消要约的意思表示。要约人可以撤回要约,撤回要约的通知应当在要约到达受要约人之前或同时到达受要约人。

要约撤销是要约在发生法律效力之后,要约人欲使其丧失法律效力而取消该项要约的意思表示。要约可以撤销,撤销要约的通知应当在受要约人发出承诺通知之前到达受要约人。但有下列情形之一的,要约不得撤销:第一,要约人确定承诺期限或者以其他形式明示要约不可撤销;第二,受要约人有理由认为要约是不可撤销,并已经为履行合同做了准备工作。可以认为,要约的撤销是一种特殊的情况,且必须在受要约人发出承诺通知之前到达受要约人,因为承诺发出,合同即告成立。

③要约的失效

有下列情形之一,要约失效:拒绝要约的通知到达要约人;要约人依法撤销要约;承诺期限届满,受要约未作出承诺;受要约人对要约的内容作出实质性变更。

(2)承诺

承诺是受要约人作出的同意要约的意思表示。承诺具有以下特征:

①承诺必须由受要约人作出;

②承诺只能向要约人作出;

③承诺的内容应当与要约的内容一致;

④承诺必须在承诺期限内发出。

受要约人在承诺期限内发出承诺,按照通常情形能够及时到达要约人,但因其他原因承诺到达要约人时超过承诺期限的,除要约人及时通知受要约人因承诺超过期限不接受该承诺的以外,该承诺有效。

承诺的撤回是承诺人阻止或者消灭承诺发生法律效力的意思表示。承诺可以撤回,撤回承诺的通知应当在承诺通知到达要约人之前或者与承诺通知同时到达要约人。

3. 合同的内容

合同法规定了合同一般应当包括的条款,但具备这些条款不是合同成立的必备条件。

(1)当事人的名称或者姓名和住所。明确合同主体,对了解合同当事人的基本情况,合同的履行和确定诉讼管辖具有重要的意义。合同当事人包括自然人、法人、其他组织。

(2)标的。标的是合同当事人双方权利和义务共同指向的对象。标的表现形式为物、劳务、行为、智力成果、工程项目等。

(3)数量。数量是衡量合同标的物多少的尺度,是以数字和其他计量单位表示的尺度。

(4)质量。质量是标的的内在品质和外观形态的综合指标。合同对质量标准的约定应当是准确而具体的,对于技术上较为复杂的和容易引起歧义的词语、标准,应当加以说明和解释。对于强制性的标准,当事人必须执行,合同约定的质量不得低于该强制性标准。对于推荐性的标准,国家鼓励采用。

(5)价款或者报酬。价款或者报酬是当事人一方向交付标的的另一方支付的货币。标的物的价款由当事人双方协商,但必须符合国家的物价政策,劳务酬金也是如此。合同条款中应写明有关银行结算和支付方法的条款。

(6)履行的期限、地点和方式。履行的期限是当事人各方依照合同规定全面完成各自义务的时间。包括合同的签订期、有效期和履行期。履行的地点是指当事人交付标的和支付价款或酬金的地点。包括标的的交付、提取地点;服务、劳务或工程项目建设的地点;价款或劳务的结算地点。履行的方式是指当事人完成合同规定义务的具体方法。包括标的的交付方式和价款或酬金的结算方式。

(7)违约责任。违约责任是任何一方当事人不履行或者不适当履行合同规定的义务而应当承担的法律责任。当事人可以在合同中约定,一方当事人违反合同时,向另一方当事人支付一定数额的违约金;或者约定违约损害赔偿的计算方法。

(8)解决争议的方法。在合同履行过程中不可避免地会产生争议,为使争议发生后能够有一个双方都能接受的解决办法,应当在合同条件中对此作出规定。

4. 关于格式条款

格式条款是指当事人为了重复使用而预先拟定,并在订立合同时未与对方协商的条款。提供格式条款的相对人只能在接受格式条款和拒签合同两者之间进行选择。格式条款既可以是合同的部分条款为格式条款,也可以是合同的所有条款为格式条款。格式条款适应了社会化大生产的需要,提高了交易效率,在日常工作和生活中随处可见。

提供格式条款的一方应当遵循公平的原则确定当事人之间的权利义务关系,并采取合理的方式提请对方注意免除或限制其责任的条款,按照对方的要求,对该条款予以说明。提供格式条款一方免除其责任、加重对方责任、排除对方主要权利的,该条款无效。

对格式条款的理解发生争议的,应当按照通常的理解予以解释,对格式条款有两种以上解释的,应当作出不利于提供格式条款的一方的解释。在格式条款与非格式条款不一致时,应当采用非格式条款。

5. 订约责任

(1)订约过错责任。在合同的订立过程中,不论合同成立与否,当事人如果违背诚实信用原则,在合同订立过程中有过错,给对方造成损失的,也应承担相应的赔偿责任。当事人在订立合同过程中有下列情形之一,给对方造成损失的,应当承担损害赔偿责任。

①假借订立合同,恶意进行磋商;

②故意隐瞒与订立合同有关的重要事实或提供虚假情况;

③有其他违背诚实信用原则的行为。

(2)订约保密责任。当事人在订立合同过程中知悉的商业机密,无论合同是否成立,不得泄露或者不正当使用。泄露或者不正当使用该商业秘密给对方造成损失的,应当承担损害赔偿责任。

三、合同的效力

1. 合同的生效

(1)合同生效应当具备的条件。合同生效是指合同对双方当事人的法律约束力的开始。合同生效应当具备下列条件:

①当事人具有相应的民事权利能力和民事行为能力;

②意思表示真实;

③不违反法律或者社会公共利益。

(2)合同的生效时间。一般来说,依法成立的合同,自成立时生效。具体地讲,口头合同自受要约人承诺时生效;书面合同自当事人双方签字或者盖章时生效;法律规定应当采用书面形式的合同,当事人虽然未采用书面形式但已经履行全部或者主要义务的,可以视为合同有效。

当事人可以对合同生效约定附条件或者约定附期限。附条件的合同,包括附生效条件的合同和附解除条件的合同两类。附生效条件的合同,自条件成就时生效;附解除条件的合同,自条件成就时失效。附条件的合同一经成立,在条件成就前,当事人对于所约定的条件是否成就,应当听其自然发展。

2. 涉及代理的合同效力

当合同具备生效条件,代理行为符合法律规定,授权代理人在授权范围内订立的合同当然有效。但在有些情况下,合同虽然已经成立,但合同效力能否产生尚不能确定,即效力待定。主要指限制行为能力人订立的合同和无权代理人代订的合同。

(1)限制民事行为能力人订立的合同。无民事行为能力人不能订立合同,限制行为能力人一般情况下不能独立订立合同。限制行为能力人是指10周岁以上不满18周岁的未成年人,以及不能完全辨认自己行为的精神病人。限制民事行为能力的人订立的合同,经法定代理人追认以后,合同有效。但纯获利益的合同或者与其年龄、智力、精神健康状况相适应而订立的合同,不必经过法定代理人追认。

与限制民事行为能力人订立合同的相对人可以催告法定代理人在1个月内予以追认。法定代理人未作表示的,视为拒绝追认。合同被追认前,善意相对人有撤销的权利,撤销应当以通知的方式作出。

(2)无权代理人代订的合同。无权代理的行为人没有代理权、超越代理权或者代理权终止后以被代理人的名义订立的合同,未经被代理人追认,对被代理人不发生效力,由行为人承担责任。相对人可以催告被代理人在一个月内予以追认。被代理人未作表示或表示拒绝的,视为拒绝追认。

(3)表见代理。表见代理是善意相对人通过被代理人的行为足以相信无权代理人具有代理权的代理。基于此项信赖,该代理行为有效。善意第三人与无权代理人进行的交易行为(订立合同),其后果由被代理人承担。表见代理的规定,其目的是保护善意的第三人。表见代理一般应当具备以下条件:

①表见代理人并未获得被代理人的授权,是无权代理;

②客观上存在让相对人相信行为人具备代理权的理由;

③相对人善意且无过失。

3. 无效合同和可变更、可撤销的合同

(1)无效合同的概念和无效的情形。无效合同是指当事人违反了法律规定的条件而订立的,国家不承认其效力,不给予法律保护的合同。无效合同从订立之时起就没有法律效力。有下列情形之一的合同无效:

①一方以欺诈、胁迫的手段订立合同,损害国家利益;

②恶意串通,损害国家、集体或第三人利益的;

③以合法形式掩盖非法目的;

④损害社会公共利益;

⑤违反法律、行政法规的强制性规定。

合同当事人约定免除或者限制未来责任的下列免责条款无效:

①造成对方人身伤害的;

②因故意或者重大过失造成对方财产损失的。

上述两种免责条款具有一定的社会危害性,双方即使没有合同关系也可以追究对方的侵权责任。因此这两种免责条款无效。

无效合同的确认权归人民法院或仲裁机构,其他任何机构均无权确认合同无效。

(2)可变更、可撤销合同的概念和种类。可变更、可撤销的合同是指一定的欠缺生效条件,但一方当事人可依照自己的意思使合同的内容变更或者使合同的效力归于消灭的合同。可变更、可撤销的合同不同于无效合同,当事人提出请求是合同被变更、撤销的前提。当事人如果只要求变更,人民法院或仲裁机构不得撤销其合同。有下列情形之一的,当事人一方有权请求人民法院或仲裁机构变更或撤销其合同:

①因重大误解而订立的;

②在订立合同时显失公平的。

一方以欺诈、胁迫等手段或乘人之危,使对方在违背真实意思的情况下订立的合同,受损害方有权请求人民法院或仲裁机构变更或者撤销。

由于可撤销的合同只是涉及当事人意思表示不真实的问题,因此法律对撤销权的行使有一定的限制。有下列情形之一的,撤销权消灭:

①具有撤销权的当事人自知道或应当知道撤销事由之日起1年内没有行使撤销权;

②具有撤销权的当事人知道撤销事由后明确表示或以自己的行为放弃撤销权。

(3)合同无效或合同被撤销后的法律后果。无效合同或被撤销的合同自始没有法律约束力。合同部分无效,不影响其他部分效力的,其他部分仍然有效。合同无效、被撤销或终止的,不影响合同中独立存在的有关解决争议方法的条款的效力。

合同被确认无效或被撤销后,合同规定的权利义务即为无效。履行中的合同应当终止履行,尚未履行的不得继续履行。对因履行无效合同和被撤销合同而产生的财产后果应当依法进行处理。

①返还财产。由于无效合同或被撤销的合同自始没有法律约束力,因此,返回财产是处理无效合同和可撤销合同的主要方式。合同被确认无效或被撤销后,当事人依据该合同所取得的财产,应当返还给对方。

②赔偿损失。合同被确认无效或被撤销后,有过错的一方应赔偿对方因此而受到的损失。如果双方都有过错,应当根据过错的大小各自承担相应的责任。

③追缴财产,收归国有。双方恶意串通,损害国家、集体或第三人利益的,应将双方取得的财产收归国库或返还第三人。无效和可撤销合同不影响善意第三人取得合法权益。

四、合同的履行

1. 合同履行的原则

合同履行的原则主要包括全面适当履行原则和诚实信任原则。

(1)全面适当履行的原则。当事人应当按照约定全面履行自己的义务。即按合同约定的标的、价款、数量、质量、地点、期限、方式等全面履行各自的义务。按照约定履行自己的义务,既包括全面履行义务,也包括正确适当履行合同义务。

(2)诚实信用原则。当事人应当遵循诚实信用原则,根据合同性质、目的和交易习惯履行通知、协助和保密的义务。当事人首先要保证自己全面履行合同约定的义务,并为对方履行创造条件。当事人双方应关心合同履行情况,发现问题应及时协商解决。一方当事人在履行过程中发生困难,另一方当事人应在法律允许的范围内给予帮助。在合同履行过程中应信守商业道德，保守商业秘密。

2. 合同履行的一般规定

合同生效后，当事人就质量、价款或者报酬、履行期限、地点等内容没有约定或者约定不明的，可以协议补充，不能达成补充协议的，按照合同有关条款或者交易习惯确定。如果按照上述办法仍不能确定合同如何履行的，适用下列规定进行履行。

①质量要求不明的，按国家标准、行业标准履行，没有国家、行业标准的，按通常标准或者符合合同目的的特定标准履行。

②价款或报酬不明的，按订立合同时履行地的市场价格履行；依法应当执行政府定价或政府指导价的，按规定履行。

③履行地点不明确的，给付货币的，在接收货币一方所在地履行；交付不动产的，在不动产所在地履行；其他标的在履行义务一方所在地履行。

④履行期限不明确的，债务人可以随时履行，债权人也可以随时要求履行，但应当给对方必要的准备时间。

⑤履行方式不明确的，按照有利于实现合同目的的方式履行。

⑥履行费用的负担不明确的，由履行义务一方承担。

合同在履行中既可能是按照市场行情约定价格，也可能执行政府定价或政府指导价。如果是按照市场行情约定价格履行，则市场行情的波动不应影响合同价，合同仍执行原价格。

如果执行政府定价或政府指导价的，在合同约定的交付期限内政府价格调整时，按照交付时的价格计价。逾期交付标的物的，遇价格上涨时按照原价格执行；遇价格下降时，按新价格执行。逾期提取标的物或者逾期付款的，遇价格上涨时，按新价格执行；价格下降时，按原价格执行。

3. 第三人履行合同

第三人履行合同包括债务人向第三人履行债务和第三人向债权人履行债务两种情况。

(1)债务人向第三人履行债务。债务人向第三人履行债务是指债务人本应向债权人履行义务，但由于债权人与债务人经过约定由债务人向第三人履行债务，但原债权人的地位不变。当事人约定由债务人向第三人履行债务，债务人未向第三人履行债务或者履行债务不符合约定，应当向债权人承担违约责任。

债务人向第三人履行债务，但第三人仍不是合同的当事人。合同当事人需协商同意由第三人接受履行，向第三人的履行原则上不能增加履行难度和履行费用。

(2)第三人向债权人履行债务。第三人向债权人履行债务是指经当事人约定由第三人代替债务人履行债务。当事人约定由第三人向债权人履行债务的，第三人不履行债务或者履行债务不符合约定的，债务人应当向债权人承担违约责任。

第三人向债权人履行债务，第三人也不是合同的当事人。但这种代替履行的行为必须征得债权人的同意，并且对债权人没有不利的影响。

4. 合同履行中的抗辩权

抗辩权是指双方在合同的履行中，都应当履行自己的债务，一方不履行或者有可能不履行时，另一方可以据此拒绝对方的履行要求。

(1)同时履行抗辩权。当事人互负债务，没有先后履行顺序的，应当同时履行。同时履行抗辩权包括：一方在对方履行之前有权拒绝其履行要求；一方在对方履行债务不符合约定时，有权拒绝其相应的履行要求。

同时履行抗辩权的适用条件如下：

①由同一双务合同产生互负的对价给付债务；

②合同中未约定履行的顺序；

③对方当事人没有履行债务或没有正确履行债务；

④对方的对价给付是可能履行的义务。

所谓对价给付是指一方履行的义务和对方履行的义务之间具有互为条件、互为牵连的关系并且在价格上基本相等。

(2)先履行抗辩权。先履行抗辩权包括两种情况：当事人互负债务，有先后履行顺序的，先履行的一方未履行的，后履行的一方有权拒绝其履行要求；先履行的一方履行债务不符合约定时，后履行的一方有权拒绝其相应的履行要求。先履行抗辩权的适用条件如下：

①由同一双务合同产生互负的对价给付债务；

②合同中约定了履行的顺序；

③应当先履行的合同当事人没有履行债务或没有正确履行债务；

④应当先履行的对价给付是可能履行的义务。

(3)不安抗辩权。不安抗辩权是指合同中约定了履行的顺序，合同成立后发生了应当后履行合同一方财务状况恶化的情况，应当先履行合同的一方在对方未履行或提供担保前有权拒绝先为履行。设立不安抗辩权的目的在于，预防合同成立后情况发生变化而损害合同另一方的利益。应当先履行合同的一方有确切证据证明对方有下列情形之一的，可以中止履行。

①经营状况严重恶化；

②转移财产、抽逃资金，以逃避债务的；

③丧失商业信誉；

④有丧失或可能丧失履行债务能力的其他情形。

当事人中止履行合同的，应当及时通知对方，对方提供适当的担保时应恢复履行。中止履行后，对方在合理的期限内未恢复履行能力且未提供适当的担保，中止履行的一方可以解除合同。当事人没有确切证据就中止履行合同的应承担违约责任。

五、合同的变更、转让

1. 合同的变更

合同变更是指当事人对已经发生法律效力，但尚未履行或尚未完全履行的合同，进行修改或补充所达成的协议。合同法规定，当事人协商一致可以变更合同。合同变更是狭义的合同变更，仅指合同内容和客体的变更，不包括合同主体的变更。

合同变更必须针对有效的合同，协商一致是合同变更的必要条件。有些合同的订立需要有关部门的批准或登记，对于此类合同的变更需要重新登记或审批。合同的变更一般不涉及已履行的内容。

有效的合同变更必须要有明确的合同变更内容。如果当事人对合同的变更约定不明确，视为没有变更。合同变更后，当事人不得再按原合同履行，而须按变更后的合同履行。

2. 合同的转让

合同转让是指合同一方取得另一方同意后将合同的权利、义务全部或部分转让给第三人的法律行为。合同转让后原合同债消灭，产生新的合同债。合同的转让包括债权转让和债务转让两种情况，当事人也可将权利、义务一并转让。

(1)债权转让。债权转让是指合同债权人通过协议将其债权全部或部分转让给第三人的行为。债权人可以将合同的权利全部或部分转让给第三人。法律、行政法规规定转让权利应当办理批准、登记手续的，应当办理批准、登记手续。但下列情形债权不可以转让：

①根据合同性质不得转让；

②根据当事人约定不得转让；

③依照法律规定不得转让。

债权人转让权利的，应当通知债务人。转让权利的通知不得撤销，除经受让人同意。受让人取得权利后，同时拥有与此权利相对应的从权利，除此从权利与债权人不可分割。债务人对债权人的抗辩同样可以针对受让人。

(2)债务转让。债务转让是指债务人将合同的义务全部或部分转移给第三人的情况。债务人将合同的义务全部或部分转移给第三人的必须经债权人同意，否则，这种转移不发生法律效力。法律、行政法规规定转移义务应当办理批准、登记手续的，应当办理批准、登记手续。

债务人转移义务的，新债务人可以主张原债务人对债权人的抗辩权。债务人转移义务的，新债务人应当承担与主债务有关的从债务，但该从债务专属于原债务人自身的除外。

(3)权利和义务同时转让。当事人一方经对方同意，可以将自己在合同中的权利和义务一并转让给第三人。当事人订立合同后合并的，由合并后的法人或其他组织行使合同权利，履行合同义务。当事人订立合同后分立的，除债权人和债务人另有约定外，由分立的法人或其他组织对合同的权利和义务享有连带债权，承担连带债务。

六、合同的终止

1. 合同终止的概念

合同终止是指当事人之间根据合同确定的权利义务在客观上不复存在。合同终止是随着一定法律事实发生而发生的，是合同关系的消灭。合同的权利义务终止后，当事人应当遵循诚实信用的原则，根据交易习惯履行通知、协助、保密等义务。权利义务的终止不影响合同中结算和清理条款的效力。

2. 合同终止的原因

(1)债务已按照约定履行。即是债的清偿，是按照合同约定实现债权目的的行为。清偿是合同的权利义务终止的最主要和最常见的原因。清偿一般由债务人为之，但不以债务人为限，也可能由债务人的代理人或第三人进行合同的清偿。清偿的标的物一般是合同规定的标的物，但是债权人同意，也可用合同规定的标的物以外的物品来清偿其债务。

(2)合同解除。合同解除是指对已经发生法律效力，但尚未履行或尚未完全履行的合同，因当事人一方的意思表示或双方的协议而使债权债务关系提前归于消灭的行为。合同解除可分为约定解除和法定解除两类。

约定解除是当事人通过行使约定的解除权或双方协商决定而进行的合同解除。当事人协商一致可以解除合同，即合同的协商解除。当事人也可以约定一方解除合同的条件，解除合同条件成就时，解除权人可以解除合同，即合同约定解除权的解除。

法定解除是解除条件直接由法律规定的合同解除。当法律规定的解除条件具备时，当事人可以解除合同。它与合同约定解除权的解除都是具备一定解除条件时,由一方行使解除权;区别则在于解除条件的来源不同。有下列情形之一的,当事人可以解除合同:

①因不可抗力致使不能实现合同目的的。不可抗力是指不能预见、不能避免并且不能克服的客观情况。不可抗力往往导致合同当事人无法履行合同义务,这种无法履约不是当事人的过错引起的,受不可抗力影响一方可以解除合同。如果不可抗力对双方都有影响,则双方都享有解除权。

②在履行期限届满之前,当事人一方明确表示或以自己的行为表明不履行主要债务。拒绝履行是指债务人能够履行而违法地作出不履行的意思表示,这是预期违约。它既可以是明确表示,也可以是以自己的行为表明。在这种情况下,守约当事人可以解除合同。

③当事人一方延迟履行主要债务,经催告后在合理的期限内仍未履行。债务人迟延履行又称给付迟延,是指债务人对于履行期满的债务,能够履行而未履行。主要债务是指合同规定的具有重要地位的、决定合同性质的合同义务。主要债务的不履行将导致合同的根本目的没有实现。在这种情况下,没有违约的一方可以解除合同。

④当事人一方延迟履行债务或有其他违法行为,致使合同目的不能实现。不能实现合同目的的违约属于根本违约,没有违约的一方可以解除合同。它与一般违约不同,一般违约不能影响合同目的的实现。

⑤法律规定的其他情形的。

(3)债务相互抵消。债务相互抵消是指两个人彼此互负债务,各以其债权充当债务的清偿,使双方的债务在等额范围内归于消灭。债务抵消可以分为约定债务抵消和法定债务抵消两类。

(4)债务人依法将标的物提存。标的物提存是指由于债权人的原因致使债务人无法向其交付标的物,债务人可以将标的物交给有关机关保存,以此消灭合同的制度。因为债务的履行往往要有债权人的协助,如果出于债权人的原因致使债务人无法向其交付标的物,仅仅要求债权人承担违约责任,将使债务人长期处于合同不合理的约束之下。此时,债务人将标的物提存后,合同的权利义务即告终止。我国目前的提存机构为公证机构。有下列情况,难以履行债务的,债务人可以将标的物提存。

①债权人无正当理由拒绝领受;

②债权人下落不明;

③债权人死亡未确定继承人或丧失民事行为能力未确定监护人;

④法律规定的其他情形。

标的物不适用于提存,或提存费用过高的,债务人依法可以拍卖或变卖标的物,提存所得的价款。标的物提存后,除债权人下落不明外,债务人应当及时通知债权人或其继承人、监护人。

标的物提存后,毁损、灭失的风险由债权人承担。提存期间标的物的孳息归债权人所有,提存费用由债权人承担。债权人可随时提取提存物,但必须以偿还债务人的到期债务或提供担保为基础。否则,提存部门根据债务人的要求拒绝其领取提存物。债权人领取提存物的权利,自提存之日起5年内不行使而消灭,提存物扣除提存费用后,归国家所有。

(5)债权债务同归一方。债权债务同归一方也称混同,是指债权债务同归于一人而导致合同权利义务归于消灭的情况。但是,在合同标的物上设有第三人利益的,如债权上设有抵押权，则不能混同。混同是一种事实，无需任何意思表示。

(6)债权人免除债务。指债权人免除债务人的债务，即债权人以消灭债务人的债务为目的而抛弃债权的意思表示。债权人免除债务人部分或全部债务的，合同的权利义务部分或全部终止。因债务消灭的结果，从债务如利息债务、担保债务等也同时归于消灭。免除债务是一种民事法律行为，必须有抛弃的意思表示而不能以事实行为的方式作出。免除是一种无偿行为，必须以债权债务关系消灭为内容。

(7)合同的权利义务终止的其他情形。除上述原因外，法律规定或当事人约定合同终止的其他情形出现时，合同也告终止。如时效(取得时效)的期满、合同的撤销、作为合同主体的自然人死亡而其债务又无人承担等。

七、违约责任

1. 违约责任的概念

违约责任是指当事人任何一方不能履行或履行合同不符合约定而应当承担的法律责任。违约行为的表现形式包括不履行和不适当履行。不履行是指当事人不能履行或拒绝履行合同义务。不能履行合同的当事人一般也应承担违约责任。不适当履行则包括不履行以外的其他所有违约情况。当事人一方不履行合同义务或履行合同义务不符合约定的，应当承担继续履行、采取补救措施或赔偿损失等违约责任。当事人双方都违反合同的，应各自承担相应的责任。

对于预期违约的，当事人也应当承担违约责任。当事人一方明确表示或以自己的行为表明不履行合同的义务，对方可以在履行期限届满之前要求其承担违约责任。这是我国合同法严格责任原则的重要体现。

2. 承担违约责任的条件和原则

(1)承担违约责任的条件。当事人承担违约责任的条件是指当事人承担违约责任应具备的要件。我国合同法采用了严格责任原则，只要当事人有违约行为，即当事人不履行合同或履行合同不符合约定的条件，就应当承担违约责任。对于缔约过失、无效合同和可撤销合同依然适用过错原则。

承担违约责任是以合同有效为前提的。无效合同从订立之时起就没有法律效力，所以谈不上违约责任问题。所以当事人承担违约责任的前提，必须是违反了有效的合同或合同条款的有效部分。

(2)承担违约责任的原则。我国合同法规定的承担违约责任是以补偿性为原则的。补偿性是指违约责任旨在弥补或补偿因违约行为造成的损失。对于财产损失的赔偿范围，我国合同法规定，赔偿损失额应相当于因违约行为所造成的损失，包括合同履行后可获得的利益。

但是，违约责任在有些情况下也具有惩罚性。如：合同约定了违约金，违约行为没有造成损失或损失小于约定的违约金。

3. 承担违约责任的方式

(1)继续履行。继续履行是指违反合同的当事人不论是否承担了赔偿金或违约金责任，都必须根据对方的要求，在自己能够履行的条件下，对合同未履行的部分继续履行。承担赔偿金或违约金责任不能免除当事人的履约责任。特别是金钱债务，违约方必须继续履行，因为金钱是一般等价物,没有别的方式可以替代履行。因此,当事人一方未支付价款或者报酬的,对方可以要求其支付价款或者报酬。

当事人一方不履行非金钱债务或履行非金钱债务不符合约定的,对方也可以要求继续履行。但有下列情形之一的除外。

①法律上或事实上不能履行;

②债务的标的不适于强制履行或履行费用过高;

③债权人在合理期限内未要求履行。

当事人就迟延履行约定违约金的,违约方支付违约金后,还应当履行债务。

(2)采取补救措施。所谓的补救措施主要是指我国民法通则和合同法中所确定的,在当事人违反合同的事实发生后,为防止损失发生或扩大,而由违反合同一方依照法律规定或约定采取的修理、更换、重新制作、退货、减少价格或报酬等措施,以给权利人弥补或挽回损失的责任形式。采取补救措施的责任形式,主要发生在质量不符合约定的情况下。

(3)赔偿损失。当事人一方不履行合同义务或履行合同义务不符合约定的,给对方造成损失的,应当赔偿对方的损失。损失赔偿额应相当于因违约所造成的损失,包括合同履行后可以获得的利益,但不得超过违反合同一方订立合同时预见或应当预见的因违反合同可能造成的损失。这种方式是承担违约责任的主要方式。因为违约一般都会给当事人造成损失,赔偿损失是守约者避免损失的有效方式。

当事人一方不履行合同义务或履行合同义务不符合约定的,在履行义务或采取补救措施后,对方还有其他损失的,应承担赔偿责任。当事人一方违约后,对方应采取适当措施防止损失的扩大,没有采取措施致使损失扩大的,不得就扩大的损失请求赔偿,当事人因防止扩大而支出的合理费用,由违约方承担。

(4)支付违约金。当事人可以约定一方违约时应根据违约情况向对方支付一定数额的违约金,也可以约定因违约产生的损失额的赔偿办法。约定违约金低于造成损失的,当事人可以请求人民法院或仲裁机构予以增加;约定违约金过分高于造成损失的,当事人可以请求人民法院或仲裁机构予以适当减少。

(5)定金罚则。当事人可以约定一方向对方给付定金作为债权的担保。债务人履行债务后定金应当抵作价款或收回。给付定金的一方不履行约定债务的,无权要求返还定金:收受定金的一方不履行约定债务的,应当双倍返还定金。

当事人既约定违约金,又约定定金的,一方违约时,对方可以选择适用违约金或定金条款。但是,这两种违约责任不能同时使用。

八、合同争议的解决

合同争议也称合同纠纷,是指合同当事人对合同规定的权利和义务产生了不同的理解。合同争议的解决方式有和解、调解、仲裁、诉讼四种。

1. 和解

和解是指合同纠纷当事人在自愿友好的基础上,互相沟通、互相谅解,从而解决纠纷的一种方式。合同发生纠纷时,当事人应首先考虑通过协商解决纠纷。合同纠纷协商解决有以下优点:

(1)简便易行,能经济、及时地解决纠纷。

(2)有利于维护合同双方的友好合作关系,使合同能更好地得到履行。

(3)有利于和解协议的执行。

2. 调解

调解是指合同当事人对合同所约定的权利、义务发生争议,经过协商后,不能达成和解协议时,第三方的主持下,通过对当事人进行说服教育,促使双方互相作出适当的让步,平息争端,自愿达成协议,以求解决合同纠纷的方法。

合同纠纷的调解往往是当事人经过协商仍不能解决纠纷后采取的方式,因此与和解相比,它面临的纠纷要大一些。与诉讼、仲裁相比,仍具有以下与和解相似的优点:它能够较经济、较及时地解决纠纷;有利于消除合同当事人的对立情绪,维护双方的长期合作关系。

3. 仲裁

仲裁是当事人双方在争议发生前或争议发生后达成协议,自愿将争议交给第三者作出裁决,并负有自动履行义务的一种解决争议的方式。这种争议解决方式必须是自愿的,因此必须有仲裁协议。如果当事人之间有仲裁协议,争议发生后又无法通过协商和调解解决,则应及时将争议提交仲裁机构仲裁。

(1)仲裁的原则。仲裁制度具有以下原则:

①自愿原则。仲裁机构本身并无强制力,当事人采用仲裁方式解决纠纷,应当双方自愿,达成仲裁协议。如有一方不同意进行仲裁的,仲裁机构即无权受理纠纷。

②公平合理原则。仲裁的公平合理是仲裁制度的生命力所在。这一原则要求仲裁机构要充分收集证据,听取纠纷双方的意见。仲裁应当根据事实。同时,仲裁应当符合法律规定。

③仲裁依法独立进行原则。仲裁机构是独立的组织,相互间也无隶属关系。仲裁依法独立进行,不受行政机关、社会团体和个人的干涉。

④一裁终局原则。由于仲裁是当事人基于对仲裁机构的信任作出的选择,因此其裁决是立即生效的。裁决作出后,当事人就同一纠纷再申请仲裁或向人民法院起诉的,仲裁委员会或人民法院不予受理。

(2)仲裁协议的内容。仲裁协议是纠纷当事人愿意将纠纷提交仲裁机构仲裁的协议。它应包括请求仲裁的意思表示、仲裁事项、选定的仲裁委员会等内容。

(3)仲裁协议的作用:

①合同当事人均受仲裁协议的约束;

②是仲裁机构对纠纷进行仲裁的先决条件;

③排除了法院对纠纷的管辖权;

④仲裁机构应按仲裁协议进行仲裁。

(4)仲裁庭的组成。仲裁庭的组成有两种方式:

①当事人约定由三名仲裁员组成仲裁庭。当事人如果约定由三名仲裁员组成仲裁庭,应当各自选定或各自委托仲裁委员会主任指定一名仲裁员,第三名仲裁员由当事人共同选定或共同委托仲裁委员会主任指定。第三名仲裁员是首席仲裁员。

②当事人约定由一名仲裁员组成仲裁庭。仲裁庭也可以由一名仲裁员组成。当事人如果约定由一名仲裁员组成仲裁庭的,应当由当事人共同选定或共同委托仲裁委员会主任指定仲裁员。

(5)仲裁裁决的执行。仲裁委员会的裁决作出后,当事人应当履行。当一方当事人不履行仲裁裁决时,另一方当事人可以依照民事诉讼法的有关规定向人民法院申请强制执行。接受申请的人民法院应当执行。

4. 诉讼

诉讼是指合同当事人依法请求人民法院行使审判权,审理双方之间发生的合同争议,作出有国家强制保证实现其合法权益,从而解决纠纷的审判活动。合同双方当事人如果未约定仲裁协议,则以诉讼作为解决争议的最终方式。

对于一般的合同争议,由被告住所地或合同履行地人民法院管辖。我国的民事诉讼法也允许合同当事人在书面协议中选择被告住所地、合同履行地、合同签订地、原告住所地、标的物所在地人民法院管辖。对于建设工程合同的纠纷一般都适用不动产所在地的专属管辖,由工程所在地人民法院管辖。

第三节　公路工程建设主要相关法律

在公路工程建设中,必然会产生多种法律关系,这是公路工程建设复杂性的重要体现。我们选择在工程建设中比较重要的部分相关法律进行介绍。

一、公路法

《中华人民共和国公路法》(以下简称《公路法》)于1997年7月3日第八届全国人民代表大会常务委员会第二十六次通过,根据2004年8月24日第九届全国人民代表大会常务委员会第十二次会议《关于修改中华人民共和国公路法的决定》修正。并于2004年8月28日由中华人民共和国主席令第十九号发布实施。《公路法》是调整在从事公路建设活动和对公路建设活动监督管理过程中所形成的社会关系的法律规范总称。《公路法》中的公路建设活动是指公路、公路桥梁、公路隧道和公路渡口的规划、建设、养护、经营、使用和管理。

1. 公路规划

(1)公路标准的划分。公路按其在公路路网中的地位分为国道、省道、县道和乡道,并按技术等级分为高速公路、一级公路、二级公路、三级公路和四级公路。具体划分标准由国务院交通行政主管部门规定。新建公路应当符合技术等级的要求。原有不符合最低技术等级要求的等外公路,应当采取措施,逐步改造为符合技术等级要求的公路。

(2)各级公路规划要求。公路规划应根据国民经济和社会发展以及国防建设的需要编制,与城市建设发展规划和其他方式的交通运输发展规划相协调。建设用地规划应符合土地利用总体规划,当年建设用地应纳入年度建设用地计划。

①国道规划由国务院交通主管部门会同国务院有关部门并商国道沿线省、自治区、直辖市人民政府编制,报国务院批准。

②省道规划由省、自治区、直辖市人民政府交通主管部门会同同级有关部门并商省道沿线下一级人民政府编制,报省、自治区、直辖市人民政府批准,并报国务院交通主管部门备案。

③县道规划由县级人民政府交通主管部门会同同级有关部门编制,经本级人民政府审定后,报上一级人民政府批准。

④乡道规划由县级人民政府交通主管部门协助乡、民族乡、镇人民政府编制,报县级人民政府批准。

省道规划应当与国道规划相协调。县道规划应当与省道规划相协调。乡道规划应当与县道规划相协调。规划和新建村镇、开发区,应当与公路保持规定的距离并避免在公路两侧对应进行,防止造成公路街道化,影响公路的运行安全与畅通。

2. 公路建设

(1)建设资金。筹集公路建设资金,除各级人民政府的财政拨款外,可以依法向国内外金融机构或外国政府贷款。国家鼓励国内外经济组织对公路建设进行投资。开发、经营公路的公司可以依照法律、行政法规的规定发行股票、公司债券筹集资金。

(2)公路建设体制。公路建设应当按照国家规定的基本建设程序和有关规定进行。公路建设项目应按照国家有关规定实行法人负责制度、招标投标制度、工程监理制度和合同管理制度。

(3)从业资格制度。从业资格制度是指国家对从事建筑活动的单位(企业)和人员实行资质或资格审查,并许可其按照相应的资质、资格条件从事相应的建筑活动的制度。承担公路建设的可行性研究单位、勘察设计单位、施工单位和工程监理单位,必须持有国家规定的资质证书。公路建设单位应当根据公路建设工程的特点和技术要求,选择具有相应资格的勘察设计单位、施工单位和工程监理单位,并依照有关法律、法规、规章的规定和公路工程技术标准的要求分别签订合同,明确双方的权利和义务。

(4)公路建设的有关要求。

①公路建设需要使用国有荒山、荒地或需要在国有荒山、荒地、河滩、滩涂上挖砂、采石、取土的,依照有关法律、行政法规的规定办理后,任何单位和个人不得阻挠或非法收取费用。

②地方各级人民政府对公路建设依法使用土地和搬迁居民,应当给予支持和协助。

③公路建设项目的设计和施工,应当符合依法保护环境、保护文物古迹和防止水土流失的要求。

④公路规划中贯彻国防要求的公路建设项目,应当严格按照规划进行建设,以保证国防交通的需要。

⑤因建设公路影响铁路、水利、电力、邮电设施和其他设施正常使用时,公路建设单位应事先征得有关部门的同意;因公路建设对有关设施造成损坏的,公路建设单位应按照不低于该设施原有的技术标准予以修复,或给予相应的经济补偿。

⑥改建公路时,施工单位应当在施工路段两端设置明显的施工标志、安全标志。需要车辆绕行的,应当在绕行路口设置标志;不能绕行的,必须修建临时道路,保证车辆和行人通行。建成的公路,应当按照国务院交通主管部门的规定设置明显的标志、标线。

⑦公路建设项目和公路修复项目竣工后,应当按照国家有关规定进行验收;未经验收或验收不合格的,不得交付使用。

⑧县级以上地方人民政府应当确定公路两侧边沟(截水沟、坡脚护坡道,下同)外缘起不少于1m的公路用地。

3. 公路养护

(1)公路养护费用征收办法。2009年1月1日起国家实行燃油税改革,取消养路费,采用依法征税的办法筹集公路养护资金。依法征税筹集的公路养护资金必须专项用于公路的养护和改建。

(2)养护管理。县、乡级人民政府对公路养护需要的材料、劳务应给予支持和协助,为保障公路养护人员的人身安全,公路养护人员进行养护作业时,应当穿着统一的安全标志服;利用车辆进行养护作业时,应当在公路作业车辆上设置明显的作业标志。因严重自然灾害致使国道、省道交通中断,公路管理机构应当及时修复;公路管理机构难以及时修复时,县级以上地方人民政府应当及时组织当地机关、团体、企业事业单位、城乡居民进行抢修,并可以请求当地驻军支援,尽快恢复交通。公路用地范围内的山坡、荒地,由公路管理机构负责水土保持。公路绿化工作,由公路管理机构按照公路工程技术标准组织实施。公路用地上的树木,不得任意砍伐;需要更新砍伐的,应当经县级以上地方人民政府交通主管部门同意后,依照《中华人民共和国森林法》的规定办理审批手续,并完成更新补种任务。

4. 路政管理

各级地方人民政府应当采取措施,加强对公路的保护。县级以上地方人民政府交通主管部门应当认真履行职责,依法做好公路保护工作,并努力采用科学的管理方法和先进的技术手段,提高公路管理水平,逐步完善公路服务设施,保障公路的完好、安全和畅通。

5. 收费公路

(1)收费公路类型。国家允许依法设立收费公路,同时对收费公路的数量进行控制。符合国务院交通行政主管部门规定的技术等级和规模的下列公路,可以依法收取车辆通行费:

①由县级以上地方人民政府交通主管部门利用贷款或向企业、个人集资建成的公路;

②由国内外经济组织依法受让前项收费公路收费权的公路;

③由国内外经济组织依法投资建成的公路。

其他任何公路禁止收取车辆通行费。

(2)收费管理。

①收费期限。县级以上地方人民政府交通主管部门利用贷款或集资建成的收费公路的收费期限,按照收费偿还贷款、集资款的原则,由省、自治区、直辖市人民政府依照国务院交通行政主管部门的规定确定。有偿转让公路收费权的公路,收费权转让后,由受让方收费经营。收费权的转让期限由出让、受让双方约定并报转让收费权的审批机关审查批准,但最长不得超过国务院规定的年限。国内外经济组织投资建设公路,必须按照国家有关规定办理审批手续;公路建成后,由投资者收费经营。收费经营期限按照收回投资并有合理回报的原则,由有关交通主管部门与投资者约定并按照国家有关规定办理审批手续,但最长不得超过国务院规定的年限。

②收费站的设定。收费公路设置车辆通行费的收费站,应当报经省、自治区、直辖市人民政府审查批准。跨省、自治区、直辖市的收费公路设置车辆通行费的收费站,由有关省、自治区、直辖市人民政府协商确定;协商不成的,由国务院交通行政主管部门决定。同一收费公路由不同的交通主管部门组织建设或由不同的公路经营企业经营的,应当按照“统一收费、按比例分成”的原则,统筹规划、合理设置收费站。

③收费标准。收费公路车辆通行费的收费标准,由公路收费单位提出方案,报省、自治区、直辖市人民政府交通主管部门会同同级物价行政主管部门审查批准。

6. 监督检查

交通主管部门、公路管理机构负有管理和保护公路的责任,有权检查、制止各种侵占、损坏公路、公路用地、公路附属设施及其他违反法律规定的行为。

7. 法律责任

违反了国家的法律法规对公路建设和公路工程造成影响或损失的,要追究经济责任或行政责任,构成犯罪的,要依法追究刑事责任。

二、安全生产法

《中华人民共和国安全生产法》(以下简称《安全生产法》)于 2002 年 6 月 29 日由第九届全国人大常委会第 28 次会议通过,并于 2002 年 11 月 1 日起实施,是我国第一部有关安全生产管理的综合性法律。该法对安全生产工作的方针,生产经营单位的安全生产保障,从业人员的权利和义务,生产安全事故的应急救援和调查处理以及违法行为的法律责任等都作出了明确的规定,是加强安全生产管理、提高安全生产工作质量的重要的法律依据。

1. 安全生产管理的基本方针

我国《安全生产法》确定的安全生产管理的基本方针是:坚持安全第一,预防为主。

要坚持安全第一,预防为主的方针,首先要树立以人为本的观念,尊重人的价值。人民群众的生命安全是人民群众的根本利益所在,人民的利益高于一切。在各项工作中,要把人民群众的生命安全放在首位。其次,强调安全第一,就是要做到在一切生产经营活动开展之前,一定要保证安全,不能为了降低生产经营成本,追求经济效益,而取消或减少安全生产所需的资金投入,更不允许以劳动者的生命为代价来换取经济的发展。再次,安全生产管理,强调预防为主,就是要把预防生产安全管理事故的发生放在安全生产的首位,做到安全生产管理防患于未然。

2. 生产经营单位安全生产应当具备法定的安全生产条件

1)生产经营单位应当具备法定的安全生产条件

安全生产条件,是指能够满足保障生产经营安全的需要,在正常情况下不会导致人员伤亡或财产损失的生产经营单位的各个系统、各生产经营环境、所有的生产设备和设施以及与安全生产相适应的管理组织、制度和技术措施等要素。

《安全生产法》规定:生产经营单位应具备本法和有关法律、行政法规,以及国家标准或者行业标准规定的安全生产条件;不具备安全生产条件的,不得从事生产经营活动。这一规定,实际上是从安全生产的角度确定了生产经营单位从事生产经营活动的市场准入制度。这对从根本上防止安全事故的发生,保障人民群众的生民财产安全是非常必要的。

2)生产经营单位主要负责人的安全生产职责

《安全生产法》针对生产经营单位安全生产工作的核心内容,对主要负责人应当履行的职责做了明确的规定,这些规定具体包括:

(1)建立、健全本单位的安全生产责任制;

(2)组织制定本单位的安全生产规章制度和操作规程;

(3)保证本单位安全生产投入的有效实施;

(4)督促、检查本单位的安全生产工作,及时消除生产安全事故隐患;

(5)组织制定并实施本单位的生产安全事故应急救援预案;

(6)及时、如实报告生产安全事故。

3)对生产经营单位安全生产的基本要求

(1)生产经营单位应当保障安全生产所必需的资金投入。《安全生产法》规定,生产经营单位应当具备的安全生产条件所必需的资金投入,由生产经营单位的决策机构、主要负责或者个人经营的投资人予以保证,并对由于安全生产多必需的资金投入不足导致的后果承担责任。

(2)生产经营单位应当依法设置安全生产管理机构或者配置专职安全生产管理人员。矿山、建筑施工单位和危险物品的生产、经营、储存单位,应当设置安全生产管理机构或者配备专职安全生产管理人员。其他生产经营单位,从业人员超过三百人的,也应当按上述规定配置机构或人员;从业人员在三百人以下的,应当配置专职或者兼职的安全生产管理人员,或者委托具有国家规定的相关专业技术资格的工程技术人员提供安全生产管理服务。

(3)生产经营单位的负责人和安全生产管理人员应当具备任职资格,从业人员应当接受安全生产的教育和培训。根据《安全生产法》规定,生产经营单位的主要负责人和安全生产管理人员必须具备与本单位所从事的生产经营活动相适应的安全生产知识和管理能力。危险物品的生产、经营和储存单位以及矿山、建筑施工企业的主要负责人和安全管理人员,应当由有关主管部门对其安全生产知识和管理能力进行考核,合格后方可任职。

(4)生产经营单位应当遵守安全生产管理的“三同时”的制度,即生产经营单位新建、改建、扩建工程项目的安全设施必须与主体工程同时设计,同时施工,同时投入生产使用,安全设施投资应分别纳入建设项目各阶段(工可估算、初步设计概算、施工图预算)总造价内。

(5)生产经营单位应当遵守安全生产的各项规章制度和操作规程,具体包括如下方面。

①生产经营单位应当在有较大危险因素的生产经营场所和有关设施、设备上,设置明显的安全警视标志。

②安全设备的设计、制造、安装、使用、检测、维修、改造和报废,应当符合国家标准或行业标准。

③生产经营单位必须对安全设备进行经常性维护、保养,并定期检测,保证正常运转。维护、保养、检测应当作好记录,并有相关人员签字。

④生产经营单位使用的涉及生命安全、危险性较大的特种设备,以及危险物品的容器、运输工具,必须按照国家有关规定,有专业生产单位生产,并取得专业资质的检测、检验机构检测、检验合格,取得安全使用证或者安全标志。方可投入使用。检测、检验机构对检测、检验结果负责。

⑤涉及生命安全、危险性较大的特种设备的目录由国务院负责特种设备安全监督鼓励部门规定,报国务院批准后执行。

⑥生产经营单位不得使用国家明令淘汰、禁止使用的危及生产安全的工艺和设备。

⑦生产、经营、运输、储存、使用危险物品或者处置废弃危险物品的,由有关主管部门依照有关法律、法规的规定和国家标准或者行业标准审批并实施监督管理。

⑧生产经营单位生产、经营、运输、储存、使用危险物品或者处置废弃危险物品的,由有关主管部门依照有关法律、法规规定和国家标准或者行业标准审批并实施监督管理。

⑨生产经营单位对重大危险源应当登记建档,进行定期检测、评估、监控,并制定应急预案,告知从业人员和相关人员在紧急情况下应当采取的应急措施。

⑩生产经营单位应当按照国家有关规定将本单位重大危险源及有关安全措施、应急措施报有关地方人民政府负责安全生产监督管理部门和有关部门备案。

⑪生产、经营、储存、使用危险物品的车间、商店、仓库不得与员工宿舍在同一座建筑物内,并应当与员工宿舍保持安全距离。

⑫生产经营场所和员工宿舍应当设有符合紧急疏散要求、标志明显、保持畅通的出口。禁止封闭、堵塞生产经营场所或者员工宿舍的门口。

⑬生产经营单位进行爆破、吊装等危险作业,应当安排专门人员进行现场安全管理,确保操作规程的遵守和安全措施的落实。

3. 安全生产从业人员权利和义务的法律规定

1)安全生产从业人员权利

(1)知情权。生产经营单位的从业人员有权了解其作业场所和工作岗位存在的危险因素、防范措施和事故应急措施,并有权对本单位的安全生产工作提出建议。

(2)批评、检举、控告权。即从业人员有权对本单位安全生产工作中存在的问题提出批评、检举、控告,生产经营单位不能因此降低其工资、福利待遇或者解除与其订立的劳动合同。

(3)拒绝权。即从业人员有权拒绝生产经营单位的违章指挥和强令冒险作业。

(4)紧急避险权。从业人员发现直接危及人身安全的紧急情况时,有权停止作业或者在采取可能的应急措施后撤离作业场所,生产经营单位不得因此降低其工资、福利待遇或者解除与其订立的劳动合同。

(5)依法向本单位提出赔偿权利。因生产安全事故受到损害的从业人员,除依法享有工伤社会保险外,依照有关民事法律尚有获得赔偿的权利,有权向本单位提出赔偿要求。

2)安全生产从业人员的义务

《安全生产法》规定安全生产从业人员应当履行如下有关安全生产的义务:

(1)遵守安全生产规章制度和操作规程的义务。

(2)接受安全生产教育和培训的义务。

(3)危险报告义务。

4. 安全生产监督管理的法律规定

《安全生产法》对安全生产的监督管理规定了政府职能部门监督管理、工会监督管理和社会各方面监督管理多种形式,形成了国家、社会齐抓共管、社会各方群策群力,群防群抓安全生产的局面。

5. 生产安全事故应急救援与调查处理的法律规定

1)安全生产责任事故应急救援

(1)县级以上的各级人民政府应当组织有关部门制定本行政区域内特大生产安全事故应急救援预案,建立应急救援体系。

(2)危险物品的生产、经营、储存单位以及矿山、建筑施工单位应当建立应急救援组织;生产经营规模较小的单位可以不建立应急救援组织的,但应当指定兼职的应急救援人员。

(3)危险物品的生产、经营、储存单位以及矿山、建筑施工单位应当配备必要的应急救援器材、设备,并进行经常性维护、保养,保证正常运转。

2)安全生产责任事故报告

(1)生产经营单位发生生产事故后,事故现场有关人员应当立即报告本单位负责人。

(2)负有安全生产监督管理职责的部门,接到事故报告后,应当立即按照国家有关规定上报事故情况。负有安全生产监督管理职责的部门和有关地方人民政府,对事故情况不得隐瞒不报、谎报或拖延不报。

(3)有关地方人民政府和负有安全生产监督管理职责部门的负责人,接到重大生产安全事故报告后,应当立即赶到事故现场,组织事故抢救。

3)安全生产责任事故调查处理

(1)事故调查处理应当按照实事求是、尊重科学的原则,及时、准确地查清事故原因,查明事故性质和责任,总结事故教训,提出整改措施,并对事故责任者提出处理意见。

(2)生产经营单位发生生产安全事故,经调查确定为责任事故的,除了应当查明事故单位的责任并依法予以追究外,还应当查明对安全生产的有关事项负有审查批准和监督职责的行政部门的责任,对有失职、渎职行为的,追究法律责任。

(3)任何单位和个人不得阻挠和干涉对事故的依法调查处理。

(4)县级以上各级人民政府负责安全生产监督管理的部门,应当定期统计分析本行政区域内发生生产安全事故的情况,并定期向社会公布。

三、土地管理法

1. 土地的所有权和使用权

土地所有权是指土地所有人在法律规定的范围内享有对土地的占有、使用、收益和处分的权利。我国实行土地的社会主义公有制,即全民所有制和劳动群众集体所有制。全民所有即国家所有,国家所有土地的所有权由国务院代表国家行使。城市市区的土地属于国家所有。农村和城市郊区的土地,除法律规定属于国家所有的以外,属于农民集体所有;宅基地和自留地、自留山,属于农民集体所有。我国实行国有土地有偿使用制度,国有土地和集体所有的土地的使用权可以依法转让。

2. 土地的利用和保护

“十分珍惜、合理利用土地和切实保护耕地”是我国的基本国策。国家实行土地用途管制制度。国家编制土地利用总体规划,规定土地用途,将土地分为农用地、建设用地和未利用地。严格限制农用地转为建设用地,实行建设用地总量控制。

国家实行占有耕地补偿制度。非农业建设经批准占用耕地的,按照“占多少,垦多少”的原则,由占用耕地的单位负责开垦与所占用耕地的数量和质量相当的耕地;没有条件开垦或开垦的耕地不符合要求的,应当按照规定缴纳耕地开垦费,专款用于开垦新的耕地。

国家建立土地调查制度和土地统计制度。县级以上人民政府土地行政主管部门会同同级有关部门进行土地调查,并根据土地调查成果、规划土地用途和国家制定的统一标准,评定土地等级。土地行政主管部门和统计部门共同发布的土地面积统计资料是各级人民政府编制土地利用总体规划的依据。

3. 建设用地

建设用地是指建造建筑物、构筑物的土地,包括城乡住宅和公共设施用地、工矿用地、交通水利设施用地、旅游用地、军事设施用地等。除兴办乡镇企业、村民建设住宅和乡(镇)村公共设施、公益事业建设外,任何单位和个人进行建设,需要使用土地的,必须依法申请使用国有土地。国有土地包括国家所有的土地和国家征用的原属于农民集体所有的土地。

(1)征用土地的批准。建设占用土地,涉及农用地转为建设用地的,应当办理农用地转用审批手续。征用下列土地的,由国务院批准:

①基本农田;

②基本农田以外的耕地超过35公顷的;

③其他土地超过70公顷的。

征用上述规定以外的土地，由省、自治区、直辖市人民政府批准，并报国务院备案。国家征用土地的，依照法定程序批准后，由县级以上地方人民政府予以公告并组织实施。

经批准建设项目需要使用国有建设用地的，建设单位应当持法律、行政法规规定的有关文件，向有批准权的县级以上人民政府土地行政主管部门提出建设用地申请，经土地行政主管部门审查，报本级人民政府批准。

(2)征用土地的补偿。征用土地的，按照被征用土地的原用途给予补偿。征用耕地的补偿费用包括土地补偿费、安置补助费以及地上附着物和青苗的补偿费。征用耕地的土地补偿费，为该耕地被征用前3年平均年产值的6~10倍。征用耕地的安置补助费，按照需要安置的农业人口数计算。需要安置的农业人口数，按照被征用的耕地数量除以征地前被征用单位平均每人占有耕地的数量计算。每一个需要安置的农业人口的安置补助费标准，为该耕地被征用前3年平均年产值的4~6倍。但是，每公顷被征用耕地的安置补助费，最高不得超过被征用前3年平均年产值的15倍。

(3)国有土地使用权的收回。有下列情形之一，由有关人民政府土地行政主管部门报经原批准用地的人民政府或有批准权的人民政府批准，可以收回国有土地使用权。

①为公共利益需要使用土地的；

②为实施城市规划进行旧城区改建，需要调整使用土地的；

③土地出让等有偿使用合同约定的使用期限届满，土地使用者未申请续期或申请续期未获批准的；

④因单位撤销、迁移等原因，停止使用原划拨的国有土地的；

⑤公路、铁路、机场、矿场等经核准报废的。

其中，依照前两项规定收回国有土地使用权的，对土地使用权人应当给予适当补偿。

四、环境保护法

1.《环境保护法》的意义

《环境保护法》是我国的一部关于环境保护的综合性的基本法，该法对我国环境保护的方针、任务、基本原理和制度、重要的保护和防治措施、组织机构和法律责任等都作了原则性的规定。

环境是人类生存和发展的基本要素，清洁、适宜的生活环境和良好的生态环境，是我们从事各项经济建设活动的前提条件。发展经济和保护环境是对立统一的辩证关系，过去由于我们对这一问题认识不足，在经济建设的过程中忽视了环境保护，一直生态环境受到严重破坏，生活环境受到严重影响。劣质的环境必将并且已经影响到我们的经济建设，阻碍经济发展。《环境保护法》的颁布和实施，对于保护和改善生活环境和生态环境，防治污染和其他公害，为我们创造一个有利于经济建设和社会发展的良好环境，具有十分重要意义。

2.防治污染和其他公害的法律规定

为了防治污染和其他公害，保障人民群众的身体健康和生命安全，《环境保护法》规定了许多具体的制度和措施，包括：

(1)环境保护责任制度。产生环境污染和其他公害的单位，必须把环境保护工作纳入计划，建立环境保护责任制度，并且要采取有效措施，防治在生产建设和其他活动中产生的废气、废水、废渣、粉尘、恶臭气体、放射性物质以及噪声、振动、电磁波辐射等对环境的污染和危害。

(2)推广环保设备、工艺和技术。新建工业企业和现有工业企业的技术改造,应当采用资源利用率高、污染物排放量少的设备和工艺,采用经济合理的废弃物综合利用技术和污染物处理技术。

(3)环境保护的"三同时"制度。建设项目中防治污染的措施,必须与主体工程同时设计、同时施工、同时投产使用。防止污染的设施须经验收合格,且不得擅自拆除或闲置。

(4)污染事故的处理报告制度。因发生事故或其他突然性事件,造成或者可能造成污染事故的单位,必须立即采取措施处理,及时通报可能受到污染危害的单位和居民,并向有关部门报告,接受调查处理。建设污染环境的项目,必须遵守国家有关建设项目环境保护管理的规定。

(5)环境影响评价制度。建设项目的环境影响报告书,必须对建设项目产生的污染和对环境的影响做出评价,规定防治措施,经项目主管部门预审并依照规定的程序报环境保护行政主管部门批准。环境影响报告书经批准后,计划部门方可批准建设项目设计任务书。

五、招标投标法

详见本套系列教材第五册《公路工程施工招投标与计量》。

六、建筑法

建筑法是指调整从事建筑活动和实施对建筑活动监督管理过程中所形成的社会关系的法律规范总称。建筑活动是指各类房屋建筑及其附属设施的建造和与其配套的线路、管道、设备的安装活动。但建筑法中关于施工许可、建筑施工企业资质审查和建筑工程发包、承包、禁止转包,以及建筑工程监理、建筑工程安全和质量管理的规定,适用于其他专业建筑工程的建筑活动。

1. 建筑许可

建筑许可包括建筑工程施工许可和从业资格两种。

(1)建筑工程施工许可。建筑工程施工许可是指建筑行政主管部门依据法定程序和条件,对建筑工程是否具备施工条件进行审查,对符合条件者准许开始施工并颁发施工许可证的一种制度。

①施工许可证的申请。施工许可证的申请时间,应当在施工准备工作基本就绪之后,组织施工之前申请。施工许可证的申请者是建设单位(也可称业主或项目法人)。申请领取施工许可证的条件:已办理建筑工程用地批准手续;已取得规划许可证;需要拆迁的,其拆迁进度符合施工要求;已经确定施工单位;有满足施工需要的图纸和技术资料;有保证工程质量和安全的具体措施;建设资金已经落实;法律法规规定的其他条件。

②建筑工程施工许可证的审批。施工许可证由工程所在地县级以上人民政府建设行政主管部门审批。具体由哪一级建设行政主管部门审批,则要视工程的投资额大小和投资来源的不同而定。建设行政主管部门应当在接到申请后的15日内,对符合条件的申请者颁发施工许可证。

③施工许可证的有效期限。建设单位应当在领取施工许可证后的3个月内开工。因故不能按期开工的,应当向原发证机关申请延期,延期以两次为限,每次不超过3个月;既不开工又不申请延期或超过延期时限的,施工许可证自行废止。

④中止施工和恢复施工。在建的建筑工程因故中止施工,建设单位应当在中止施工之日起1个月内,向原发证机关报告,并按照规定做好建设工程的维护管理工作。建设工程恢复施

工时,应当向原发证机关报告。中止施工1年以上的工程恢复施工前,建设单位应当报发证机关核验施工许可证。

⑤取得开工报告的建筑工程不能按期开工或中止施工的处理。开工报告制度是我国建设领域长期实施的一项制度。按照国务院有关规定批准开工报告的建筑工程,因故不能按期开工或中止施工的,应当及时向批准机关报告情况。因故不能按期开工超过6个月的,应当重新办理开工报告的批准手续。

(2)从业资格制度。从业资格制度是指国家对从事建筑活动的单位(企业)和人员实行资质或资格审查,并许可其按照相应的资质、资格条件从事相应的建筑活动的制度。从业资格制度包括从事建筑活动的单位资质制度和从事建筑活动的个人资格制度两类。从事建筑活动的单位资质制度是指建设行政主管部门对从事建筑活动的建筑施工企业、勘察单位、设计单位和工程监理单位的注册资本、专业技术人员、技术装备、业绩和管理水平等进行审查,以确定其承担任务的范围,并发给相应的资质证书的一种制度。从事建筑活动的个人资格制度是指建设行政主管部门及有关部门对从事建筑活动的专业技术人员,依法进行考试和注册,并颁发执业资格证书的一种制度。从业资格制度的管理对象,单位主要包括建设工程总包单位、建设工程勘察设计单位、建筑业企业、建设工程监理单位,个人主要包括注册建筑师、注册监理工程师、注册造价工程师、注册结构工程师、注册道路工程师、注册岩土工程师等。

2. 建筑工程发包与承包

建设工程发包是指建筑单位采用一定的方式,在政府管理部门的监督下,遵循公开、公正、公平的原则,择优选定设计、勘察、施工等单位的活动。建筑工程发包分为招标发包和直接发包两类。政府投资大、中型和限额以上的工程项目,必须采用公开招标方式,国家投资或控股的大型公共建筑,住宅小区的设计,应当采用方案竞投的方式确定。应当实行招标但不宜公开招标或邀请招标的保密工程、特殊专业工程等项目,可以采取协议方式发包,也可以直接发包。

建筑工程承包是指承包单位(勘察设计、施工安装单位)通过一定的方式取得工程项目建设合同的活动。

3. 建筑工程监理

建筑工程监理是指工程监理单位接受建设单位委托,依照法律、行政法规及有关的技术标准、设计文件和建设工程承包合同,对承包单位工程质量、建设进度和建设资金使用等方面,代表建设单位实施监督。

4. 建筑安全生产管理

国家对建筑活动实行建筑安全生产管理制度。建筑安全生产管理应当坚持"安全第一、预防为主"的方针,为了加强安全生产管理,国务院建设行政主管部门制定了一系列安全生产管理法规,建筑安全生产管理法律制度日趋完善。建筑法规定了安全责任制度、安全教育制度、安全检查制度、伤亡事故的报告、调查和处理制度。

5. 建筑工程质量管理

建筑工程质量是指国家现行的有关法律、法规、技术标准、设计文件和合同中对工程安全、适用、经济、美观等特性的综合要求。建筑工程质量管理包括纵向和横向两个方面的管理。纵向方面的管理主要是指建设行政主管部门及其授权机构对建设工程质量的监督管理。横向方面的管理主要指建设工程各方如建筑单位、勘察设计单位、施工单位等的质量责任和义务。目前,我国工程质量管理法律制度体系已基本建立。

七、保险法

保险是指投保人根据合同的约定,向保险人支付保险费,保险人对于合同约定的可能发生的事故因其发生所造成的财产损失承担赔偿保险金责任,或者当被保险人死亡、伤残、疾病或者达到合同约定的年龄、期限时承担给付保险金责任的商业保险行为。

保险公司即保险人,是按照约定收取保险费,并于保险事故发生后,承担赔偿或者给付保险金责任的法人。保险公司的组织机构,适用公司法的规定,且只能采取股份有限公司和国有独资公司的组织形式。

保险合同是指投保人与保险人约定保险权利义务关系的协议。投保人是指与保险人订立保险合同,并按照保险合同负有支付保险费义务的人。保险人是指与投保人订立保险合同并承担赔偿或者给付保险金责任的保险公司。保险公司在履行中还会涉及被保险人和受益人的概念。被保险人是指其财产或者人身受保险合同保障,享有保险金请求权的人,投保人可以为被保险人。受益人是指人身保险合同中由被保险人或者投保人指定的享有保险金请求权的人,投保人、被保险人可以为受益人。

保险合同可以分为财产保险合同和人身保险合同。

(1)财产保险合同是以财产及其有关利益为保险标的的保险合同。在财产保险合同中,保险合同的转让应当通知保险人,经保险人同意继续承保后,依法转让合同。在合同的有效期内,保险标的危险程度增加的,被保险人按照合同约定应当及时通知保险人,保险人有权要求增加保险费或者解除合同。建筑工程一切险和安装工程一切险即为财产保险合同。

(2)人身保险合同是以人的寿命和身体为保险标的的保险合同。投保人应向保险人如实申报被保险人的年龄、身体状况。投保人于合同成立后,可以向保险人一次支付全部保险费,也可以按照合同规定分期支付保险费。人身保险的受益人由被保险人或者投保人指定。保险人对人身保险的保险费,不得用诉讼方式要求投保人支付。

保险合同订立后,当事人双方必须严格地、全面地按保险合同订明的条款履行各自的义务。在订立保险合同前,当事人双方均应履行告知义务。即保险人应将办理保险的有关事项告知投保人;投保人应当按照保险人的要求,将主要危险情况告知保险人。在保险合同订立后,投保人应按照约定期限,交纳保险费,应遵守有关消防、安全、生产操作和劳动保护方面的法规及规定。保险人可以对被保险财产的安全情况进行检查,如发现不安全因素,应及时向投保人提出清除不安全因素的建议。在保险事故发生后,投保人有责任采取一切措施,避免扩大损失,并将保险事故发生的情况及时通知保险人。保险人对保险事故所造成的保险标的损失或者引起的责任,应当按照保险合同的规定履行赔偿或给付责任。

保险事故发生后,保险人已支付了全部保险金额,并且保险金额相等于保险价值的,受损保险标的全部权利归于保险人;保险金额低于保险价值的,保险人按照保险金额与保险时此保险标的的价值取得保险标的的部分权利。

八、税收有关法律

税法则是调整国家税务机关与纳税人之间税收关系的法律规范的总称。

1. 税收的基本要素

(1)纳税主体。纳税主体又称纳税人或纳税义务人,是指依照税法规定,对国家负有纳税义务的社会组织和自然人。具体的纳税主体由各种税种分别确定。

(2)征税对象。征税对象即征税客体,是指规定对什么征税。不同的税种有其特定的征税对象。我国的税收可分为流转税、所得税、财产税、行为税、资源税、关税等。

(3)税率。税率是应纳税额与征税对象之间的比例,是计算纳税的尺度。我国的税率有以下三种:①比例税率;②累进税率,包括分全额累进税率和超额累进税率;③定额税率。

(4)税种和税目。税种是指税收的种类,如个人所得税、房产税等。税目是各个税种所规定的具体征税项目,如产品税按照不同的产品划分为25类270个税目。

(5)起征点和免征额。起征点是指对某一征税对象开始征税的最低点。免征额是指在征税对象中免予征税的部分。

(6)纳税环节。纳税环节是税法规定的征税对象在生产、流通、消费等过程中,应当纳税的环节。

2. 与工程建设相关的重要税种

(1)城镇土地使用税。这是国家按使用土地的等级和数量,对城镇范围内的土地使用者征收的一种税,其税率为定额税率。其税额依城市的大小分为四种。

(2)城市维护建设税。其征税对象是在城市中从事生产、经营的活动,税率为比例税率,但比例依纳税人所在地的不同而不同。城市维护建设税是以纳税人缴纳的增值税、消费税和营业税税额为计税依据的,实际是一种附加税。

(3)房产税。在我国境内拥有房屋产权的单位和个人都是房产税的纳税人。产权属于全民所有的,由经营管理单位纳税。房产税依照房产原值一次减除10%~30%后的余值计算缴纳。国家机关、人民团体、军队以及由国家财政部门拨付事业经费的单位自用的房产,个人所有非营业用的房产等,可以免纳房产税。

(4)土地增值税。转让国有土地使用权、地上的建筑物及其附着物并取得收入的单位和个人,为土地增值税的纳税人,转让房地产所取得的增值额为计征依据。纳税人转让房地产所取得的收入减除规定扣除项目金额后的余额为增值额。

九、价格法

价格是商品或者服务价值的货币表现。价格包括商品价格和服务价格。商品价格是指各类有形产品和无形资产的价格。服务价格是指各类有偿服务的收费。

1. 价格的分类管理

从价格管理的角度,价格可分为市场调节价、政府指导价和政府定价三类。大多数商品和服务价格实行市场调节价,极少数商品和服务价格实行政府指导价或者政府定价。

市场调节价是指由经营者自主制定,通过市场竞争形成的价格。经营者是指从事生产、经营商品或者提供有偿服务的法人、其他组织和个人。

政府指导价是指依照价格法的规定,由政府价格主管部门或者其他有关部门,按照定价权限和范围规定基准价及其浮动幅度,指导经营者制定的价格。

政府定价是指依照价格法的规定,由政府价格主管部门或者其他有关部门按照定价权限和范围制定的价格。

2. 经营者的价格行为

商品和服务的价格,除按照规定适用政府指导价和政府定价外,都实行市场调节价,由经营者自主制定。经营者定价,应当遵循公平、合法和诚实信用的原则。经营者定价的基本依据是生产经营成本和市场供求状况。经营者应当努力改进生产经营管理,降低生产经营成本,为消费者提供价格合理的商品和服务,并在市场竞争中获取合法利润。经营者销售、收购商品和提供服务,应当按照政府价格主管部门的规定明码标价,注明商品的品名、产地、规格、等级、计价单位、价格或者服务的项目、收费标准等有关情况。

行业组织应当遵守价格法律、法规,加强价格自律,接受政府价格主管部门的工作指导。

3. 政府的定价行为

下列商品和服务价格,政府在必要时可以实行政府指导价或者政府定价:

(1)与国民经济发展和人民生活关系重大的极少数商品价格;

(2)资源稀缺的少数商品价格;

(3)自然垄断经营的商品价格;

(4)重要的公用事业价格;

(5)重要的公益性服务价格。

政府指导价、政府定价的定价权限和具体适用范围,以中央和地方的定价目录为依据。中央定价目录由国务院价格主管部门制定、修订,报国务院批准后公布。地方定价目录由省、自治区、直辖市人民政府价格主管部门按照中央定价目录规定的定价权限和具体适用范围制定,经本级人民政府审核同意,报国务院价格主管部门审定后公布。省、自治区、直辖市人民政府以下各级地方人民政府不得制定定价目录。

思考题

1. 什么叫经济法律关系? 构成法律关系的三要素是什么?
2. 什么是法人? 法人成立有哪些必备条件?
3. 什么是代理? 其法律特征是什么? 代理的种类有哪些?
4. 财产所有权的权能有哪些?
5. 债的产生根据有哪些?
6. 什么叫诉讼时效? 诉讼时效期间是如何规定的?
7. 什么是合同? 什么是合同法?
8. 合同订立的形式有哪些?
9. 什么是要约和承诺? 各有何法律特征?
10. 订立合同的基本内容有哪些?
11. 什么是无效合同? 有哪些类型?
12. 无效合同的法律责任是什么?
13. 合同履行的原则是什么? 不履行合同有哪些形式?
14. 承担违约责任的条件是什么? 其承担方式如何?
15. 变更和解除合同的基本条件是什么?
16. 什么叫合同转让? 合同转让有何法律规定?
17. 处理经济纠纷有哪些方式? 应遵循什么原则?
18. 与工程建设相关的法律主要有哪些? 它们各有哪些基本规定?

第六章　公路工程合同管理

第一节　概　　述

一、建设工程合同的概念及分类

1. 建设工程合同的概念

《中华人民共和国合同法》(以下简称《合同法》)规定:建设工程合同是承包人进行工程建设,发包人支付价款的合同。我国建设工程领域一直将合同当事人双方称为发包方和承包方,而发包方与发包人、承包方与承包人并无本质的区别,相互之间是可以替代使用的。建设工程合同双方当事人应当在合同中明确各自的权利义务,主要是承包人进行工程建设,发包人支付工程款。进行工程建设的行为包括勘察、设计、施工。建设工程合同是一种诺成合同,合同订立生效后双方应当严格履行。建设工程合同也是一种双务、有偿合同,当事人双方在合同中都有各自的权利和义务,在享有权利的同时必须履行义务。

建设工程合同是广义的承揽合同的一种,也是承揽人(承包人)按照定作人(发包人)的要求完成工作(工程建设),交付工作成果(竣工工程),定作人给付报酬的合同。但由于工程建设合同在经济活动、社会生活中的重要作用,国家将建设工程合同单独列为一类重要的合同。且《合同法》规定:建设工程合同中没有规定的,适用承揽合同的有关规定。

2. 建设工程合同的特征

(1)合同主体的严格性。建设工程合同主体一般只能是法人。发包人一般只能是经过批准进行工程项目建设的法人,必须有国家批准建设项目,落实投资计划,并且应当具备相应的协调能力;承包人必须具备法人资格,而且应当具备相应的从事勘察设计、施工、监理等资质。无营业执照或无承包资质的单位不能作为建设工程合同的主体,资质等级低的单位不能越级承包建设工程。

(2)合同标的的特殊性。建设工程合同的标的是各类建筑产品,建筑产品是不动产,不能移动,决定了建设工程合同的标的都是特殊的,相互间具有不可替代性。建筑物所在地就是勘察、设计、施工生产场地,施工队伍、施工机械必须围绕建筑产品不断移动。另外,建筑产品的类别庞杂,其外观、结构、使用目的、使用人都各不相同,这就要求每一个建筑产品都需单独设计和施工。建筑产品是单体性生产,这也决定了建设工程合同标的的特殊性。

(3)合同履行期限的长期性。建设工程由于结构复杂、体积大、建筑材料类型多、工作量大,与一般工业产品的生产相比合同履行期限较长。在合同的履行过程中,还可能因为不可抗力、工程变更、材料供应不及时等原因而导致合同期限顺延。所有这些情况,决定了建设工程合同的履行期限具有长期性。

(4)计划和程序的严格性。国家对建设工程有严格的管理制度。订立建设工程合同必须以国家批准的投资计划为前提,即使是其他方式筹集的投资也要受到当年的贷款规模和批准限额的限制,纳入当年投资规模的平衡。建设工程合同的订立和履行必须符合国家关于建设程序的规定。

3. 建设工程合同的种类

建设工程合同可以从不同的角度进行分类。

(1)从承发包的不同范围和数量,可以将建设工程合同分为建设工程总承包合同、建设工程承包合同、分包合同。发包人将工程建设的全过程发包给一个承包人的合同即为建设工程总承包合同。发包人如果将建设工程的勘察、设计、施工等的每一项分别发包给一个承包人的合同即为建设工程承包合同。经合同约定和发包人认可,从工程承包人承包的工程中承包部分工程而订立的合同即为建设工程分包合同。

(2)从完成承包的内容来划分,建设工程合同可以分为建设工程勘察合同、建设工程设计合同和建设工程施工合同三类。《合同法》对工程建设监理合同也在建设工程合同中作了规定,也可以将建设监理合同作为建设工程合同的组成部分。

二、建设工程合同的订立

我国《合同法》对合同形式确立了以不要式为主的原则,即在一般情况下对合同形式采用书面形式还是口头形式没有限制。但是《合同法》要求,建设工程合同应当采用书面形式。

发包人可以与总承包人订立建设工程合同,也可以分别与勘察人、设计人、施工人订立勘察、设计、施工承包合同。

发包人与总承包人订立的建设工程合同是总承包合同,一般包括从工程立项到交付使用的工程建设全过程,具体应包括:可行性研究、勘察设计、设备采购、施工管理、试车考核(或交付使用)等内容。在实践中,工程总承包合同还有一些别的表现形式,如:设计—施工的总承包,投资—设计—施工的总承包等,但主要的还是全过程的总承包。这种发包方式是国家鼓励的。因为这种发包方式能够体现社会分工专业化和社会化的结果。当然,发包人也可分别与勘察人、设计人、施工人订立勘察、设计、施工承包合同。但是,发包人不得将应由一个承包人完成的建设工程肢解成若干部分发包给几个承包人。

建设工程合同的订立与其他合同一样,也需要经过要约和承诺两个阶段。在一般情况下,建设工程合同都应当通过招标投标确定承包人。招标公告或投标邀请书是要约邀请,投标行为是要约,招标人发出的中标通知书则是合同的承诺。由于建设工程合同的重要性,在建设工程合同实质已成立的情况下,双方还应当签订书面的建设工程合同。

第二节　公路工程总承包合同和勘察、设计合同

一、总承包合同管理

工程总承包合同是指由建设单位和总承包单位签订的,为完成从工程立项到交付使用全过程承包而明确双方权利、义务关系的协议。

工程总承包合同的当事人是建设单位和总承包单位两方。建设单位是发包人,即准备建设工程项目的单位。总承包单位则是承包人,包括两种情况:一是设计单位(或以设计院为主

体的设计工程公司);二是工程总承包企业。

建设单位发包项目总承包应具备以下条件:

(1)必须是法人或依法成立的其他组织;

(2)要有项目审批机关批准的项目建议书和所需的资金;

(3)若进行分阶段总承包招标时,还要具有分阶段招标的条件。

总承包单位应具备以下条件:

(1)必须是具有法人地位的经济实体;

(2)由各地区、各部门根据建设需要分别组建,并向公司所在地工商行政管理部门登记,领取法人企业营业执照;

(3)总承包公司接受工程项目总承包任务后,可对勘察设计、工程施工和材料设备供应等进行招标,签订分包合同,并负责对各项分包任务进行综合协调管理和监督;

(4)总承包公司应具有较高的组织管理水平、专业工程管理经验和工作效率。

1. 工程项目总承包合同的主要条款

(1)词语含义及合同文件。合同应对合同中常用的或容易引起歧义的词语进行解释,赋予它们明确的含义。对合同文件的组成、顺序、合同使用的标准,也应作出明确的规定。

(2)总承包的内容。合同应对总承包的内容作出明确规定,一般包括从工程立项到交付使用的工程建设全过程,具体应包括:可行性研究、勘察设计、设备采购、施工管理、试车考核(或交付使用)等内容。具体的承包内容由当事人约定,如果约定设计—施工的总承包、投资—设计—施工的总承包等也可以。

(3)双方当事人的权利和义务。合同应对双方当事人的权利和义务作出明确的规定,这是合同的重要内容,规定应当详细、准确。

发包人一般应承担以下义务:

①按照约定向承包人支付工程款;

②向承包人提供现场;

③协助承包人申请有关许可、执照和批准;

④如果发包人单方面要求终止合同后,没有承包人的同意,在一定时期内不得重新开始实施该工程。

承包人一般应承担以下义务:

①完成满足发包人要求的工程及相关的工作;

②提供履约保证;

③负责工程的协调与恰当实施;

④按照发包人的要求终止合同。

(4)合同履行期限。合同应当明确规定交工的时间,同时也应对各阶段的工作期限作出明确规定。

(5)合同价款。应规定合同价款的计算方式、结算方式以及价款的支付期限等。

(6)工程质量与验收。合同应当明确规定对工程质量的要求,对工程质量的验收方法、验收时间及确认方式。工程质量检验的重点应当是竣工检验,通过竣工检验后发包人可以接收工程。合同也可以约定竣工后的检验。

(7)合同的变更。工程建设的特点决定了合同在履行中往往会出现一些事先没有估计到的情况。双方应明确约定出现哪些情况时合同、合同价款允许变更、调整，包括不可抗力等应由发包人承担的风险也应作明确的规定。

(8)风险、责任和保险。承包人应当保障和保护发包人、发包人代表以及雇员免遭由工程导致的一切索赔、损害和开支。应由发包人承担的风险也应作出明确规定。合同对保险的办理、保险事故的处理等都应作出明确的规定。

(9)工程保修。合同按国家的规定写明保修项目、内容、范围、期限及保修金额和支付办法。

(10)对设计、分包方的规定。承包人进行并负责工程的设计，设计应当由合格的设计人员进行。承包人还应当编制足够详细的施工文件，编制和提交竣工图纸、操作和维修手册。承包人应对所有分包方遵守合同的全部规定负责，任何发包人、发包人的代理人或雇员的行为或违约，完全视为承包人自己的行为或违约，并负责全部责任。

(11)索赔和争议的处理。合同应明确索赔的程序和争议的处理方式。对争议的处理，一般应以仲裁作为解决的最终方式。

(12)违约责任。合同应明确双方的违约责任。包括发包人不按时支付合同款的责任、超越合同规定干预承包人工作的责任等；也包括承包人不能按合同约定的期限和质量完成工作的责任等。

2. 工程项目总承包合同的订立和履行

建设工程项目总承包合同通过招投标和直接发包两种方式订立。通过招投标订立的合同在发包时对项目的内容和要求已经比较明确具体。承包人应当根据发包人对项目的要求编制建议书及资料表，并且报一个固定总价。合同在订立前有一个详细的谈判过程，双方在合同上签字盖章后合同即告成立。如果需要经过公证、签证、审批等手续，则在办理完公证、签证、审批等手续后合同生效。

合同订立后，双方都应按合同规定严格履行。发包人应当任命发包人代表，行使合同中明文规定的或隐含的权力，但无权修改合同。发包人代表可以将他的职责委托给助理，但一些重大的决定必须由发包人代表自己作出。

总承包单位可以按合同规定对工程项目进行分包，但不得转包建设工程项目。总承包单位应当做好分包项目的管理工作，并就分包的工作内容对建设单位承担技术经济责任。分包单位应具备从事相应工作的资质条件，必须自行完成分包工作，不得再次分包。分包单位应按合同规定对其分包的工程向总包单位负责，总包单位对项目的整体(包括工期、质量、造价、保修)向发包单位负责。

二、公路工程勘察、设计合同管理

公路工程勘察、设计合同是委托方与承包方为完成一定的勘察、设计任务，明确双方权利、义务关系的协议。公路工程勘察、设计合同的委托方一般是项目业主(建设单位)或公路工程承包单位；承包方是持有国家认可的、具有相应资质等级证书勘察设计单位。合同的委托方、承包方均应具有法人地位。

1. 勘察、设计合同应具备的主要条款

(1)委托方提交有关基础资料的期限。这是对委托方提交有关基础资料在时间上的要求。勘察或设计的基础资料是指勘察、设计单位进行勘察、设计工作所依据的基础文件和情况。勘察基础资料包括项目的可行性研究报告，工程需要勘察的地点、内容，勘察技术要求及附图等。设计的基础资料包括工程的选址报告，能满足初步设计要求的勘察资料以及原料、燃料、水、电、运输等方面的协议文件，需要经过科研取得的技术资料。

(2)勘察、设计单位提交勘察、设计文件(包括概预算)的期限。这是指勘察、设计单位完成勘察、设计工作，交付勘察或设计文件的期限。勘察、设计文件主要包括勘察、建设设计图纸及说明，材料设备清单和工程概预算等。勘察、设计文件是工程建设的依据，工程必须按照勘察、设计文件进行施工，因此勘察、设计文件的交付期限直接影响工程建设的期限，所以当事人在勘察或设计合同中应明确勘察、设计文件的交付期限。

(3)勘察或设计的质量要求。这主要是委托方对勘察、设计工作提出的标准和要求。勘察、设计单位应当按照确定的质量要求进行勘察、设计，按时提交符合质量要求的勘察、设计文件。勘察、设计的质量要求条款明确了勘察、设计成果的质量，也是确定勘察、设计单位工作责任的重要依据。

(4)勘察、设计费用。勘察、设计费用是委托方对勘察、设计单位完成勘察、设计工作的报酬。支付勘察、设计费是委托方在勘察、设计合同中的主要义务。双方应当明确勘察、设计费用的数额和计算方法，支付方式、地点、期限等内容。

(5)双方的其他协作条件。其他协作条件是指双方当事人为了保证勘察、设计工作顺利进行所应当履行的相互协作的义务。委托方的主要协作义务是在勘察、设计人员进入现场工作时，为勘察、设计人员提供必要的工作条件和生活条件，以保证其正常开展工作。勘察、设计单位的主要协作义务是配合工程建设的施工，进行设计交底，解决施工中出现的有关设计问题，负责设计变更和修改预算，参加试车考核和工程验收等。

(6)违约责任。合同当事人双方应当根据国家的有关规定约定双方的违约责任。

2. 公路工程勘察、设计合同的订立

勘察合同由建设单位、设计单位或有关单位提出委托，经双方同意即可签订。设计合同须具有上级机关批准的设计任务书方能签订。小型单项工程的设计合同须具有上级机关批准的文件方能签订。如单独委托施工图设计任务，应同时具有经有关部门批准的初步设计文件方能签订。勘察、设计合同在当事人双方经过协商取得一致意见，由双方负责人或指定代表签字并加盖公章后，方为有效。

3. 公路工程勘察、设计合同的履行

1)勘察、设计合同的定金

按规定收取费用的勘察、设计合同生效后，委托方应向承包方付给定金。勘察、设计合同履行后，定金抵作勘察、设计费。设计任务的定金为估算的设计费的20%。委托方不履行合同的，无权请求返还定金。承包方不履行合同的，应当双倍返还定金。

2)勘察、设计合同双方的责任

(1)勘察、设计合同的委托方有以下责任：

①向承包方提供开展勘察、设计工作所需的有关基础资料，并对提供的时间、进度与资料的可靠性负责。

委托勘察工作的，在勘察工作开展前，应提出勘察技术要求及附图。

委托初步设计的，在初步设计前，应提供经过批准的可行性研究报告，选址报告以及原料、燃料、水、电、运输等方面的协议文件和能满足初步设计要求的勘察资料以及需要经过科研取得的技术资料。

委托施工图设计的,在施工图设计前,应提供经过批准的初步设计文件和能满足施工图设计要求的勘察资料、施工条件以及有关设备的技术资料。

②在勘察设计人员进入现场作业或配合施工时,应负责提供必要的工作和生活条件。

③委托配合引进项目的设计任务,从询价、对外谈判、国内外技术考察直至建成投产的各阶段,应吸收承担有关设计任务的单位参加。

④按照国家有关规定付给勘察设计费。

⑤维护承包方的勘察成果和设计文件,不得擅自修改,不得转让给第三方重复使用。

(2)勘察、设计合同的承包方有以下责任:

①勘察单位应按照现行的标准、规范、规程和技术条例进行工程测量、工程地质、水文地质等勘察工作,并按合同规定的进度、质量提交勘察成果。

②设计单位要根据批准的可行性研究报告或上一阶段设计的批准文件以及有关设计技术经济协议文件、设计标准、技术规范、规程、定额等提出勘察技术要求和进行设计,并按合同规定的进度和质量提交设计文件(包括概预算文件、材料设备清单)。

③初步设计经上级主管部门审查后,在原定任务书范围内的必要修改,由设计单位负责。原定任务书有重大变更而重作或修改设计时,须具有设计审批机关或设计任务书批准机关的意见书,经双方协商,另订合同。

④设计单位对所承担设计任务的建设项目应配合施工,进行设计技术交底,解决施工过程中有关设计的问题,负责设计变更和修改预算,参加试车考核及工程竣工验收。对于大中型工业项目和复杂的民用工程应派现场设计代表,并参加隐蔽工程验收。

4. 勘察、设计合同的变更和解除

设计文件批准后,具有一定的严肃性,不得任意修改和变更。如果必须修改,也需经有关部门批准,其批准权限根据修改内容所涉及的范围而定。如果修改部分属于初步设计的内容,必须经设计的原批准单位批准;如果修改的部分属于可行性研究报告的内容,则必须经可行性研究报告的原批准单位批准;施工图设计的修改,必须经设计单位批准。

委托方因故要求修改工程设计,经承包方同意后,除设计文件的提交时间另定外,委托方还应按承包方实际返工修改的工作量增付设计费。

原定可行性研究报告或初步设计如有重大变更而需重作或修改设计时,须经原批准机关同意,并经双方当事人协商后另订合同。委托方负责支付已经进行了的设计的费用。

委托方因故要求中途停止设计时,应及时书面通知承包方,已付的设计费不退,并按该阶段实际所耗工时增付和结清设计费,同时终止合同关系。

5. 勘察、设计合同的违约责任

委托方或承包方违反合同规定造成损失的,应承担违约的责任:

(1)因勘察、设计质量低劣引起返工或未按期提交勘察、设计文件拖延工期造成损失,由勘察、设计单位继续完善勘察、设计任务,并应视造成损失的大小减收或免收勘察、设计费。对于因勘察设计错误而造成工程重大质量事故者,勘察、设计单位应承担赔偿责任。

(2)由于变更计划,提供的资料不准确,未按期提供勘察、设计必需的资料或工作条件而造成勘察、设计的返工、停工、窝工或修改设计,委托方应按承包方实际消耗的工作量增付费用。因委托方责任造成重大返工或重作设计,应另行增费。

(3)委托方超过合同规定的日期付费时,应偿付逾期的违约金。偿付办法与金额,由双方按照国家的有关规定协商,在合同中订明。

第三节　公路工程施工合同

一、工程施工承包合同类型

工程施工承包合同是发包人与承包人就完成特定工程项目,确定双方权利和义务的协议。工程施工合同是建设工程的主要合同之一,是公路工程建设质量控制、进度控制、投资控制的主要依据。根据合同计价方式的不同,工程施工承包合同可以分为总价合同、单价合同和成本加酬金合同三种类型。

1. 总价合同

总价合同是指在合同中确定一个完成项目的总价,承包人据此完成项目全部内容的合同。这种合同类型能够使发包人在评标时易于确定报价最低的承包人、易于进行支付计算。但这类合同仅适用于工程量不太大且能精确计算、工期较短、技术不太复杂、风险不大的项目。因而采用这种合同类型要求发包人必须准备详细而全面的设计图纸(一般要求施工详图)和各项说明,使承包人能准确计算工程量。总价合同又可以分为固定总价合同和可调总价合同。

(1)固定总价合同。总价被承包人接受以后,一般不得变动。所以在招标签约前,必须已基本完成设计工作(达 80% 至 100%),工程量和工程范围已十分明确。但工程范围不宜过大,以减少双方风险。也可阐明分期完成和分期付款办法。这种形式适合于工期较短(一般不超过一年),对工程要求十分明确的项目。

(2)可调总价合同。报价及签订合同时,以招标文件的要求及当时的物价计算总价合同。但在合同条款中双方商定:如果在执行合同中由于通货膨胀引起工料成本增加达到某一限度时,合同总价应相应调整。这种合同方式,发包人承担了通货膨胀这一不可预见的费用因素的主要风险,承包人承担通货膨胀因素的次要风险以及通货膨胀因素外的其他风险。工期较长(如一年以上)的工程,适合采用这种合同形式。

2. 单价合同

单价合同是承包人在投标时,按招标文件就分部分项工程所列出的工程量表确定各分部分项工程费用的合同类型。这类合同的适用范围比较宽,其风险可以得到合理的分摊,并且能鼓励承包人通过提高工效等手段从成本节约中提高利润。这类合同能够成立的关键在于双方对单价和工程量计算方法的确认。在合同履行中需要注意的问题则是双方对实际工程量计量的确认。单价合同也可以分为固定单价合同和可调单价合同。

(1)固定单价合同。这也是经常采用的合同形式。特别是在设计或其他建设条件(如地质条件)还不太明确的情况下(但技术条件应明确),而以后又需增加工程内容或工程量时,可以按单价适当追加合同内容。在每月(或每阶段)工程结算时,根据实际完成的工程量结算,在工程全部完成时以竣工图的工程量最终结算工程总价款。

(2)可调单价合同。合同单价可调,一般是在工程招标文件中规定。在合同中签订的单价,根据合同约定的条款,如在工程实施过程中物价发生变化等,可作调整。有的工程在招标或签约时,因某些不确定性因素而在合同中暂定某些分部分项工程的单价,在工程结算时,再根据实际情况和合同约定对合同单价进行调整,确定实际结算单价。

3. 成本加酬金合同

成本加酬金合同,是由发包人向承包人支付工程项目的实际成本,并按事先约定的某一种方式支付酬金的合同类型。在这类合同中,发包人需承担项目实际发生的一切费用,因此也就承担了项目的全部风险。而承包人由于无风险,其报酬往往也较低。这类合同的缺点是发包人对工程总造价不易控制,承包人也往往不注意降低项目成本。成本加酬金合同有多种形式,但目前流行的主要有如下几种:成本加固定费用合同;成本加定比费用合同;成本加奖金合同;成本加保证最大酬金合同;工时及材料补偿合同。

二、我国现行的公路工程施工合同文本种类

鉴于施工合同的内容复杂、涉及面宽,为了避免施工合同的编制者遗漏某些方面的重要条款,或条款约定的责任权利不够公平合理,国家有关部门先后颁布了一些施工合同示范文本,作为规范性、指导性的合同文件,在全国或行业范围内推荐使用。目前,在公路工程建设中比较典型的施工合同文本主要有:《标准施工招标文件》、《公路工程标准施工招标文件》的合同条款(2009 年版)。

(一)标准施工招标文件

为了规范施工招标文件编制活动,提高招标文件编制质量,促进招标投标活动的公开、公平和公正,国家发改委、财政部、建设部、铁道部、交通部、信息产业部、水利部、民用航空总局、广播电影电视总局于 2007 年 11 月 1 日联合发布了《标准施工招标文件》,并自 2008 年 5 月 1 日起施行。与以前的行业标准施工招标文件相比,《标准施工招标文件》在指导思想、体例结构、主要内容以及使用要求等方面都有较大的创新和变化。《标准施工招标文件》不再分行业而是按施工合同的性质和特点编制招标文件,并且结合我国实际情况对通用合同条款作了较为系统的规定。

《标准施工招标文件》主要适用于具有一定规模的政府投资项目,且设计和施工不是由同一承包人承担的工程施工招标。国务院有关行业主管部门可根据《标准施工招标文件》并结合本行业施工招标特点和管理需要,编制行业标准施工招标文件。行业标准施工招标文件重点对“专用合同条款”、“工程量清单”、“图纸”、“技术标准和要求”作出具体规定。

(二)公路工程标准施工招标文件

为加强公路工程施工招标管理,规范招标文件编制工作,交通运输部公路局组织专家对 2003 年版《公路工程国内招标文件文件范本》进行修订并经审定形成了《公路工程标准施工招标文件》(2009 年版)(以下简称《公路工程标准施工招标文件》)。交通运输部《公路工程标准施工招标文件》以《标准施工招标文件(2007 年版)》(以下简称《标准施工招标文件》)为依据,考虑公路工程施工的招标特点和管理需要编制而成。《标准施工招标文件》规定通用部分,《公路工程标准施工招标文件》补充公路工程行业内容,两者结合使用,其中《公路工程标准施工招标文件》未加修改完全引用了《标准施工招标文件》“投标人须知”正文、“评标办法”正文部分的文字用宋体表示,补充的公路工程行业内容部分的文字用隶书表示,两种字体具有同等效力。《公路工程标准施工招标文件》适用于各等级公路和桥梁、隧道建设项目,且设计和施工不是由同一承包人承担的工程施工招标。招标人在根据《公路工程标准施工招标文件》编制项目招标文件中的“项目专用合同条款”时,可根据招标项目的具体特点和实际需要,

对"通用合同条款"及"公路工程专用合同条款"进行补充、细化,除"通用合同条款"明确"专用合同条款"可作出不同约定以及"公路工程专用合同条款"明确"项目专用合同条款"可作出不同约定外,补充和细化的内容不得与"通用合同条款"及"公路工程专用合同条款"强制性规定相抵触。同时,补充、细化或约定的不同内容,不得违反法律、行政法规的强制性规定和平等、自愿、公平和诚实信用原则。《公路工程标准施工招标文件》用相同序号标示的章、节、条、款、项、目,供招标人选择使用;以空格标示的由招标人填写的内容,招标人应根据招标项目具体特点和实际需要具体化,确实没有需要填写的,在空格中用"/"标示。

三、《公路工程标准施工招标文件》中的合同条款

(一)概述

1.《公路工程标准施工招标文件》中的合同条款简介

《公路工程标准施工招标文件》的合同条款由通用合同条款和专用合同条款两部分构成,且附有合同协议书、履约担保和预付款担保等三个格式文件。

通用合同条款是以发包人委托监理人管理工程合同的模式设定合同当事人的权利、义务和责任,区别于由发包人和承包人双方直接进行约定和操作的合同管理模式。通用合同条款同时适用于单价合同和总价合同,合同条款中涉及单价合同和总价合同的,招标人在编制招标文件时,应根据具体工程的不同特点和要求,进行修改和补充。

通用合同条款参考 FIDIC 有关内容,对发包人、承包人的责任进行恰当的划分,在材料和设备、工程质量、计量、变更、违约责任等方面,对双方当事人权利、义务、责任作了相对具体、集中和具有操作性的规定,为明确责任、减少合同纠纷提供了条件。具体条款共分 24 个方面的问题:一般约定,发包人义务,监理人,承包人,材料和工程设备,施工设备和临时设施,交通运输,测量放线,施工安全、治安保卫和环境保护,进度计划,开工和竣工,暂停施工,工程质量,试验和检验,变更,价格调整,计量与支付,竣工验收,缺陷责任与保修责任,保险,不可抗力,违约,索赔,争端的解决。

通用条款的主要内容将在下文及本套系列教材第五册《公路工程施工招投标与计量》中作进一步介绍。

2. 合同文件的组成及优先顺序

《公路工程标准施工招标文件》第 1.4 条规定:组成合同的各项文件应互相解释,相互说明。但是这些文件有时会产生冲突或含义不清。除专用合同条款另有约定外,解释合同文件的优先顺序如下:

(1)合同协议书。

(2)中标通知书。

(3)投标函及投标函附录。

(4)专用合同条款。

(5)通用合同条款。

(6)技术标准和要求。

(7)图纸。

(8)已标价工程量清单。

(9)其他合同文件。

(二)施工合同双方的一般权利和义务

1. 发包人义务

发包人是指专用条款中指明并与承包人在合同协议书中签字的当事人,其在合同履行过程中应当承担的义务在《公路工程标准施工招标文件》第2章中规定如下:

(1)发包人在履行合同过程中应遵守法律,并保证承包人免于承担因发包人违反法律而引起的任何责任。

(2)发包人应委托监理人按合同约定的时间向承包人发出开工通知。

(3)发包人应按专用合同条款的约定向承包人提供施工场地,以及施工场地内地下管线和地下设施等有关资料,并保证资料的真实、准确、完整。

(4)发包人应协助承包人办理法律规定的有关施工证件和批件。

(5)发包人应根据合同进度计划,组织设计单位向承包人进行设计交底。

(6)发包人应按合同约定向承包人及时支付合同价款。

(7)发包人应按合同约定及时组织竣工验收。

(8)发包人应履行合同约定的其他义务。

2. 承包人义务

承包人是指与发包人签订合同协议书的当事人,负责工程的具体施工。《公路工程标准施工招标文件》第4.1条规定其主要义务:

(1)遵守法律。承包人在履行合同过程中应遵守法律,并保证发包人免于承担因承包人违反法律而引起的任何责任。

(2)依法纳税。承包人应按有关法律规定纳税,应缴纳的税金包括在合同价格内。

(3)完成各项承包工作。承包人应按合同约定以及监理人的指示,实施、完成全部工程,并修补工程中的任何缺陷,除专用合同条款另有约定外,承包人应提供为完成合同工作所需的劳务、材料、施工设备、工程设备和其他物品,并按合同约定负责临时设施的设计、建造、运行、维护、管理和拆除。

(4)对施工作业和施工方法的完备性负责。承包人应按合同约定的工作内容和施工进度要求,编制施工组织设计和施工措施计划,并对所有施工作业和施工方法的完备性和安全可靠性负责。

(5)保证工程施工和人员的安全。承包人应按合同约定采取施工安全措施,确保工程及其人员、材料、设备和设施的安全,防止因工程施工造成的人身伤害和财产损失。

(6)负责施工场地及其周边环境与生态的保护工作。承包人应按照合同约定负责施工场地及其周边环境与生态的保护工作。

(7)避免施工对公众与他人的利益造成损害。承包人在进行合同约定的各项工作时,不得侵害发包人与他人使用公用道路、水源、市政管网等公共设施的权利,避免对邻近的公共设施产生干扰。承包人占用或使用他人的施工场地,影响他人作业或生活的,应承担相应责任。

(8)为他人提供方便。承包人应按监理人的指示为他人在施工场地或附近实施与工程有关的其他各项工作提供可能的条件。

(9)工程的维护和照管。工程接收证书颁发前,承包人应负责照管和维护工程。工程接收证书颁发时尚有部分未竣工工程的,承包人还应负责该未竣工工程的照管和维护工作,直至竣工后移交给发包人为止。

(10)承包人应履行合同约定的其他义务。

3. 监理人

监理人是指受发包人委托对合同履行实施管理的法人或其他组织。

(1)监理人的职责和权力。《公路工程标准施工招标文件》第3.1条规定:监理人受发包人委托,享有合同约定的权力。监理人发出的任何指示应视为已得到发包人的批准,但监理人无权免除或变更合同约定的发包人和承包人的权利、义务和责任。合同约定应由承包人承担的义务和责任,不因监理人对承包人提交文件的审查或批准,对工程、材料和设备的检查和检验,以及为实施监理作出的指示等职务行为而减轻或解除。监理人接受发包人委托的工程监理任务后,应组建现场监理机构,并在发布开工通知前进驻工地,及时开展监理工作。监理机构由总监理工程师和监理人员组成。

(2)总监理工程师和监理人员。总监理工程师是指监理人委派常驻施工场地对合同履行实施管理的全权负责人。监理人员在总监理工程师的授权范围内行使某项权力。

①总监理工程师的产生。总监理工程师由监理人任命。发包人应在发出开工通知前将总监理工程师的任命通知承包人。监理人更换总监理工程师应在调离14天前通知承包人。总监理工程师短期离开施工场地的,应委派代表代行其职责,并通知承包人。

②总监理工程师委托监理人员。总监理工程师可以授权其他监理人员负责执行其指派的一项或多项监理工作,但总监理工程师不应将合同约定应由总监理工程师作出确定的权力授权或委托给其他监理人员。总监理工程师应将被授权监理人员的姓名及其授权范围通知承包人。被授权的监理人员在授权范围内发出的指示视为已得到总监理工程师的同意,与总监理工程师发出的指示具有同等效力。总监理工程师撤销某项授权时,应将撤销授权的决定及时通知承包人。监理人员没有在约定的(或合理的)期限内,对承包人的任何工作、工程或其采用的材料和工程设备提出否定意见的,视为已得到监理人的批准,但监理人员仍可在事后拒绝该项工作、工程或其采用的材料和工程设备。承包人对总监理工程师授权的监理人员发出的指示有疑问的,可向总监理工程师提出书面异议,总监理工程师应在48小时内对该指示予以确认、更改或撤销(见《公路工程标准施工招标文件》第3.2、3.3条)。

(3)监理人的指示。《公路工程标准施工招标文件》第3.4条规定:监理人的指示应盖有监理人授权的施工场地机构章,并由总监理工程师或总监理工程师授权的监理人员签字。在紧急情况下,总监理工程师或被授权的监理人员可以当场签发临时书面指示,承包人应遵照执行。承包人应在收到上述临时书面指示后24小时内向监理人发出书面确认函。监理人在收到书面确认函后24小时内未予答复的,该书面确认函应被视为监理人的正式指示。

(4)商定或确定。《公路工程标准施工招标文件》第3.5条规定:按照合同约定应当对有关事项进行商定或确定时,总监理工程师应与合同当事人协商,尽量达成一致。不能达成一致的,总监理工程师应认真研究后审慎确定。总监理工程师应将商定或确定的事项通知合同当事人,并附详细依据。对总监理工程师的确定有异议,构成争议的,按照合同约定的争议解决条款处理。在争议解决前,双方应暂按总监理工程师的确定执行,按照合同约定的争议解决程序对总监理工程师的确定作出修改的,按修改后的结果执行。

4. 承包人项目经理

(1)项目经理的产生和更换。《公路工程标准施工招标文件》4.5.1规定:承包人应按合同约定指派项目经理,并在约定的期限内到职。承包人更换项目经理应事先征得发包人同意,并应在更换14天前通知发包人和监理人。承包人项目经理短期离开施工场地,应事先征得监理人同意,并委派代表代行其职责。

(2)项目经理的职责。《公路工程标准施工招标文件》4.5.2规定:承包人项目经理应按合同约定以及监理人的指示,负责组织合同工程的实施。在情况紧急且无法与监理人取得联系时,可采取保证工程和人员生命财产安全的紧急措施,并在采取措施后24小时内向监理人提交书面报告。

《公路工程标准施工招标文件》4.5.3、4.5.4规定:承包人为履行合同发出的一切函件均应盖有承包人授权的施工场地管理机构章,并由承包人项目经理或其授权代表签字。承包人项目经理可以授权其下属人员履行其某项职责,但事先应将这些人员的姓名和授权范围通知监理人。

(三)施工进度和工期

1. 进度计划

《公路工程标准施工招标文件》第10.2条规定:承包人应按专用合同条款约定的内容和期限,编制详细的施工进度计划和施工方案说明报送监理人。监理人应在专用合同条款约定的期限内批复或提出修改意见,否则该进度计划视为已得到批准。经监理人批准的施工进度计划称合同进度计划,是控制合同工程进度的依据。承包人还应根据合同进度计划,编制更为详细的分阶段或分项进度计划,报监理人审批。

不论何种原因造成工程的实际进度与批准的合同进度计划不符时,承包人可以在专用合同条款约定的期限内向监理人提交修订合同进度计划的申请报告,并附有关措施和相关资料,报监理人审批;监理人也可以直接向承包人作出修订合同进度计划的指示,承包人应按该指示修订合同进度计划,报监理人审批。监理人应在专用合同条款约定的期限内批复。监理人在批复前应获得发包人同意。

2. 开工

《公路工程标准施工招标文件》第11.1条规定:监理人应在开工日期7天前向承包人发出开工通知。监理人在发出开工通知前应获得发包人同意。工期自监理人发出的开工通知中载明的开工日期起计算。承包人应在开工日期后尽快施工。承包人应按批准的合同进度计划,向监理人提交工程开工报审表,经监理人审批后执行。开工报审表应详细说明按合同进度计划正常施工所需的施工道路、临时设施、材料设备、施工人员等施工组织措施的落实情况以及工程的进度安排。

3. 工期延误

(1)发包人的工期延误。《公路工程标准施工招标文件》第11.3条规定:在履行合同过程中,由于发包人的下列原因造成工期延误的,承包人有权要求发包人延长工期和(或)增加费用,并支付合理利润:

①增加合同工作内容。

②改变合同中任何一项工作的质量要求或其他特性。

③发包人迟延提供材料、工程设备或变更交货地点的。

④因发包人原因导致的暂停施工。

⑤提供图纸延误。

⑥未按合同约定及时支付预付款、进度款。

⑦发包人造成工期延误的其他原因。

(2)承包人的工期延误。《公路工程标准施工招标文件》第11.5条规定:由于承包人原因,未能按合同进度计划完成工作,或监理人认为承包人施工进度不能满足合同工期要求的,承包人应采取措施加快进度,并承担加快进度所增加的费用。由于承包人原因造成工期延误,承包人应支付逾期竣工违约金。承包人支付逾期竣工违约金,并不免除承包人完成工程及修补缺陷的义务。

4. 暂停施工

(1)承包人暂停施工的责任。《公路工程标准施工招标文件》第12.1条规定:因下列暂停施工增加的费用和(或)工期延误由承包人承担:

①承包人违约引起的暂停施工。

②由于承包人原因为工程合理施工和安全保障所必需的暂停施工。

③承包人擅自暂停施工。

④承包人其他原因引起的暂停施工。

⑤专用合同条款约定由承包人承担的其他暂停施工。

(2)发包人暂停施工的责任。《公路工程标准施工招标文件》第12.2条规定:由于发包人原因引起的暂停施工造成工期延误的,承包人有权要求发包人延长工期和(或)增加费用,并支付合理利润。

(3)监理人暂停施工指示。《公路工程标准施工招标文件》第12.3条规定:监理人认为有必要时,可向承包人作出暂停施工的指示,承包人应按监理人指示暂停施工。不论由于何种原因引起的暂停施工,暂停施工期间承包人应负责妥善保护工程并提供安全保障。由于发包人的原因发生暂停施工的紧急情况,且监理人未及时下达暂停施工指示的,承包人可先暂停施工,并及时向监理人提出暂停施工的书面请求。监理人应在接到书面请求后的24小时内予以答复,逾期未答复的,视为同意承包人的暂停施工请求。

(4)暂停施工后的复工。《公路工程标准施工招标文件》第12.4条规定:暂停施工后,监理人应与发包人和承包人协商,采取有效措施积极消除暂停施工的影响。当工程具备复工条件时,监理人应立即向承包人发出复工通知。承包人收到复工通知后,应在监理人指定的期限内复工。承包人无故拖延和拒绝复工的,由此增加的费用和工期延误由承包人承担;因发包人原因无法按时复工的,承包人有权要求发包人延长工期和(或)增加费用,并支付合理利润。

(5)暂停施工持续56天以上的处理办法。《公路工程标准施工招标文件》第12.5条规定:监理人发出暂停施工指示后56天内未向承包人发出复工通知。除了该项停工属于承包人的责任外,承包人可向监理人提交书面通知,要求监理人在收到书面通知后28天内准许已暂停施工的工程或其中一部分工程继续施工。如监理人逾期不予批准,则承包人可以通知监理人,将工程受影响的部分按有关变更条款的约定视为可取消工作。如暂停施工影响到整个工程,可视为发包人违约,由发包人承担违约责任。由于承包人责任引起的暂停施工,如承包人在收到监理人暂停施工指示后56天内不认真采取有效的复工措施,造成工期延误,可视为承包人违约,由承包人承担违约责任。

5. 竣工验收

承包人应在其投标函中承诺的工期内完成合同工程。实际竣工日期应经工程验收后确定,并在工程接收证书中写明。

(1)工程竣工条件。《公路工程标准施工招标文件》第18.2条规定:当工程具备以下条件时,承包人即可向监理人报送竣工验收申请报告:

①除监理人同意列入缺陷责任期内完成的尾工(甩项)工程和缺陷修补工作外,合同范围内的全部单位工程以及有关工作,包括合同要求的试验、试运行以及检验和验收均已完成,并符合合同要求。

②已按合同约定的内容和份数备齐且符合要求的竣工资料。

③已按监理人的要求编制了在缺陷责任期内完成的尾工(甩项)工程和缺陷修补工作清单以及相应施工计划。

④监理人要求在竣工验收前应完成的其他工作。

⑤监理人要求提交的竣工验收资料清单。

(2)竣工验收过程。《公路工程标准施工招标文件》第18.3条规定:监理人收到承包人提交的竣工验收申请报告后,应审查申请报告的各项内容,监理人审查后认为尚不具备竣工验收条件的,应在收到竣工验收申请报告后的28天内通知承包人,指出在颁发接收证书前承包人还需进行的工作内容。监理人审查后认为已具备竣工验收条件的,应在收到竣工验收申请报告后的28天内提请发包人进行工程验收。发包人经过验收后同意接收工程的,应在监理人收到竣工验收申请报告后的56天内,由监理人向承包人出具经发包人签认的工程接收证书。发包人验收后不同意接收工程的,监理人应按照发包人的验收意见发出指示,要求承包人对不合格工程认真返工重做或进行补救处理,并承担由此产生的费用。承包人在完成不合格工程的返工重做或补救工作后,应重新提交竣工验收申请报告。

除专用合同条款另有约定外,经验收合格工程的实际竣工日期,以提交竣工验收申请报告的日期为准,并在工程接收证书中写明。发包人在收到承包人竣工验收申请报告56天后未进行验收的,视为验收合格,实际竣工日期以提交竣工验收申请报告的日期为准,但发包人由于不可抗力不能进行验收的除外。

(四)施工质量和检验

1. 工程质量要求

《公路工程标准施工招标文件》第13.1条规定:工程质量验收按合同约定验收标准执行。因承包人原因造成工程质量达不到合同约定验收标准的,监理人有权要求承包人返工直至符合合同要求为止,由此造成的费用增加(或)工期延误由承包人承担。因发包人原因造成工程质量达不到合同约定验收标准的,发包人应承担由于承包人返工造成的费用增加和(或)工期延误,并支付承包人合理利润。

2. 施工过程中的检查

(1)承包人的质量检查。《公路工程标准施工招标文件》第13.3条规定:承包人应按合同约定对材料、工程设备以及工程的所有部位及其施工工艺进行全过程的质量检查和检验。并做详细记录,编制工程质量报表,报送监理人审查。

(2)监理人的质量检查。《公路工程标准施工招标文件》第13.4条规定:监理人有权对工程的所有部位及其施工工艺、材料和工程设备进行检查和检验。承包人应为监理人的检查和检验提供方便,包括监理人到施工场地,或制造、加工地点,或合同约定的其他地方进行察看和查阅施工原始记录。承包人还应按监理人指示,进行施工场地取样试验、工程复核测量和设备性能检测,提供试验样品、提交试验报告和测量成果以及监理人要求进行的其他工作。监理人的检查和检验,不免除承包人按合同约定应负的责任。

3. 隐蔽工程的检查

(1)通知监理人检查。《公路工程标准施工招标文件》第13.5.1条规定:经承包人自检确认的工程隐蔽部位具备覆盖条件后,承包人应通知监理人在约定的期限内检查。承包人的通知应附有自检记录和必要的检查资料。监理人应按时到场检查。经监理人检查确认质量符合隐蔽要求,并在检查记录上签字后,承包人才能进行覆盖。监理人检查确认质量不合格的,承包人应在监理人指示的时间内修整返工后,由监理人重新检查。

(2)监理人未到场检查。《公路工程标准施工招标文件》第13.5.2条规定:监理人未按约定的时间进行检查的,除监理人另有指示外,承包人可自行完成覆盖工作,并做相应记录报送监理人,监理人应签字确认。监理人事后对检查记录有疑问的,可要求重新检查。

(3)监理人重新检查。《公路工程标准施工招标文件》第13.5.3条规定:经监理人检查质量合格或监理人未按约定的时间进行检查的,承包人覆盖工程隐蔽部位后,监理人对质量有疑问的,可要求承包人对已覆盖的部位进行钻孔探测或揭开重新检验,承包人应遵照执行,并在检验后重新覆盖恢复原状。经检验证明工程质量符合合同要求的,由发包人承担由此增加的费用和(或)工期延误,并支付承包人合理利润;经检验证明工程质量不符合合同要求的,由此增加的费用和(或)工期延误由承包人承担。

4. 材料和工程设备的供应

工程建设的材料和工程设备供应的质量控制,是整个工程质量控制的基础。建筑材料、构配件生产及设备供应单位对其生产或者供应的产品质量负责,材料和工程设备的需方则应根据买卖合同的规定进行质量验收。

(1)承包人供应材料和工程设备的验收。《公路工程标准施工招标文件》第5.1条规定:对承包人提供的材料和工程设备,承包人应会同监理人进行检验和交货验收,查验材料合格证明和产品合格证书,并按合同约定和监理人指示,进行材料的抽样检验和工程设备的检验测试,检验和测试结果应提交监理人,所需费用由承包人承担。

(2)发包人供应材料和工程设备的验收。《公路工程标准施工招标文件》第5.2条规定:发包人应在材料和工程设备到货7天前通知承包人,承包人应会同监理人在约定的时间内,赴交货地点共同进行验收。除专用合同条款另有约定外,发包人提供的材料和工程设备验收后,由承包人负责接收、运输和保管。发包人提供的材料和工程设备的规格、数量或质量不符合合同要求,或由于发包人原因发生交货日期延误及交货地点变更等情况的,发包人应承担由此增加的费用和(或)工期延误,并向承包人支付合理利润。

(3)材料和工程设备专用于合同工程。《公路工程标准施工招标文件》第5.3条规定:运入施工场地的材料、工程设备,包括备品备件、安装专用工器具与随机资料,必须专用于合同工程,未经监理人同意,承包人不得运出施工场地或挪作他用。随同工程设备运入施工场地的备品备件、专用工器具与随机资料,应由承包人会同监理人按供货人的装箱单清点后共同封存,未经监理人同意不得启用。承包人因合同工作需要使用上述物品时,应向监理人提出申请。

(4)禁止使用不合格的材料和工程设备。《公路工程标准施工招标文件》第5.4条规定:监理人有权拒绝承包人提供的不合格材料或工程设备,并要求承包人立即进行更换。监理人应在更换后再次进行检查和检验,由此增加的费用和(或)工期延误由承包人承担。监理人发现承包人使用了不合格的材料和工程设备,应即时发出指示要求承包人立即改正,并禁止在工程中继续使用不合格的材料和工程设备。发包人提供的材料或工程设备不符合合同要求的,承包人有权拒绝,并可要求发包人更换,由此增加的费用和(或)工期延误由发包人承担。

5. 缺陷责任与保修责任

《公路工程标准施工招标文件》第19.1、19.2、19.3、19.6、19.7条对缺陷责任与保修责任进行规定:缺陷责任期自实际竣工日期起计算。在全部工程竣工验收前,已经发包人提前验收的单位工程,其缺陷责任期的起算日期相应提前。

(1)缺陷责任。承包人应在缺陷责任期内对已交付使用的工程承担缺陷责任。缺陷责任期内,发包人对已接收使用的工程负责日常维护工作。发包人在使用过程中,发现已接收的工程存在新的缺陷或已修复的缺陷部位或部件又遭损坏的,承包人应负责修复,直至检验合格为止。监理人和承包人应共同查清缺陷和(或)损坏的原因。经查明属承包人原因造成的,应由承包人承担修复和查验的费用。经查验属发包人原因造成的,发包人应承担修复和查验的费用,并支付承包人合理利润。承包人不能在合理时间内修复缺陷的,发包人可自行修复或委托其他人修复,所需费用由缺陷责任方承担。

(2)缺陷责任期的延长。由于承包人原因造成某项缺陷或损坏使某项工程或工程设备不能按原定目标使用而需要再次检查、检验和修复的,发包人有权要求承包人相应延长缺陷责任期,但缺陷责任期最长不超过2年;在缺陷责任期(或延长的期限)终止后14天内,由监理人向承包人出具经发包人签认的缺陷责任期终止证书,并退还剩余的质量保证金。

(3)保修责任。合同当事人根据有关法律规定,在专用合同条款中约定工程质量保修范围、期限和责任。保修期自实际竣工日期起计算。在全部工程竣工验收前,已经发包人提前验收的单位工程,其保修期的起算日期相应提前。

(五)其他内容

1. 安全施工

(1)发包人的施工安全责任

根据《公路工程标准施工招标文件》第9.1条规定发包人的施工安全责任包括:

①发包人应按合同约定履行安全职责,授权监理人按合同约定的安全工作内容监督、检查承包人安全工作的实施,组织承包人和有关单位进行安全检查。

②发包人应对其现场机构雇佣的全部人员的工伤事故承担责任,但由于承包人原因造成发包人人员工伤的,应由承包人承担责任。

③发包人应负责赔偿以下各种情况造成的第三者人身伤亡和财产损失:工程或工程的任何部分对土地的占用所造成的第三者财产损失;由于发包人原因在施工场地及其毗邻地带造成的第三者人身伤亡和财产损失。

(2)承包人的施工安全责任

根据《公路工程标准施工招标文件》第9.2条规定承包人的施工安全责任包括:

①承包人应按合同约定履行安全职责,执行监理人有关安全工作的指示,并在专用合同条款约定的期限内,按合同约定的安全工作内容,编制施工安全措施计划报送监理人审批。

②承包人应加强施工作业安全管理,特别应加强易燃、易爆材料、火工器材、有毒与腐蚀性材料和其他危险品的管理,以及对爆破作业和地下工程施工等危险作业的管理。

③承包人应严格按照国家安全标准制定施工安全操作规程,配备必要的安全生产和劳动保护设施,加强对承包人人员的安全教育,并发放安全工作手册和劳动保护用具。

④承包人应按监理人的指示制定应对灾害的紧急预案，报送监理人审批。承包人还应按预案做好安全检查，配置必要的救助物资和器材，切实保护好有关人员的人身和财产安全。

⑤合同约定的安全作业环境及安全施工措施所需费用应遵守有关规定，并包括在相关工作的合同价格中。因采取合同未约定的安全作业环境及安全施工措施增加的费用，由监理人商定或确定。

⑥承包人应对其履行合同所雇用的全部人员，包括分包人人员的工伤事故承担责任，但由于发包人原因造成承包人人员工伤事故的，应由发包人承担责任。

⑦由于承包人原因在施工场地内及其毗邻地带造成的第三者人员伤亡和财产损失，由承包人负责赔偿。

2. 环境保护

《公路工程标准施工招标文件》第9.4条规定承包人在施工过程中，应遵守有关环境保护的法律，履行合同约定的环境保护义务，并对违反法律和合同约定义务所造成的环境破坏、人身伤害和财产损失负责。承包人应按合同约定的环保工作内容，编制施工环保措施计划，报送监理人审批。承包人应按照批准的施工环保措施计划有序地堆放和处理施工废弃物，避免对环境造成破坏。因承包人任意堆放或弃置施工废弃物造成妨碍公共交通、影响城镇居民生活、降低河流行洪能力、危及居民安全、破坏周边环境，或者影响其他承包人施工等后果的，承包人应承担责任。承包人应按合同约定采取有效措施，对施工开挖的边坡及时进行支护，维护排水设施，并进行水土保护，避免因施工造成的地质灾害。承包人应按国家饮用水管理标准定期对饮用水源进行监测，防止施工活动污染饮用水源。承包人应按合同约定，加强对噪声、粉尘、废气、废水和废油的控制，努力降低噪声，控制粉尘和废气浓度，做好废水和废油的治理和排放。

3. 专利技术

《公路工程标准施工招标文件》第1.11条规定：承包人在使用任何材料、承包人设备、工程设备或采用施工工艺时，因侵犯专利权或其他知识产权所引起的责任，由承包人承担，但由于遵照发包人提供的设计或技术标准和要求引起的除外。承包人在投标文件中采用专利技术的，专利技术的使用费包含在投标报价内。承包人的技术秘密和声明需要保密的资料和信息，发包人和监理人不得为合同以外的目的泄露给他人。

4. 化石、文物

《公路工程标准施工招标文件》第1.10条规定在施工场地发掘的所有文物、古迹以及具有地质研究或考古价值的其他遗迹、化石、钱币或物品属于国家所有。一旦发现上述文物，承包人应采取有效合理的保护措施，防止任何人员移动或损坏上述物品，并立即报告当地文物行政部门，同时通知监理人。发包人、监理人和承包人应按文物行政部门要求采取妥善保护措施，由此导致费用增加和（或）工期延误由发包人承担。承包人发现文物后不及时报告或隐瞒不报，致使文物丢失或损坏的，应赔偿损失并承担相应的法律责任。

5. 不利物质条件

《公路工程标准施工招标文件》第4.11条规定不利物质条件通常是指承包人在施工现场遇到的不可预见的自然物质条件、非自然的物质障碍和污染物，包括地下和水文条件，但不包括气候条件。进一步的不利物质条件可以在专用条款内约定。承包人遇到不利物质条件时，应采取适应不利物质条件的合理措施继续施工，并及时通知监理人。监理人应当及时发出指示,指示构成变更的,按有关变更的约定处理。监理人没有发出指示的,承包人因采取合理措施而增加的费用和(或)工期延误,由发包人承担。

6. 异常恶劣的气候条件

《公路工程标准施工招标文件》第11.4条规定:导致工期延误的异常恶劣气候条件的具体范围,由专用合同条款进一步明确。当出现异常恶劣的气候条件时,承包人有权要求发包人延长工期。

7. 不可抗力

《公路工程标准施工招标文件》第21.1、21.2、21.3条规定:不可抗力是指发包人和承包人在订立合同时不可预见,在工程施工过程中不可避免发生并不能克服的自然灾害和社会性突发事件,如地震、海啸、瘟疫、水灾、骚乱、暴动、战争和专用合同条款约定的其他情形。不可抗力发生后,发包人和承包人应及时认真统计所造成的损失,收集不可抗力造成损失的证据。合同双方对是否属于不可抗力或其损失的意见不一致的,由监理人商定或确定。发生争议时,按合同中关于争议解决条款的约定处理。

合同一方当事人遇到不可抗力事件,使其履行合同义务受到阻碍时,应立即通知合同另一方当事人和监理人,书面说明不可抗力和受阻碍的详细情况,并提供必要的证明。如不可抗力持续发生,合同一方当事人应及时向合同另一方当事人和监理人提交中间报告,说明不可抗力和履行合同受阻的情况,并于不可抗力事件结束后28天内提交最终报告及有关资料。

不可抗力导致的人员伤亡、财产损失、费用增加和(或)工期延误等后果,由合同双方按以下原则承担:

(1)永久工程,包括已运至施工场地的材料和工程设备的损害,以及因工程损害造成的第三者人员伤亡和财产损失由发包人承担。

(2)承包人设备的损坏由承包人承担。

(3)发包人和承包人各自承担其人员伤亡和其他财产损失及其相关费用。

(4)承包人的停工损失由承包人承担,但停工期间应监理人要求照管工程和清理、修复工程的金额由发包人承担。

(5)不能按期竣工的,应合理延长工期,承包人不需支付逾期竣工违约金。发包人要求赶工的,承包人应采取赶工措施,赶工费用由发包人承担。

但是,合同一方当事人延迟履行,在延迟履行期间发生不可抗力的,不免除其责任。不可抗力发生后,发包人和承包人均应采取措施尽量避免和减少损失的扩大,任何一方没有采取有效措施导致损失扩大的,应对扩大的损失承担责任。合同一方当事人因不可抗力不能履行合同的,应当及时通知对方解除合同。合同解除后,承包人应按照合同约定撤离施工场地。已经订货的材料、设备由订货方负责退货或解除订货合同,不能退还的货款和因退货、解除订货合同发生的费用,由发包人承担。因未及时退货造成的损失由责任方承担。合同解除后的付款,参照合同有关条款的约定,由监理人商定或确定。

8. 保险

投保责任因为险种的不同而不同。

(1)工程保险。《公路工程标准施工招标文件》第20.1条规定:承包人应以发包人和承包人的共同名义向双方同意的保险人投保建筑工程一切险、安装工程一切险。其具体的投保内容、保险金额、保险费率、保险期限等有关内容在专用合同条款中约定。

(2)人员工伤事故的保险。《公路工程标准施工招标文件》第20.2条规定：承包人应依照有关法律规定参加工伤保险，为其履行合同所雇用的全部人员缴纳工伤保险费，并要求其分包人也进行此项保险。发包人应依照有关法律规定参加工伤保险，为其现场机构雇佣的全部人员缴纳工伤保险费，并要求其监理人也进行此项保险。

(3)人身意外伤害险。《公路工程标准施工招标文件》第20.3条规定：发包人应在整个施工期间为其现场机构雇佣的全部人员投保人身意外伤害险，缴纳保险费，并要求其监理人也进行此项保险。承包人应在整个施工期间为其现场机构雇佣的全部人员投保人身意外伤害险，缴纳保险费，并要求其分包人也进行此项保险。

(4)第三者责任险。《公路工程标准施工招标文件》第20.4条规定：第三者责任险系指在保险期内，对因工程以外事故造成的、依法应由被保险人负责的工地上及毗邻的第三者人身伤亡、疾病或财产损失（本工程除外），以及被保险人因此而支付的诉讼费用和事先经保险人书面同意支付的其他费用等赔偿责任。在缺陷责任期终止证书颁发前，承包人应以承包人和发包人的共同名义，投保第三者责任险，其保险费率、保险金额等有关内容在专用合同条款中约定。

(5)其他保险。除专用合同条款另有约定外，承包人应为其施工设备、进场的材料和工程设备等办理保险。

（六）违约责任

1. 承包人违约

(1)承包人违约的情形。《公路工程标准施工招标文件》22.1.1规定：在履行合同过程中发生的下列情况属承包人违约：

①承包人私自将合同的全部或部分权利转让给其他人，或私自将合同的全部或部分义务转移给其他人。

②承包人未经监理人批准，私自将已按合同约定进入施工场地的施工设备、临时设施或材料撤离施工场地。

③承包人使用了不合格材料或工程设备，工程质量达不到标准要求，又拒绝清除不合格工程。

④承包人未能按合同进度计划及时完成合同约定的工作，已造成或预期造成工期延误。

⑤承包人在缺陷责任期内，未能对工程接收证书所列的缺陷清单的内容或缺陷责任期内发生的缺陷进行修复，而又拒绝按监理人指示再进行修补。

⑥承包人无法继续履行或明确表示不履行或实质上已停止履行合同。

⑦承包人不按合同约定履行义务的其他情况。

(2)对承包人违约的处理。《公路工程标准施工招标文件》22.1.2、22.1.3规定：承包人无法继续履行或明确表示不履行或实质上已停止履行合同时，发包人可通知承包人立即解除合同，并按有关法律处理。承包人发生其他违约情况时，监理人可向承包人发出整改通知，要求其在指定的期限内改正。承包人应承担其违约所引起的费用增加和（或）工期延误。经检查证明承包人已采取了有效措施纠正违约行为，具备复工条件的，可由监理人签发复工通知复工。

监理人发出整改通知28天后，承包人仍不纠正违约行为的，发包人可向承包人发出解除合同通知。合同解除后，发包人可派员进驻施工场地，另行组织人员或委托其他承包人施工。

发包人因继续完成该工程的需要,有权扣留使用承包人在现场的材料、设备和临时设施。但发包人的这一行动不免除承包人应承担的违约责任,也不影响发包人根据合同约定享有的索赔权利。

(3)合同解除后的估价、付款和结清。《公路工程标准施工招标文件》22.1.4 规定:合同解除后,监理人应商定或确定承包人实际完成工作的价值,以及承包人已提供的材料、施工设备、工程设备和临时工程等的价值。发包人应暂停对承包人的一切付款,查清各项付款和已扣款金额,包括承包人应支付的违约金。合同解除后,发包人应向承包人索赔由于解除合同给发包人造成的损失。合同双方确认上述往来款项后,出具最终结清付款证书,结清全部合同款项。双方未能就解除合同后的结清达成一致而形成争议的,按合同中争议解决条款的约定处理。

2. 发包人违约

(1)发包人违约的情形。《公路工程标准施工招标文件》22.2.1 规定:在履行合同过程中发生的下列情形属发包人违约:

①发包人未能按合同约定支付预付款或合同价款,或拖延、拒绝批准付款申请和支付凭证,导致付款延误的。

②由于发包人原因造成停工的。

③监理人无正当理由没有在约定期限内发出复工指示,导致承包人无法复工的。

④发包人无法继续履行或明确表示不履行或实质上已停止履行合同的。

⑤发包人不履行合同约定其他义务的。

(2)对发包人违约的处理。《公路工程标准施工招标文件》22.2.2、22.2.3 规定:发包人无法继续履行或明确表示不履行或实质上已停止履行合同时,承包人可书面通知发包人解除合同。发包人发生其他违约情况时,承包人可向发包人发出通知,要求发包人采取有效措施纠正违约行为。发包人收到承包人通知后 28 天内仍不履行合同义务,承包人有权暂停施工,并通知监理人,发包人应承担由此增加的费用和(或)工期延误,并支付承包人合理利润。承包人暂停施工 28 天后,发包人仍不纠正违约行为的,承包人可向发包人发出解除合同通知。但承包人的这一行动不免除发包人承担的违约责任,也不影响承包人根据合同约定享有的索赔权利。

(3)解除合同后的付款。《公路工程标准施工招标文件》22.2.4 规定:因发包人违约解除合同的,发包人应在解除合同后 28 天内向承包人支付下列金额,承包人应在此期限内及时向发包人提交要求支付下列金额的有关资料和凭证:

①合同解除日以前所完成工作的价款。

②承包人为该工程施工订购并已付款的材料、工程设备和其他物品的金额。发包人付款后,该材料、工程设备和其他物品归发包人所有。

③承包人为完成工程所发生的,而发包人未支付的金额。

④承包人撤离施工场地以及遣散承包人人员的金额。

⑤由于解除合同应赔偿的承包人损失。

⑥按合同约定在合同解除日前应支付给承包人的其他金额。

发包人应支付上述金额并退还质量保证金和履约担保,但有权要求承包人支付应偿还给发包人的各项金额。

(七)争议的解决

1. 友好解决

《公路工程标准施工招标文件》第24.2条规定：在提请争议评审、仲裁或者诉讼前，以及在争议评审、仲裁或诉讼过程中，发包人和承包人均可共同努力友好协商解决争议。

2. 争议评审

《公路工程标准施工招标文件》第24.3条规定：应采用争议评审的，发包人和承包人应在开工日后的28天内或在争议发生后，协商成立争议评审组。争议评审组由有合同管理和工程实践经验的专家组成。

合同双方的争议，应首先由申请人向争议评审组提交一份详细的评审申请报告，并附必要的文件、图纸和证明材料，申请人还应将上述报告的副本同时提交给被申请人和监理人。被申请人在收到申请人评审申请报告副本后的28天内，向争议评审组提交一份答辩报告，并附证明材料。被申请人将答辩报告的副本同时提交给申请人和监理人。争议评审组在收到合同双方报告后的14天内，邀请双方代表和有关人员举行调查会，向双方调查争议细节；必要时争议评审组可要求双方进一步提供补充材料。在调查会结束后的14天内，争议评审组应在不受任何干扰的情况下进行独立、公正的评审，作出书面评审意见，并说明理由。在争议评审期间，争议双方暂按总监理工程师的确定执行。

发包人和承包人接受评审意见的，由监理人根据评审意见拟定执行协议，经争议双方签字后作为合同的补充文件，并遵照执行。发包人或承包人不接受评审意见，并要求提交仲裁或提起诉讼的，应在收到评审意见后的14天内将仲裁或起诉意向书面通知另一方，并抄送监理人，但在仲裁或诉讼结束前应暂按总监理工程师的确定执行。

3. 争议的法律解决

《公路工程标准施工招标文件》第24.1条规定：发包人和承包人在履行合同中发生争议的，可以友好协商解决或者提请争议评审组评审。合同当事人友好协商解决不成、不愿提请争议评审或者不能接受争议评审意见的，可在专用合同条款中约定下列一种方式解决。

(1)向约定的仲裁委员会申请仲裁。

(2)向有管辖权的人民法院提起诉讼。

第四节　与建设工程相关的合同管理

一、买卖合同

买卖合同是经济活动中最常见的一种合同，也是建设工程中需经常订立的一种合同。在建设工程中，建筑材料、设备的采购是买卖合同，施工过程中的一些工具、生活用品的采购也是买卖合同。在建设工程合同的履行过程中，承包人和发包人都需要经常订立买卖合同。当然，建设工程合同当事人在买卖合同中总是处于买受人的位置。

1. 买卖合同概述

买卖合同是出卖人转移标的物的所有权于买受人，买受人支付价款的合同。它以转移财产所有权为目的，合同履行后，标的物的所有权转移归买受人。

买卖合同的出卖人除了应向买受人交付标的物并转移标的物的所有权外，还应对标的物的瑕疵承担担保义务。即出卖人应保证他所交付的标的物不存在可能使其价值或使用价值降低的缺陷或其他不符合合同约定的品质问题,也应保证他所出卖的标的物不侵犯任何第三方的合法权益。买受人除了应按合同约定支付价款外,还应承担按约定接受标的物的义务。

买卖合同除了应具备合同一般应当具备的内容外,还可以包括包装方式、检验标准和方法、结算方式、合同使用的文字及其效力等条款。

买卖合同具有以下特点:

(1)买卖合同是双务、有偿合同。即买卖双方互负一定义务,出卖人必须向买受人转移财产所有权,买受人必须支付价款,双方权利的取得都是有偿的。

(2)买卖合同是诺成合同。买卖合同当事人意思表示一致为其成立条件,不以实物的交付为成立条件。

(3)买卖合同是不要式合同。在一般情况下,买卖合同的成立和生效并不需要具备特别的形式或履行审批手续。但是,这并不排除一些特殊的买卖合同,如标的额较大的材料设备买卖合同,国家或有关部门在合同形式或订立过程中有一定的要求。

2. 买卖合同的履行

(1)标的物的交付。标的物的交付是买卖合同履行中最重要的环节,标的物的所有权自标的物交付时转移。

①标的物的交付期限。合同双方应当约定交付标的物的期限,出卖人应按照约定的期限交付标的物。如果双方约定交付期间的,出卖人可以在该交付期间内的任何时间交付。

当事人没有约定标的物交付期间或约定不明确的,可协议补充,不能达成补充协议的,按合同有关条款或交易习惯确定。如果仍不能确定,则出卖人可随时履行,买受人也可随时要求履行,但应当给对方必要的准备时间。

标的物在订立合同之前已为买受人占有的,合同生效的时间为交付时间。

②标的物的交付地点。合同双方应当约定交付标的物的地点,出卖人应按照约定的地点交付标的物。如果双方没有约定交付地点或约定不明确,事后没有达成补充协议,也无法按合同有关条款或交易习惯确定,则适用下列规定:

标的物需要运输的,出卖人应将标的物交付给第一承运人以运交买受人。

标的物不需要运输,出卖人和买受人订立合同时知道标的物在某一地点的,出卖人应在该地点交付标的物,不知道标的物在某一地点的,应在出卖人订立合同时的营业地交付标的物。

(2)标的物的风险承担。所谓风险是指标的物因不可归责于任何一方当事人的事由而遭受的意外损坏。一般情况下,标的物毁损、灭失的风险,在标的物交付之前由出卖人承担,交付之后由买受人承担。

因买受人的原因致使标的物不能按约定的期限交付的,买受人应当自违反约定之日起承担标的物毁损、灭失的风险。

出卖人出卖交由承运人运输的在途标的物,除当事人另有约定外,毁损、灭失的风险自合同成立时起由买受人承担。

出卖人未按约定交付标的物的单证和资料的,不影响标的物毁损、灭失的风险的转移。

(3)买受人对标的物的检验。检验即检查与验收,对买受人来说既是一项权利也是一项义务。买受人收到标的物时应在约定的检验期间内检验。没有约定检验期间的,应当及时检验。

当事人约定检验期间的，买受人应在检验期间内将标的物的数量或质量不符合约定的情形通知出卖人。买受人怠于通知的，视为标的物的数量或质量符合约定。

当事人没有约定检验期间的，买受人应在发现或应当发现标的物的数量或质量不符合约定的合理期间内通知出卖人。买受人在合理期间内未通知或自标的物收到之日起两年内未通知出卖人的，视为标的物的数量或质量符合约定，但对标的物有质量保证期的，适用质量保证期。不适用该两年的规定。

出卖人知道或应当知道提供的标的物不符合约定的，买受人不受前述规定的通知时间的限制。

(4)买受人支付价款。买受人应当按照约定的数额支付价款。对价款没有约定或约定不明确的，由当事人协议补充，或按合同其他条款或交易习惯确定。

买受人应当按照约定的地点支付价款。对支付地点没有约定或约定不明确，买受人应当在出卖人营业地支付，但约定支付价款以交付标的物或交付提取标的物单证为条件的，在交付标的物或交付提取标的物单证的所在地支付。

买受人应按约定的时间支付价款。对支付时间没有约定或约定不明确，买受人应在收到标的物或提取标的物单证的同时支付。

3. 买卖合同不当履行的处理

出卖人多交标的物的，买受人可以接收或拒绝接收多交的部分。买受人接收多交部分的，按照合同的价格支付价款；买受人拒绝接收多交部分的，应及时通知出卖人。

标的物在交付之前产生的孳息，归出卖人所有，交付之后产生的孳息，归买受人所有。

因标的物的主物不符合约定而解除合同的，解除合同的效力及于从物。因标的物的从物不符合约定被解除的，解除的效力不及于主物。

标的物为数物，其中一物不符合约定的，买受人可以就该物解除，但该物与他物分离使标的物的价值明显受损害的，当事人可以就数物解除合同。

二、借款合同

1. 借款合同概述

借款合同是借款人向贷款人借款，到期返还借款并支付利息的合同。在工程建设过程中，施工合同的当事人都可能提出借款要求，订立借款合同，但贷款人只能是银行或非银行金融机构。但狭义的建设工程借款合同则是指以建设单位为借款人的借款合同。

借款人向贷款人申请建设工程贷款，应具备以下条件：

(1)贷款项目必须具备已被批准的项目建议书、可行性研究报告等有关文件；

(2)贷款项目总投资额中，各项建设资金来源必须正当、落实，要有不少于总投资30%的自筹资金或其他资金，并按国家规定提前存入有关金融机构；

(3)贷款项目必须经过贷款方或委托有资格的咨询公司的评估，建设条件具备，经济效益好，具有按期还本付息的能力；

(4)贷款项目已纳入国家年度投资计划和贷款方年度信贷计划；

(5)借款方有较高的管理水平和资信度，并能提供资产抵押担保或由符合法定条件、具有代为偿还能力的第三方担保。

建设工程借款合同是双务、有偿合同，合同当事人双方均负有义务。贷款方所负主要义务为:按照合同约定数额、期限及时拨付款项给借款方。借款方所负主要义务是:按照约定期限归还相同数额款项,并支付利息。依照我国《合同法》的规定,借款合同必须使用书面形式(自然人之间借款另有约定的除外)。借款申请书、有关借款凭证、协议书和合同当事人双方同意修改借款合同的有关书面材料,也是合同的组成部分。

2. 借款合同的主要条款

(1)贷款种类。合同应当写明具体、明确的贷款种类、名称。

(2)借款用途。合同应当定明借款使用的具体工程项目名称,以及是用于基建投资,还是更新改造、周转储备等。

(3)借款金额。借款金额是借款合同首先需要决定的内容,取决于借款人的要求(需要)和贷款人的贷款能力。确定借款金额极为重要,这是借款人的主要权利和贷款人的主要义务。

(4)借款利率。建设工程借款合同的借款利率,按照国家规定的固定资产投资贷款利率执行,分一般利率与行业差别利率。

(5)借款期限。借款期限是指从支用第一笔借款之日起到全部还清本息止的时间。借款方必须在合同规定的期限内还本付息。小型项目借款期限最长不得超过6年;大、中型项目借款期限不得超过12年,特大型项目不得超过15年。

(6)还款资金来源及还款方式。建设工程借款合同的还款资金来源主要有:项目投产所得税前的新增利润、新增折旧基金(项目建成投产后3年内80%还贷款,3年后50%还贷款)、工程建设收入、工程投资包干结余(不低于50%还贷款)和经税务机关批准减免的税收以及其他自有资金。借款单位如果遇到诸如自然灾害、国家重大经济政策调整等不可抗力情况,影响按期还款的,可以提出贷款展期申请,经银行审查同意可以展期一次,但还款期延长不得超过2年。对还款方式双方也应该约定,如是一次还清还是分期还贷等。

(7)保证条款。是借款方保证归还贷款的条款。借款方应对贷款提供担保。借款方可以对自有资产设定抵押,也可由第三方保证。借款方无力偿还贷款时,贷款方有权要求保证人还贷或依法律程序处理作为贷款担保的财产。

(8)违约责任。因贷款方的责任,未按期提供贷款,应按违约数额和延期天数,付给借款方违约金。借款方如不按合同规定的用途使用借款,贷款方有权收回部分或全部贷款。借款方不按期偿还借款,则应向贷款方支付违约金。

(9)当事人双方商定的其他条款。除以上条款外,当事人还可以商定一些其他条款。如仲裁条款,约定一旦发生争议,应将争议提交哪一个仲裁机构进行仲裁。双方也可约定贷款方如何对贷款的使用情况进行监督等。

3. 借款合同的履行

借款合同的履行主要是贷款的支用及借款方的还本付息。贷款经办银行对借款项目实行指标管理,由经办行依据建设单位提供的按季分月用款计划,在上级已下达的年度计划之内,根据信贷资金供应、工程进度、设备到货等情况,一次或分次将贷款转入借款方存款账户支用。贷款方要合理发放贷款保证资金供应。借款方支用货款时,则应结合订货合同、工程进度、工程费用的实际需要,用多少支多少。借款方有权检查、监督贷款的使用情况,了解借款方的计划执行、经营管理、财务活动、物资库存等情况。贷款方要认真审查项目的用款计划,认真核对借款方提供的有关资料。经常深入施工现场,检查贷款使用情况,发现问题及时纠正。借款方则有义务接受贷款方的检查、监督,提供有关的计划、统计、财务会计报表及资料,提供设备合同、工程合同副本以及其他工程建设文件。

借款方应按期向贷款方还本付息，如果遇到严重的自然灾害，国家重大经济政策调整等不可抗力而影响按期还款的，应提出借款展期申请。

三、租赁合同

1. 租赁合同概述

租赁合同是出租人将租赁物交付承租人使用、收益，承租人支付租金的合同。租赁合同是转让财产使用权的合同，合同的履行不会导致财产所有权的转移，在合同有效期满后，承租人应当将租赁物交还出租人。

租赁合同的形式没有限制，但租赁期限在 6 个月以上的，应当采用书面形式。

随着市场经济的发展，在工程建设过程中出现了越来越多的租赁合同。特别是建筑施工企业的施工工具、设备，如果自备过多，则购买费用、保管费用都很高，如果自备过少，又不能满足施工高峰的需要。

2. 租赁合同的内容

租赁合同的内容包括以下条款：

(1)租赁物的名称。是指租赁合同的标的，必须是有形、特定的非消费物，即能够反复使用的各种耐耗物品。租赁物还必须是法律允许流通的物品。

(2)租赁物的数量。是指以数字和计量单位表示的租赁物的尺度。

(3)用途。合同中约定的用途对双方都具有约束力。出租人应在租赁期间保持租赁物符合约定的用途，承租人应按约定的用途使用租赁物。

(4)租赁期限。当事人应当约定租赁期限，租赁期限不得超过 20 年，但无最短租赁期限的限制。租赁期限超过 20 年的，超过部分无效。当事人对租赁物没有约定或约定不明确的，可以协议补充；不能达成补充协议的，按照合同有关条款或交易习惯确定。如果仍不能确定的，视为不定期租赁。当事人未采用书面形式的租赁合同也视为不定期租赁。对于不定期租赁，当事人可以随时解除合同，但出租人解除合同应当在合理期限之前通知承租人。

(5)租金及其支付期限和方式。资金是指承租人为了取得财产使用权而支付给出租人的报酬。当事人在合同中应约定租金的数额、支付期限和方式。对于支付期限没有约定或约定不明确的，可以协议补充；不能达成补充协议的，按照合同有关条款或交易习惯确定。如果仍不能确定的，租赁期间不满 1 年的，应当在租赁期间届满时支付；租赁期间 1 年以上的，应当在每届满 1 年时支付，剩余期间不满 1 年的，应当在租赁期间届满时支付。

(6)租赁物的维修。合同当事人应当约定，租赁期间应由哪一方承担维修责任及维修对租金和租赁期限的影响。在正常情况下，出租人应履行租赁物的维修义务，但当事人也可约定由承租人承担维修义务。

3. 租赁合同的履行

出租人应按照约定将租赁物交付承租人。承租人应按照约定的方法使用租赁物，对租赁物的使用方法没有约定或约定不明确，可以协议补充；不能达成补充协议的，按照合同有关条款或交易习惯确定。如果仍不能确定的，应当按照租赁物的性质使用。

承租人按照约定的方法或租赁物的性质使用租赁物，致使租赁物受到损耗的，不承担损害赔偿责任。承租人未按照约定的方法或租赁物的性质使用租赁物，致使租赁物受到损失的，出租人可以解除合同并要求赔偿损失。

如果没有特殊约定,承租人可以在租赁物需要维修时要求出租人在合理期限内维修。出租人未履行维修义务的,承租人可以自行维修,维修费用由出租人承担。因维修租赁物影响承租人使用的,应当相应减少租金或延长租期。

承租人应妥善保管租赁物,因保管不善造成租赁物毁损、灭失的,应承担损害赔偿责任。承租人经出租人同意,可以对租赁物进行改善或增设他物。承租人未经出租人同意,对租赁物进行改善或增设他物的,出租人可以要求承租人恢复原状或赔偿损失。

承租人经出租人同意,可以将租赁物转租给第三人。承租人转租的,承租人与出租人之间的租赁合同继续有效,第三人对租赁物造成损失的,承租人应当赔偿损失。承租人未经出租人同意转租的,出租人可以解除合同。

租赁期间届满,承租人应返还租赁物。返还的租赁物应符合按照约定或租赁物的性质使用后的状态。当事人也可续订租赁合同,但约定的租赁期限自续订之日起不得超过20年。租赁期届满,承租人继续使用租赁物,出租人没有提出异议的,原租赁合同继续有效,但租赁期限为不定期。

四、运输合同

在工程建设过程中,存在着大量的建筑材料、设备、仪器等的运输问题。做好运输合同的管理对确保工程建设的顺利进行有重要的作用。

1. 运输合同的概念

运输合同是承运人将旅客或货物从起运点运输到约定地点,旅客、托运人或收货人支付票款或运输费用的合同。运输合同包括客运合同和货运合同两类。由于在工程建设中涉及的运输合同主要是货物运输合同,因此,下面主要介绍货物运输合同。

货物运输合同中至少有承运人和托运人两方当事人,如果运输合同的收货人与托运人并非同一人,则货物运输合同有承运人、托运人和收货人三方当事人。

在我国,可以作为承运人的有以下民事主体:

①国有运输企业,如铁路局、汽车运输公司等;

②集体运输组织,如运输合作社等;

③城镇个体运输户和农村运输专业户。

可以作为托运人的范围则非常广泛,国家机关、企事业法人、其他社会组织、公民等可以成为货物托运人。

2. 货物运输合同的种类

货物运输合同根据不同的标准可以进行不同的分类。

(1)以运输的货物进行分类。可以将货物运输合同分为普通货物运输合同、特种货物(如鲜活货物等)运输合同和危险货物运输合同。

(2)以运输工具进行分类。可以将货物运输合同分为铁路货物运输合同、公路货物运输合同、水路货物运输合同、航空货物运输合同等。由于我国对运输业的管理是根据运输工具的不同而分别进行的,因此这种分类方式是最重要的。另外,由于科学技术的发展,运输工具的种类也越来越多,以此种方法分类,仍将不断出现新的运输合同,如管道货物运输合同等。

3. 货物运输合同的内容

货物运输合同应具备下列条款：

(1)收货人的名称或姓名；

(2)收货地点；

(3)货物的性质；

(4)货物的质量与数量；

(5)其他与货物运输有关的情况。

4. 货物运输合同的履行

在工程建设过程中，建设各方在货物运输合同中总是处于托运人一方。托运人应如实向承运人说明运输货物的情况。如果需要办理审批、检验等手续，托运人应将办理完有关手续的文件提交承运人。

在工程建设中，如果需要运输的货物是大批量的，则应做好物资供应计划，并根据自己的物资供应计划向运输部门申报运输计划。在合同的履行中还应特别注意以下问题：

(1)做好货物的包装。需要包装的货物，应按照国家包装标准或行业包装标准进行包装。没有规定统一包装标准的，要根据货物性质，在保证货物运输安全的原则下进行包装，并按国家规定标明包装储运指示标志。

(2)应及时交付和领取托运的货物。运输行业具有较强的时间性，一定要按照约定的时间交货。同时，应及时将领取货物的凭证交付收货人，并通知其到指定地点领取。如领取货物需准备人力、设备、工具的，则应提前安排。

(3)对特种货物和危险货物的运输应做好准备工作。特种货物和危险货物的运输，必须单独填写运单，如实写明运输货物的名称、性质等，并按有关部门的要求包装和附加明显标志。如果是特种货物和危险货物须有关部门证明文件才能运输的，托运人应将证明文件与货运单同时交给承运人。

(4)如果确实需要，托运人可以及时变更或解除货物运输合同。在承运人将货物交付收货人之前，托运人可以要求承运人中止运输、返还货物、变更到达地点或将货物交给其他收货人，这是合同法赋予托运人的一项权利。但是，托运人应赔偿承运人因此受到的损失。

(5)出现应由承运人承担的责任应及时索赔。我国的运输法规对货物运输合同的索赔时效作了特别规定，其时效大大短于我国《民法通则》规定的诉讼时效，一般都是从货物运抵到达地点或货运记录交给托运人、发货人的次日起算不超过180天。这就要求托运人或收货人应对运抵目的地的货物及时进行检查验收，发现应由承运人承担的责任则应及时提出索赔。

五、担保合同

1. 担保合同概述

担保合同是指由担保人和被担保人约定，以自己的信誉或财产保证被担保人的债权实现的合同。担保合同是一种从合同，它不能独立存在。被担保人是主合同的债权人，担保人则可能是主合同的债务人，也可能是主合同当事人之外的第三人。主合同无效，则担保合同也无效。担保合同可以单独订立，包括当事人之间的具有担保性质的信函、传真，也可以是主合同中的担保条款。

在社会主义市场经济中，担保合同具有很重要的作用。在建设工程领域，担保合同的重要性也日益突出。在建设工程合同的订立和履行中,可能涉及多种担保合同。

2. 担保合同的种类和内容

按照我国《担保法》的规定,担保的方式有保证、抵押、质押、留置和定金5种。但留置这种担保方式是根据法律规定产生的,不能通过约定产生。因此,担保合同一共有保证合同、抵押合同、质押合同、定金合同4种。不同的担保合同其内容也有所不同。但一般应包括下列内容:

(1)被担保的主债权种类、数额;

(2)债务人履行债务的期限;

(3)担保的方式;

(4)担保的范围;

(5)担保的期限;

(6)双方认为需要约定的其他事项。

3. 担保合同的履行

(1)保证合同的履行。当债务人不履行债务时,由保证人按照约定履行债务或承担责任。保证人必须具有代为清偿债务的能力。保证的方式有一般保证和连带责任保证。一般保证的保证人在主合同纠纷未经审判或仲裁,并就债务人财产依法强制执行仍不能履行债务前,对债务人可以拒绝承担保证责任。连带责任保证的债务人在主合同规定的债务履行期届满没有履行债务的,债权人可以要求债务人履行债务,也可以要求保证人在其保证范围内承担保证责任。

(2)抵押合同的履行。当主合同的债务人不履行合同时,债权人有权以该财产折价或以拍卖、变卖该财产的价款优先受偿。抵押物折价或拍卖、变卖后,其价款超过债权数额的部分归抵押人所有,不足部分由债务人清偿。

(3)质押合同的履行。质押合同包括动产质押合同和权利质押合同。质押合同订立后,出质人应将质物或权利凭证移交于质权人。对于动产质押合同,当主合同的债务人不履行合同时,债权人有权以该财产折价或以拍卖、变卖该财产的价款优先受偿。对于权利质押合同,当主合同的债务人不履行合同时,债权人有权处理权利凭证,以兑现的价款或提取的货物用于清偿所担保的债权。

(4)定金合同的履行。定金合同的当事人就是主合同的当事人。如果给付定金的一方不履行约定的债务的,无权要求返还定金;收受定金一方不履行约定债务的,应双倍返还定金。

六、仓储合同

1. 仓储合同概述

仓储合同是保管人储存存货人交付的仓储物,存货人支付仓储费的合同。仓储合同的保管人必须是具有仓储设备并从事仓储保管业务的人。仓储合同中的仓储物必须是动产,不动产不能成为仓储合同中的仓储物。仓储合同是诺成合同,因此自成立时生效。

仓储合同是有偿合同。仓储作为一种商业活动,保管人替存货人储存仓储物,提供储存、保管服务,其目的是为了收取仓储费。存货人想获得保管人提供的储存、保管服务,必须以支付相应的仓储费为代价。

2. 仓单的内容

仓单是指由保管人在收到仓储物时向存货人签发的表示已经收到一定数量的仓储物的法律文书。存货人交付仓储物的,保管人应当给付仓单。仓单实际上是仓储物所有权的一种凭证,又是承认或持单人提取仓储物的凭证。保管人应当在仓单上签字或盖章。存货人或仓单持有人在仓单上背书并经过保管人签字或盖章的,可以转让提取仓储物的权利。仓单包括下列事项:

(1)存货人的名称或姓名和住所;

(2)仓储物的品种、数量、质量、包装、件数和标记;

(3)仓储物的损耗标准;

(4)储存场所;

(5)储存期限;

(6)仓储费;

(7)仓储物已经办理保险的,其保险金额、期间及保险人的名称;

(8)填发人、填发地和填发日期。

3. 仓储合同的履行

保管人在接受存货人交付的仓储物、签发仓单后,应妥善储存、保管仓储物。保管人根据存货人或仓单持有人的要求,应当同意其检查仓储物或提取样品。保管人对入库仓储物发现有变质或其他损坏的,应及时通知存货人或仓单持有人。如果仓储物变质或其他损坏危及其他仓储物的安全和正常保管的,保管人应当催告存货人或仓单持有人作出必要的处置。因情况紧急,保管人可以作出必要的处置,但事后应将该情况及时通知存货人或仓单持有人。

储存期限届满,存货人或仓单持有人应凭仓单提取仓储物。存货人或仓单持有人逾期提取的,应当加收仓储费;提前提取的,不减收仓储费。储存期间届满,存货人或仓单持有人不提取仓储物的,保管人可以催告其在合理期限内提取,逾期不提取的,保管人可以提取仓储物。

储存期间,因保管人保管不善造成仓储物毁损、灭失的,保管人应承担损害赔偿责任。因仓储物的性质、包装不符合约定或超过有效储存期造成仓储物变质、损坏的,保管人不承担损害赔偿责任。

七、委托合同

在工程建设过程中,许多具体工作人员的权限和职责是通过委托合同获得的。

1. 委托合同概述

委托合同是委托人和受托人约定,由受托人处理委托人事务的合同。受托人既可以以委托人的名义处理事务,也可以以自己的名义处理事务。但受托人在处理委托事务中法律关系、法律后果指向的都是委托人,受托人只是代理处理事务而已。处理事务中所花费的费用也完全由委托人承担,委托事务处理所得收益也完全归委托人所有。

由于委托合同是在双方信任的基础上订立的合同,委托人或受托人都可以随时解除委托合同,无需提出理由。但是,因解除合同给对方造成损失的,除不可归责于该当事人的事由外,应当赔偿损失。

2. 委托合同的主要内容

委托合同是以处理事务为标的的合同,其核心内容就是由委托人和受托人事先约定,由受托人有偿或无偿代理委托人处理事务。

委托人可以特别委托受托人处理一项或数项事务，也可以概括委托受托人处理一切事务。前者委托的事务是特定的，受托人只有在委托合同规定的特定事务范围内具有处理委托事务的权力；后者委托的事务没有范围的限制，受托人有权办理委托人的一切事务。

委托合同可以是有偿的，有偿的委托合同应当约定报酬的数额和支付办法。委托人向受托人支付处理委托事务的费用，是委托人在委托合同中的主要义务，不论委托合同是有偿的还是无偿的，处理委托事务的报酬不能代替支付处理委托事务的费用。委托人应当预付处理委托事务的费用。受托人为处理委托事务垫付的必要费用，委托人应当偿还该费用及其利息。

为了维护委托人的合法权益，受托人对委托事务的处理应当在委托人的监督下进行。委托合同应当具体约定受托人向委托人报告的要求。受托人应当按照委托人的要求，报告委托事务的处理情况。委托合同终止时，受托人应当报告委托事务的结果。

3. 委托合同的履行

因为委托合同是委托人基于对受托人的信任而订立的合同，包括对受托人的品质、能力、实力的信任，因此，受托人应当亲自处理委托事务。经委托人同意，受托人可以转委托。转委托经同意的，委托人可以就委托事务直接指示转委托的第三人。

受托人应当按照委托人的指示处理委托事务。需要变更委托人指示的，应当经委托人同意；因情况紧急，难以和委托人取得联系的，受托人应当妥善处理委托事务，但事后应将该情况及时报告委托人。

受托人以自己的名义在委托人的授权范围内与第三人订立的合同，第三人在订立合同时知道受托人与委托人之间的代理关系的，该合同直接约束委托人和第三人，但有确切证据证明该合同只约束受托人和第三人的除外。受托人以自己的名义与第三人订立合同时，第三人不知道受托人与委托人之间的代理关系的，受托人因第三人的原因对委托人不履行义务，受托人应当向委托人披露第三人，委托人因此可以行使受托人对第三人的权利，但第三人与受托人订立合同时如果知道该委托人就不会订立合同的除外。

受托人处理委托事务取得的财产，应当转交给委托人。

受托人完成委托事务的，委托人应当向其支付报酬。因不可归责于受托人的事由，委托合同解除或委托事务不能完成的，委托人应当向受托人支付相应的报酬。

有偿的委托合同，因受托人的过错给委托人造成损失的，委托人可以要求赔偿损失。受托人超越权限给委托人造成损失的，应当赔偿损失。

八、承揽合同

由于我国合同法规定，建设工程合同一章中没有规定的，适用承揽合同的有关规定。因此，作为造价工程师，应当了解承揽合同的主要内容。

1. 承揽合同概述

承揽合同是承揽人按照定做人的要求完成工作，交付工作成果，定做人给付报酬的合同。承揽包括加工、定作、修理、复制、测试、检验等工作。

承揽合同的标的即当事人权利、义务指向的对象是工作成果，而不是工作过程和劳务、智力的支出过程。承揽合同的标的一般是有形的，或至少要以有形的载体表现，不是单纯的智力技能。

承揽合同的内容包括承揽的标的、数量、质量、报酬、承揽方式、材料的提供、履行期限、验收标准和方法等条款。

2. 承揽合同的履行

(1)承揽人的履行。承揽人应当以自己的设备、技术和劳力,完成主要工作,但当事人另有约定的除外。承揽人可以将承揽的辅助工作交由第三人完成。承揽人将其承揽的辅助工作交由第三人完成的,应当就该第三人完成的工作成果向定做人负责。

如果合同约定由承揽人提供材料的,承揽人应当按照约定选用材料,并接受定做人检验。如果是定做人提供材料的,承揽人应当及时检验,发现不符合约定时,应及时通知定做人更换、补齐或采取其他补救措施。承揽人发现定做人提供的图纸或技术要求不合理,应及时通知定做人。

承揽人在工作期间,应当接受定做人必要的监督检验。定做人不得因监督检验妨碍承揽人的正常工作。承揽人完成工作,应当向定做人交付工作成果,并提交必要的技术资料和有关质量证明。

(2)定做人的履行。定做人应当按照约定的期限支付报酬。定做人未向承揽人支付报酬或材料费等价款,承揽人对完成的工作成果享有留置权。

承揽工作需要定做人协助的,定做人有协助的义务。定做人不履行协助义务致使承揽工作不能完成的,承揽人可以催告定做人在合理期限内履行义务,并可以顺延履行期限;定做人逾期不履行的,承揽人可以解除合同。

如果合同约定由定做人提供材料,定做人应当按照约定提供材料。承揽人通知定做人提供的图纸或技术要求不合理后,因定做人怠于答复等原因造成承揽人损失的,应当赔偿损失。

定做人中途变更承揽工作的要求,造成承揽人损失的,应当赔偿损失。定做人可以随时解除承揽合同,造成承揽人损失的,应当赔偿损失。定做人可以变更和解除承揽合同,这是对定做人的特别保护。因为定做物往往是为了满足定做人的特殊需要的,如果定做人需要的定做物发生变化或根本不再需要定做物,在按照合同约定制作定做物将没有任何意义。

第五节　FIDIC 合同条件简介

一、概述

1. FIDIC 简介

FIDIC 即国际咨询工程师联合会,是由该联合会的法文名称字头组成的缩写词。FIDIC 创建于 1913 年,是国际工程咨询界最具权威的联合组织,中国工程咨询协会代表我国于 1996 年加入该组织。FIDIC 专业委员会编制了一系列规范性合同条件,不仅世界银行、非洲开发银行等国际金融组织的贷款项目采用这些合同条件,一些国家的国际工程项目也常常采用 FIDIC 合同条件。

FIDIC 土木工程施工合同条件第一版于 1957 年颁布。根据国际工程承包实践的发展,FIDIC 每隔 10 年左右的时间对其编制的合同条件进行一次修订。1987 年。颁布了 FIDIC 合同条件第四版。1999 年,为了适应国际工程承包模式的发展,FIDIC 又将这些合同条件作了重大修改,以新的第一版的形式颁布了如下合同条件文本:

(1)施工合同条件(Conditions of Contract for Construction,简称“新红皮书”)。

(2)永久设备和设计——建造合同条件(Conditions of Contract for Plant and Design Build,简称“新黄皮书”)。

(3)EPC/交钥匙项目合同条件(Conditions of Contract for EPC/Turnkev Projects。简称“银皮书”)。

(4)合同的简短格式(Short Form of Contract。简称“绿皮书”)。

其中,在国际工程承包中比较常用的是 FIDIC 施工合同条件,它主要适用于土木工程施工。本节主要介绍 FIDIC 施工合同条件的主要内容。

2. FIDIC 合同条件的构成

FIDIC 合同条件由通用合同条件和专用合同条件两部分构成,且附有合同协议书、投标函和争端仲裁协议书。

(1)FIDIC 通用合同条件。FIDIC 通用条件是固定不变的,工程建设项目只要是属于房屋建筑或者工程的施工,如:工民建工程、水电工程、路桥工程、港口工程等建设项目,都可适用。通用条件共分 20 方面的问题:一般规定,业主工程师,承包人,指定分包人,职员与劳工,工程设备、材料和工艺,开工、延误及暂停,竣工检验,业主的接收,缺陷责任,计量与估价,变更与调整,合同价格与支付,业主提出终止,承包人提出暂停与终止,风险与责任,保险,不可抗力,索赔、争端与仲裁。通用条件可以适用于所有土木工程,其条款非常具体而明确。

(2)FIDIC 专用合同条件。FIDIC 在编制合同条件时,考虑到工程的具体特点和所在地区的情况可能予以必要的变动而设置了 FIDIC 专用合同条件。通用条件与专用条件一起构成了决定一个具体工程项目各方的权利义务及对工程施工的具体要求的合同条件。专用条件中的条款的出现可起因于以下原因:

①在通用条件的措辞中专门要求在专用条件中包含进一步信息,如果没有这些信息,合同条件则不完整。

②在通用条件中提及在专用条件中可能包含有补充材料。但如果没有这些补充材料,合同条件仍不失其完整性。

③工程类型、环境或所在地区要求必须增加的条款。

④工程所在国法律或特殊环境要求通用条件所含条款有所变更。此类表述:在专用条件中说明通用条件的某条或某条的一部分予以删除,并根据具体情况给出适用的替代条款,或者条款之一部分。

3. FIDIC 合同条件的具体应用

FIDIC 合同条件在应用时对工程类别、合同性质、前提条件等都有一定的要求。

(1)FIDIC 合同条件适用的工程类别。

FIDIC 合同条件适用于房屋建筑和各种工程,其中包括工业与民用建筑工程、疏浚工程、土壤改善工程、道桥工程、水利工程、港口工程等。

(2)FIDIC 合同条件适用的合同性质。FIDIC 合同条件在传统上主要适用于国际工程施工。但对 FIDIC 合同条件进行适当修改后,同样也适用于国内合同。

(3)应用 FIDIC 合同条件的前提。FIDIC 合同条件注重业主、承包人、工程师三方的关系协调,强调工程师在项目管理中的作用。在土木工程施工中应用 FIDIC 合同条件应具备以下前提:

①通过竞争性招标确定承包人。

②委托工程师对工程施工进行监理。

③按照单价合同方式编制招标文件(但有些子项也可以采用包干方式)。

4. FIDIC 合同条件下合同文件的组成及优先次序

在 FIDIC 合同条件下,合同文件除合同条件外,还包括其他对业主、承包方都有约束力的文件。构成合同的这些文件应该是互相说明、互相补充的,但是这些文件有时会产生冲突或含义不清。此时,应由工程师进行解释,其解释应按构成合同文件的如下先后次序进行:

(1)合同协议书。

(2)中标函。

(3)投标书。

(4)专用条件。

(5)通用条件。

(6)规范。

(7)图纸。

(8)资料表和构成合同组成部分的其他文件。

二、FIDIC 合同条件中的各方

FIDIC 合同条件中涉及的各方是指业主、工程师、承包人和指定分包人。

1. 业主

业主是合同的当事人,在合同的履行过程中享有大量的权利并承担相应的义务。

(1)业主应当在投标书附录中规定的时间(或几个时间)内给予承包人进入现场、占有现场各部分的权利。此项进入和占有权不可为承包人独享。

(2)许可、执照或批准。业主应当根据承包人的请求,提供以下合理协助:取得与合同有关,但不易得到的工程所在国的法律文本;协助承包人申请工程所在国要求的许可、执照或批准。

(3)业主人员。业主应负责保证在现场的业主人员和其他承包人做到与承包人的各项努力进行合作。

(4)业主的资金安排。业主应当在收到承包人的任何要求 28 天内,提出其已做并将维持的资金安排的合理证明,说明业主能够按照规定支付合同价格。

(5)业主的索赔。如果根据合同条款或合同有关的另外事项,业主认为有权得到任何支付,和(或)对缺陷通知期限的延长,业主或者工程师应当向承包人发出通知,说明细节。通知应当在业主了解引起索赔的事项或者情况后尽快发出。关于缺陷通知期限任何延长的通知,应在该期限到期前发出。

2. 工程师

工程师由业主任命,与业主签订咨询服务委托协议书,根据施工合同的约定,对工程的质量、进度和费用进行控制和监督,以保证工程项目的建设能满足合同的要求。

(1)工程师的职责和权力。业主任命工程师管理合同,工程师应当履行合同中规定的职责。工程师的职员应当是有能力履行这些职责的合格技术人员和其他专业人员。工程师可以行使合同中明文规定的或者必然隐含的赋予他的权力。如果要求工程师在行使规定权力前须得到业主批准，这些要求应当在专用条件中写明。但是，为了合同目的，工程师行使这些应当由业主批准但尚未批准的权力，应当视为业主已经予以批准。除得到承包人同意外，业主承诺不对工程师的权力作进一步的限制。工程师无权修改合同。

工程师在行使职责和权力时，还需要注意以下问题：

①工程师履行或者行使合同规定或隐含的职责或权力时，应当视为代表业主执行。

②工程师无权解除任何一方根据合同规定的任何任务、义务或者职责。

③工程师的任何批准、校核、证明、同意、检查、检验、指示、通知、建议、要求、试验或类似行动（包括未表示不批准），不应解除合同规定承包人的任何职责，包括对错误、遗漏、误差和未遵办的职责。

(2)工程师的委托。工程师可以向其助手指派任务和委托权力。这些助手包括驻地工程师，被任命为检验和试验各项工程设备、材料的独立检查员。这些指派和委托应当使用书面形式，在双方收到书面通知后才生效。助手应是合适的合格人员，能够履行这些任务，行使这些权力，但助手只能在授权范围内向承包人发出指示。助手在授权范围内做出的任何批准、校核、证明、同意、检查、检验、指示、通知、建议、要求、试验或类似行动，应具有工程师做出的行动同样的效力。如承包人对助手的确定或者指示提出质疑，承包人可将此事项提交工程师，工程师应当及时对该确定或指示进行确认、取消或者改变。

(3)工程师的指示。工程师可在任何时间按照合同规定向承包人发出指示和实施工程和修补缺陷可能需要的附加或修正图纸，承包人应当接受这些指示。如果指示构成一项变更，则按照变更规定办理。一般情况下，这些指示应当采用书面形式。如果给出的是口头指示，在收到承包人的书面确认后两个工作日内工程师仍未通过发出书面拒绝或进行答复，则应当确认工程师的口头指令为书面指令。

(4)工程师的替换。如果业主准备替换工程师，必须提前不少于42天发出通知以征得承包人的同意。如果要求工程师在行使某种权力之前需要获得业主批准，则必须在合同专用条件中加以限制。

3. 承包人

承包人是指其投标书已被业主接受的当事人，以及取得该当事人资格的合法继承人。承包人是合同的当事人，负责工程的施工。

(1)承包人的一般义务包括：

①承包人应当按照合同约定及工程师的指示，设计（在合同规定的范围内）、实施和完成工程，并修补工程中的任何缺陷。

②承包人应提供合同规定的生产设备和承包人文件，以及此项设计、施工、竣工和修补缺陷所需的所有临时性或永久性的承包人人员、货物、消耗品及其他物品和服务。

③承包人应对所有现场作业、所有施工方法和全部工程的完备性、稳定性和安全性承担责任。除非合同另有规定，承包人对所有承包文件、临时工程及按照合同要求的每项生产设备和材料的设计承担责任，不应对其他永久工程的设计或规范负责。

④当工程师提出要求时，承包人应提交其建议采用的工程施工安排和方法的细节。

(2)承包人提供履约担保。承包人应当在收到中标函后28天内向业主提交履约担保，并向工程师送一份副本。履约担保可以分为企业法人提供的保证书和金融机构提供的保函两类。履约担保一般为不需承包人确认违约的无条件担保形式。履约担保应担保承包人圆满完成施工和保修的义务,而非到工程师颁发工程接收证书为止。但工程接收证书的颁发是对承包人按合同约定圆满完成施工义务的证明,承包人还应承担的义务仅为保修义务,如果双方有约定的话,允许颁发整个工程的接收证书后将履约保函的担保金额减少一定的百分比。业主应当在收到履约证书副本后21天内,将履约担保退还承包人。

在下列情况下业主可以凭履约担保索赔:

①专用条款内约定的缺陷通知期满后仍未能解除承包人的保修义务时,承包人应延长履约保函有效期而未延长。

②按照业主索赔或争议、仲裁等决定,承包人未向业主支付相应款项。

③缺陷通知期内承包人接到业主修补缺陷通知后42天内未派人修补。

④由于承包人的严重违约行为业主终止合同。

(3)承包人代表。承包人应当任命承包人代表,并授予其代表承包人根据合同采取行动所需的全部权力。承包人代表的任命应当取得工程师的同意。任命后,未经工程师同意,承包人不得撤销承包人代表的任命,或者任命替代人员。

(4)关于分包。承包人不得将整个工程分包。承包人应当对分包人的行为或违约负责。

(5)安全责任。承包人应当承担的安全责任包括:

①遵守所有适用的安全规则。

②负责有权在现场的所有人员的安全。

③努力清除现场和工程不需要的障碍物,以避免对人员造成危险。

④在工程竣工和移交前,提供围栏、照明、保卫和看守。

⑤因实施工程为公众和邻近土地所有人、占用人使用和提供保护,提供任何需要的临时工程。

(6)中标金额的充分性。承包人应当被认为已经确信中标合同金额的正确性和充分性,中标合同金额应当包括根据合同承包人承担的全部义务,以及为正确实施和完成工程并修补任何缺陷所需的全部有关事项。

4. 指定分包人

(1)指定分包人的概念。指定分包人是由业主(或工程师)指定、选定,完成某项特定工作内容并与承包人签订分包合同的特殊分包人。业主有权将部分工程项目的施工任务或涉及提供材料、设备、服务等工作内容发包给指定分包人实施。合同内规定有承担施工任务的指定分包人,大多因业主在招标阶段划分合同包时,考虑到某部分施工的工作内容有较强的专业技术要求,一般承包人不具备相应的能力,但如果以一个单独的合同对待又限于现场的施工条件或合同管理的复杂性,工程师无法合理地进行协调管理,为避免各独立合同之间的干扰,则只能将这部分工作发包给指定分包人实施。由于指定分包人是与承包人签订分包合同,因而在合同关系和管理关系方面与一般分包人处于同等地位,对其施工过程中的监督、协调工作纳入承包人的管理之中。指定分包工作内容可能包括部分工程的施工;供应工程所需的货物、材料、设备;设计;提供技术服务等。

(2)对指定分包人的付款。为了不损害承包人的利益,给指定分包人的付款应从暂定金额内开支。承包人在每个月末报送工程进度款支付报表时,工程师有权要求他出示以前已按指定分包合同给指定分包人付款的证明。如果承包人没有合法理由而扣押了指定分包人上个月应得工程款,业主有权按工程师出具的证明从本月应得款内扣除这笔金额直接付给指定分包人。

三、施工合同的进度控制

1. 开工

一般情况下,开工日期应在承包人收到中标函后42天内开工,但工程师应在不少于7天前向承包人发出开工日期的通知。承包人应当在收到通知后的28天内,向工程师提交一份详细的进度计划。

2. 工程师对施工进度的监督

为了便于工程师对合同的履行进行有效的监督和管理以及协调各合同之间的配合,承包人每个月都应向工程师提交进度报告,说明前一阶段的进度情况和施工中存在的问题,以及下一阶段的实施计划和准备采取的相应措施。当工程师发现实际进度与计划进度严重偏离时,不论实际进度是超前还是滞后于计划进度,为了使进度计划有实际指导意义,随时有权指示承包人编制改进的施工进度计划,并再次提交工程师认可后执行,新进度计划将代替原来的计划。也允许在合同内明确规定,每隔一段时间(一般为3个月)承包人都要对施工计划进行一次修改,并经过工程师认可。按照合同条件的规定,工程师在管理中应注意两点:

(1)不论因何方应承担责任的原因导致实际进度与计划进度不符。承包人都无权对修改进度计划的工作要求额外支付。

(2)程师对修改后进度计划的批准,并不意味承包人可以摆脱合同规定应承担的责任。

3. 竣工时间的延长

承包人应当在工程或者分项工程的竣工时间内,完成整个工程和每个分项工程。可以给承包人合理延长竣工时间的条件通常可能包括以下几种情况:

(1)变更或者合同中某项工作量的显著变更。

(2)延误发放图纸。

(3)延误移交施工现场。

(4)承包人依据工程师提供的错误数据导致放线错误。

(5)不可预见的外界条件。

(6)施工中遇到文物和古迹而对施工进度的干扰。

(7)非承包人原因检验导致施工的延误。

(8)发生变更或合同中实际工程量与计划工程量出现实质性变化。

(9)施工中遇到有经验的承包人不能合理预见的异常不利气候条件影响。

(10)由于传染病或其他政府行为导致工期的延误。

(11)施工中受到业主或其他承包人的干扰。

(12)施工涉及有关公共部门原因引起的延误。

(13)业主提前占用工程导致对后续施工的延误。

(14)非承包人原因使竣工检验不能按计划正常进行。

(15)后续法规调整引起的延误。

(16)发生不可抗力事件的影响。

4. 竣工检验

承包人完成工程并准备好竣工报告所需报送的资料后,应提前21天将某一确定的日期通知工程师,说明此日后已准备好进行竣工检验。工程师应指示在该日期后14天内的某日进行。此项规定同样适用于按合同规定分部移交的工程。如果工程或某区段未能通过竣工检验,承包人对缺陷进行修复和改正,在相同条件下重复进行此类未通过的试验和对任何相关工作的竣工检验。当整个工程或某区段未能通过按重新检验条款规定所进行的重复竣工检验时,工程师有权选择以下任何一种处理方法:

(1)指示再进行一次重复的竣工检验。

(2)如果由于该工程缺陷致使业主基本上无法享用该工程或区段所带来的全部利益,拒收整个工程或区段(视情况而定),在此情况下,业主有权获得承包人的赔偿。

(3)颁发一份接收证书(如果业主同意的话),折价接收该部分工程,合同价格应按照可以适当弥补由于此类失误而给业主造成的减少的价值数额予以扣减。

5. 颁发工程接收证书

工程通过竣工检验达到了合同规定的"基本竣工"要求后,承包人在他认为可以完成移交工作前14天以书面形式向工程师申请颁发接收证书。基本竣工是指工程已通过竣工检验,能够按照预定目的交给业主占用或使用,而非完成了合同规定的包括扫尾、清理施工现场及不影响工程使用的某些次要部位缺陷修复工作后的最终竣工,剩余工作允许承包人在缺陷通知期内继续完成。这样规定有助于准确判定承包人是否按合同规定的工期完成施工义务,也有利于业主尽早使用或占有工程,及时发挥工程效益。

工程师接到承包人申请后的28天内,如果认为已满足竣工条件,即可颁发工程接收证书;若不满意,则应书面通知承包人,指出还需完成哪些工作后才达到基本竣工条件。工程接收证书中包括确认工程达到竣工的具体日期。工程接收证书颁发后,不仅表明承包人对该部分工程的施工义务已经完成,而且对工程照管的责任也转移给业主。

如果合同约定工程不同区段有不同竣工日期时,每完成一个区段均应按上述程序颁发部分工程的接收证书。

当业主提前占用工程时,工程师应及时颁发工程接收证书,并确认业主占用日为竣工日。提前占用或使用表明该部分工程已达到竣工要求,对工程照管责任也相应转移给业主,但承包人对该部分工程的施工质量缺陷仍负有责任。工程师颁发接收证书后,应尽快给承包人采取必要措施完成竣工检验的机会。

有时也会出现施工已达到竣工条件,但由于不应由承包人负责的主观或客观原因不能进行竣工检验。如果等条件具备进行竣工试验后再颁发接收证书,既会因推迟竣工时间而影响到对承包人是否按期竣工的合理判定,也会产生在这段时间内对该部分工程的使用和照管责任不明。针对此种情况,工程师应以本该进行竣工检验日签发工程接收证书,将这部分工程移交给业主照管和使用。工程虽已接收,仍应在缺陷通知期内进行补充检验。当竣工检验条件具备后,承包人应在接到工程师指示进行竣工试验通知的14天内完成检验工作。由于非承包人原因导致缺陷通知期内进行的补检,属于承包人在投标阶段不能合理预见到的情况,该项检查试验比正常检验多支出的费用应由业主承担。

6. 缺陷通知期

缺陷通知期是指自工程接收证书中写明的竣工日开始,至工程师颁发履约证书为止的日历天数。尽管工程移交前进行了竣工检验,但只是证明承包人的施工工艺达到了合同规定的标准,设置缺陷通知期的目的是为了考验工程在动态运行条件下是否达到了合同中技术规范的要求。因此,从开工之日起至颁发履约证书日止,承包人要对工程的施工质量负责。合同工程的缺陷通知期及分阶段移交工程的缺陷通知期,应在专用条件内具体约定。次要部位工程通常为半年;主要工程及设备大多为一年;个别重要设备也可以约定为一年半。

(1)承包人在缺陷通知期内应承担的义务。工程师在缺陷通知期内可就以下事项向承包人发布指示:

①将不符合合同规定的永久设备或材料从现场移走并替换。

②将不符合合同规定的工程拆除并重建。

③实施任何因保护工程安全而需进行的紧急工作,不论事件起因于事故、不可预见事件还是其他事件。

(2)履约证书的颁发。履约证书是承包人已按合同规定完成全部施工义务的证明,因此该证书颁发后工程师就无权再指示承包人进行任何施工工作,承包人即可办理最终结算手续。缺陷通知期内工程圆满地通过运行考验,工程师应在期满后的28天内,向业主签发解除承包人承担工程缺陷责任的证书,并将副本送给承包人。但此时仅意味承包人与合同有关的实际义务已经完成,而合同尚未终止,剩余的双方合同义务只限于财务和管理方面的内容,业主应在证书颁发后的14天内,退还承包人的履约保函。

缺陷通知期满时,如果工程师认为还存在影响工程运行或使用的较大缺陷,可以延长缺陷通知期推迟颁发证书,但缺陷通知期的延长不应超过竣工日后的2年。

四、合同价格和付款

1. 合同价格

接受的合同款额指业主在“中标函”中对实施、完成和修复工程缺陷所接受的金额,来源于承包人的投标报价并对其确认。但最终的合同价格则指按照合同各条款的约定,承包人完成建造和保修任务后,对所有合格工程有权获得的全部工程款。

2. 合同价格调整的原因

最终结算的合同价与中标函中注明的接受的合同款额一般不会相等,原因有以下几点:

(1)合同类型特点。FIDIC施工合同条件适用于大型复杂工程采用单价合同的承包方式。为了缩短建设周期,通常在初步设计完成后就开始施工招标,在不影响施工进度的前提下陆续发放施工图,因此承包人据以报价的工程量清单中各项工作内容项下的工程量一般为估计工程量。合同履行过程中,承包人实际完成的工程量可能多于或少于清单中的估计量。单价合同的支付原则是,按承包人实际完成工程量乘以清单中相应工作内容的单价,结算该部分工作的工程款。另外,大型复杂工程的施工期较长,通用条件中包括合同工期内因物价变化对施工成本产生影响后计算调价费用的条款,每次支付工程进度款时均要考虑约定可调价范围内项目当地市场价格的涨落变化。而这笔调价款没有包含在中标价格内,仅在合同条款中约定了调价原则和调价费用的计算方法。

(2)发生应由业主承担责任的事件。合同履行过程中,可能因业主的行为或他应承担风险责任的事件发生后,导致承包人增加施工成本,合同相应条款都规定应对承包人受到的实际损害给予补偿。

(3)承包人的质量责任。合同履行过程中,如果承包人没有完全地或正确地履行合同义务,业主可凭工程师出具的证明,从承包人应得工程款内扣减该部分给业主带来损失的款额。

(4)承包人延误工期或提前竣工。因承包人责任的延误竣工,签订合同时双方需约定日拖期赔偿额和最高赔偿限额。如果合同内规定有分阶段移交的工程,在整个合同工程竣工日期以前,工程师已对部分分阶段移交的工程颁发了工程接收证书且证书中注明的该部分工程竣工日期未超过约定的分阶段竣工时间,则全部工程剩余部分的日拖期违约赔偿额应相应折减。当合同内约定有部分工程的竣工时间和奖励办法时,为了使业主能够在完成全部工程之前占有并启用工程的某些部分提前发挥效益,约定的部分工程完工日期应固定不变。也就是说,不因该部分工程施工过程中出现非承包人应负责原因工程师批准顺延合同工期,而对计算奖励的应竣工时间予以调整(除非合同中另有规定)。

(5)包含在合同价格之内的暂定金额。某些项目的工程量清单中包括有"暂定金额"款项,尽管这笔款额计入在合同价格内,但其使用却由工程师控制。暂定金额实际上是一笔业主方的备用金,用于招标时对尚未确定或不可预见项目的储备金额。施工过程中工程师有权依据工程进展的实际需要经业主同意后,用于施工或提供物资、设备,以及技术服务等内容的开支,也可以作为供意外用途的开支,他有权全部使用、部分使用或完全不用。工程师可以发布指示,要求承包人或其他人完成暂定金额项内开支的工作,因此只有当承包人按工程师的指示完成暂定金额项内开支的工作任务后,才能从其中获得相应支付。由于暂定金额是用于招标文件规定承包人必须完成的承包工作之外的费用,承包人报价时不将承包范围内发生的间接费、利润、税金等摊入其中,所以他未获得暂定金额内的支付并不损害其利益。承包人接受工程师的指示完成暂定金额项内支付的工作时,应按工程师的要求提供有关凭证,包括报价单、发票、收据等结算支付的证明材料。

3. 预付款

预付款是业主为了帮助承包人解决施工前期开展工作时的资金短缺,从未来的工程款中提前支付的一笔款项。合同工程是否有预付款,以及预付款的金额多少、支付(分期支付的次数及时间)和扣还方式等均要在专用条款内约定。承包人需首先将银行出具的履约保函和预付款保函交给业主并通知工程师,工程师在21天内签发"预付款支付证书",业主按合同约定的数额和外币比例支付预付款。预付款保函金额始终保持与预付款等额,即随着承包人对预付款的偿还逐渐递减保函金额。预付款在分期支付工程进度款的支付中按百分比扣减的方式偿还。自承包人获得工程进度款累计总额(不包括预付款的支付和保留金的扣减)达到合同总价(减去暂定金额)10%那个月起扣。本月证书中承包人应获得的合同款额(不包括预付款及保留金的扣减)中扣除25%作为预付款的偿还,直至还清全部预付款。

4. 工程进度款的支付程序

(1)工程量计量。工程量清单中所列的工程量仅是对工程的估算量,不能作为承包人完成合同规定施工义务的结算依据。每次支付工程月进度款前,均需通过测量来核实实际完成的工程量,以计量值作为支付依据。采用单价合同的施工工作内容应以计量的数量作为支付进度款的依据,而总价合同或单价包干混合式合同中按总价承包的部分可以按图纸工程量作为支付依据,仅对变更部分予以计量。

(2)承包人提供报表。每个月的月末,承包人应按工程师规定的格式提交一式6份本月支付报表。内容包括提出本月已完成合格工程的应付款要求和对应扣款的确认。

(3)工程师签证。工程师接到报表后,对承包人完成的工程形象、项目、质量、数量以及各项价款的计算进行核查。若有疑问时,可要求承包人共同复核工程量。在收到承包人的支付报表的28天内,按核查结果以及总价承包分解表中核实的实际完成情况签发支付证书。工程师可以不签发证书或扣减承包人报表中部分金额的情况包括:

①合同内约定有工程师签证的最小金额时,本月应签发的金额小于签证的最小金额,工程师不出具月进度款的支付证书。本月应付款接转下月,超过最小签证金额后一并支付。

②承包人提供的货物或施工的工程不符合合同要求,可扣发修正或重置相应的费用,直至修整或重置工作完成后再支付。

③承包人未能按合同规定进行工作或履行义务,并且工程师已经通知了承包人,则可以扣留该工作或义务的价值,直至工作或义务履行为止。

工程进度款支付证书属于临时支付证书,工程师有权对以前签发过的证书中发现的错、漏或重复进行修正,承包人也有权提出更改或修正,经双方复核同意后,将增加或扣减的金额纳入本次签证中。

(4)业主支付。承包人的报表经过工程师认可并签发工程进度款的支付证书后,业主应在接到证书后及时给承包人付款。业主的付款时间不应超过工程师收到承包人的月进度付款申请单后的56天。

5. 竣工结算

颁发工程接收证书后的84天内,承包人应按工程师规定的格式报送竣工报表。工程师接到竣工报表后,应对照竣工图进行工程量详细核算,对其他支付要求进行审查,然后再依据检查结果签署竣工结算的支付证书。此项签证工作,工程师也应在收到竣工报表后28天内完成。业主依据工程师的签证予以支付。

6. 保留金

保留金是按合同约定从承包人应得的工程进度款中相应扣减的一笔金额,保留在业主手中,作为约束承包人严格履行合同义务的措施之一。当承包人有一般违约行为使业主受到损失时,可从该项金额内直接扣除损害赔偿费。例如,承包人未能在工程师规定的时间内修复缺陷工程部位,业主雇佣其他人完成后,这笔费用可从保留金内扣除。

(1)保留金的约定和扣除。承包人在投标书附录中按招标文件提供的信息和要求确认了每次扣留保留金的百分比和保留金限额。每次月进度款支付时扣留的百分比一般为5%~10%,累计扣留的最高限额为合同价的2.5%~5%。从首次支付工程进度款开始,用该月承包人完成合格工程应得款加上因后续法规政策变化的调整和市场价格浮动变化的调价款为基数,乘以合同约定保留金的百分比作为本次支付时应扣留的保留金。逐月累计扣到合同约定的保留金最高限额为止。

(2)保留金的返还。扣留承包人的保留金分两次返还:

第一次,颁发工程接收证书后的返还。颁发了整个工程的接收证书时,将保留金的前一半支付给承包人。如果颁发的接收证书只是限于某部分工程或区段工程,则

$$\text{返工金额} = \text{保留金总额} \times \frac{\text{颁发接收证书的部分工程或区段工程合同价值}}{\text{最终合同价格的估算值}} \times 40\% \tag{6-1}$$

第二次,保修期满颁发履约证书后将剩余保留金返还。整个合同的缺陷通知期满,返还剩

余的保留金。如果某部分工程颁发了接收证书，则在该部分工程的缺陷通知期满后，并不全部返还该部分剩余的保留金：

$$\text{返工金额} = \text{保留金总额} \times \frac{\text{颁发接收证书的部分工程合同价值}}{\text{最终合同价格的估算值}} \times 40\% \qquad (6\text{-}2)$$

第二次支付后剩余的保留金应在各缺陷通知期限的最末一个期满日期后一次性返还。

合同内以履约保函和保留金两种手段作为约束承包人忠实履行合同义务的措施，当承包人严重违约而使合同不能继续顺利履行时，业主可以凭履约保函向银行获取损害赔偿；而因承包人的一般违约行为令业主蒙受损失时，通常利用保留金补偿损失。履约保函和保留金的约束期均是承包人负有施工义务的责任期限（包括施工期和保修期）。保留金保函代换保留金。当保留金已累计扣留到保留金限额60%时，为了使承包人有较充裕的流动资金用于工程施工，可以允许承包人提交保留金保函代换保留金。业主返还保留金限额的50%，剩余部分待颁发履约证书后再返还。保函金额在颁发接收证书后不递减。

7. 最终结算

最终结算是指颁发履约证书后，对承包人完成全部工作价值的详细结算，以及根据合同条件对应付给承包人的其他费用进行核实，确定合同的最终价格。

颁发履约证书后的56天内，承包人应向工程师提交最终报表草案，以及工程师要求提交的有关资料。最终报表草案要详细说明根据合同完成的全部工程价值和承包人依据合同认为还应支付给他的任何进一步款项，如剩余的保留金及缺陷通知期内发生的索赔费用等。

工程师审核后与承包人协商，对最终报表草案进行适当的补充或修改后形成最终报表。承包人将最终报表送交工程师的同时，还需向业主提交一份"结清单"进一步证实最终报表中的支付总额，作为同意与业主终止合同关系的书面文件。工程师在接到最终报表和结清单附件后的28天内签发最终支付证书，业主应在收到证书后的56天内支付。只有当业主按照最终支付证书的金额予以支付并退还履约保函后，结清单才生效，承包人的索赔权也即行终止。

五、有关争端处理的规定

1. 对争端的理解

对争端应作广义的理解，当事人对合同条款和合同的履行的不同理解和看法都是争端。凡是当事人对合同是否成立、成立的时间、合同内容的解释、合同的履行、违约的责任，以及合同的变更、中止、转让、解除、终止等发生的争端，均应包括在内；也包括对工程师的任何意见、指示、决定、证书或估价方面的任何争端。FIDIC施工合同条件中规定，争端应提交争端裁决委员会（Dispute Adjudication Board——DAB）裁决。

2. 争端裁决委员会的委任

争端裁决委员会是根据投标书附录中的规定由合同双方共同设立的，由1人或者3人组成，具体情况按投标书附录中的规定，如果投标书附录中没有注明成员的数目，且合同双方没有其他的协议，则争端裁决委员会应包含3名成员。若争端裁决委员会成员为3人，则由合同双方各提名1名成员供对方认可，双方共同确定第三位成员作为主席。如果合同中有争端裁决委员会成员的意向性名单，则必须从该名单中进行选择，除非被选择的成员不能或不愿接受争端裁决委员会的委任。合同双方应当共同商定对争端裁决委员会成员的支付条件，并由双方各支付酬金的一半。

在合同双方同意的任何时候,他们可以委任一合格人选(或多个合格人选)替代(或备用人选替代)争端裁决委员会的任何一个或多个成员。除非合同双方另有协议,只要某一成员拒绝履行其职责或由于死亡、伤残、辞职或其委任终止而不能尽其职责,该委任即告生效。

任何成员的委任只有在合同双方同意的情况下才能终止,业主或承包人各自的行动将不能终止此类委任。

3. 争端裁决委员会对争端进行裁决

如果在合同双方之间产生起因于合同或其实施过程或与之相关的任何争端(任何种类),包括对工程师的任何证书的签发、决定、指示、意见或估价的任何争端,任何一方可以将此类争端事宜以书面形式提交争端裁决委员会,供其裁定,并将副本送交另一方和工程师。合同双方应立即向争端裁决委员会提供为对此类争端进行裁决的目的而可能要求的所有附加资料、进一步的现场通道和适当的设施。

争端裁决委员会在收到书面报告后84天内对争端做出裁决,并说明理由。如果合同一方对争端裁决委员会的裁决不满,则应当在收到裁决后的28天内向合同对方发出表示不满的通知,并说明理由,表明准备提请仲裁。如果争端裁决委员会未在84天内对争端做出裁决,则双方中的任何一方均有权在84天的期满后的28天内向对方发出要求仲裁的通知。如果双方接受争端裁决委员会的裁决,或者没有按照规定发出表示不满的通知,则该裁决将成为最终的决定并对合同双方均具有约束力。

争端裁决委员会的裁决做出后,在未通过友好解决或者仲裁改变该裁决之前,双方应当执行该裁决。

4. 争端的友好解决

在合同发生争端时,如果双方能通过协商达成一致,这比通过仲裁程序解决争端好得多。既能节省时间和费用,也不会伤害双方的感情,使双方的良好合作关系能够得以保持。事实上,在国际工程承包合同中产生的争端大都可以通过友好协商得到解决。

合同当事人一方或双方发出表示对裁决不满的通知后,合同双方在仲裁开始前应尽力以友好的方式解决争端。除非合同双方另有协议,否则,仲裁将在表示不满的通知发出后第56天或此后开始,即使双方未曾作过友好解决的努力。这56天的时间主要是用于争端的友好解决的。

5. 争端的仲裁

仲裁的规定,其意义不仅在于寻找一条解决争端的途径和方法,更重要的是仲裁条款的出现使当事人双方失去了通过诉讼程序解决合同争端的权利。因为当事人在仲裁与诉讼中只能选择一种解决方法,因此,该规定实际决定了合同当事人只能把提交仲裁作为解决争端的最后办法。

除非通过友好解决,否则如果争端裁决委员会有关争端的决定(如有时)未能成为最终决定并具有约束力,那么此类争端应由国际仲裁机构最终裁决。

仲裁人应有全权公开、审查和修改工程师的任何证书的签发、决定、指示、意见或估价,以及任何争端裁决委员会有关争端事宜的裁决。工程师都有权作为证人向仲裁人提供任何与争端有关的证据。

合同双方的任一方在上述仲裁人的仲裁过程中均不受以前为取得争端裁决委员会的决定而提供的证据或论据或其不满意通知中提出的不满理由的限制。在仲裁过程中,可将争端裁决委员会的决定作为一项证据。

工程竣工之前或之后均可开始仲裁。但在工程进行过程中,合同双方、工程师以及争端裁决委员会的各自义务不得因任何仲裁正在进行而改变。

仲裁裁决具有法律效力。但仲裁机构无权强制执行,如一方当事人不履行裁决,另一方当事人可向法院申请强制执行。

思 考 题

1. 什么是建设工程合同?其具有的特征是什么?
2. 建设工程合同可分为哪几类?
3. 建设工程合同订立的方式和程序是什么?其合同形式有什么要求?
4. 公路工程总承包合同的项目发包和总承包单位应具备什么样的条件?
5. 按付款方式的不同,施工合同的类型有几种?应如何选择施工合同的类型?
6. 订立施工合同的条件是什么?
7. 公路工程施工合同各方的责任有哪些?
8. 施工合同解除的情形有哪几种?
9. 与建设工程相关的合同主要有哪几种?
10. 合同担保的方式有几种?一般有几种担保合同?
11. FIDIC 合同条件由几部分构成?其适用于哪些工程类型?
12. FIDIC 合同条件下合同文件的组成及优先次序是什么?

参考文献

[1] 交通部公路工程定额站. 工程造价管理相关知识. 北京:人民交通出版社,2007.

[2] 全国造价工程师执业资格考试培训教材编审组. 工程造价管理基础理论与相关法规. 北京:中国计划出版社,2009.

[3] 雒应. 合同管理. 北京:人民交通出版社,2007.

[4] 中国建设监理协会. 建设工程监理概论. 北京:知识产权出版社,2003.

[5] 湖南省交通厅交通造价管理站. 交通工程造价管理文件汇编. 2004.

[6] 徐蓉. 工程造价管理[M]. 上海:同济大学出版社,2005.

[7] 刘三会. 合同管理. 北京:人民交通出版社,2006.

[8] 周传林. 公路工程经济. 北京:人民交通出版社,2006.

[9] 祝惠青. 工程造价管理基础理论与相关法规 [M]. 北京:中国电力出版社,2007.

[10] 史恩静. 公路工程财务管理. 北京:人民交通出版社,2006.

[11] 何康维,陈国新. 建设工程计价原理与方法[M]. 上海:同济大学出版社,2004.

[12] 交通部公路司. 公路建设管理法规文件汇编(2006 年版). 北京:人民交通出版社,2006.

[13] 孙昌玲. 土木工程造价[M]. 北京:中国建筑工业出版社,2000.

[14] 吴现立,冯占红. 工程造价控制与管理[M]. 武汉:武汉理工大学出版社,2004.

[15] 黄卫, 刘新旺. 公路管理学[M]. 北京:人民交通出版社,2004.